憑什麼相信你？

掌握8大影響力特質，
增強自身可信度，
洞悉他人話語背後的真相

MESSENGERS

WHO WE LISTEN TO, WHO WE DON'T, AND WHY

史帝芬·馬汀 Stephen Martin
約瑟夫·馬克斯 Joseph Marks ——著　陳正芬——譯

老師和家長可說是社會上最重要的傳訊者。

我們將此書獻給老師和家長的最佳楷模。

獻給羅伯特．席爾迪尼：傑出的科學家、誨人不倦的導師、鼓舞人心的同事，也是親切、可靠的朋友。何其有幸能夠認識你。

獻給希拉蕊和李察．馬克斯：感謝你們多年來的支持，智慧的話語，以及傳送愉悅好心情。你們是爲人父母的最佳典範。

〔目次〕

第二部　軟性傳訊者

—前言—

卡珊卓的詛咒

表面看來，卡珊卓（Cassandra）擁有高效傳訊者的諸多特質。她是特洛伊王普里阿摩斯（Priam）與第二任妻子赫庫芭皇后（Queen Hecuba）的孩子，她有地位，也是個美女，高䠷優雅，深棕色的鬈髮流瀉在秀氣的肩膀上，黃褐色的雙眸散發穿透力，攫獲他人目光，令人驚心拜倒。但她最特別的地方，是大部分人夢寐以求的預言能力。

據說，卡珊卓能夠「詮釋與傳達眾神的旨意」，這種能力是太陽神阿波羅為了誘惑她而贈與的禮物。她曾預言會有士兵躲在特洛伊城外的大型木馬中，也預言阿加曼農國王（King Agamemnon）的死。她預告堂兄弟伊尼亞斯（Aeneas）將在羅馬建立新的國家，她甚至看到自己的死。但是阿波羅給予卡珊卓的，卻是個受詛咒的禮物，為她帶來極大痛苦，終至精神失常和死亡。雖然卡珊卓同意委身阿波羅以換取這份寶貴的禮物，但後來她斷然拒絕他的進犯，也因此受到最無情的懲罰。阿波羅強吻卡珊卓，將口水吐到她的嘴裡，並詛咒永遠再也沒有人相信她的隻字片語。卡珊卓啜泣說道：「他努力追求我，我答應了他，但後來我反悔了。從此以後，我再也說服不了任何人。」1

卡珊卓或許是神話人物，但她代表一個有意思的矛盾現象。她把自己知道的事告訴別人，而且那些人將會因爲聽信她的話而受益，然而卻沒人理睬或相信她。這是我們每天都會遭遇的兩難，周遭有很多人做出正確的預測，他們根據現有證據或合理觀點小心提出建議，可惜就是沒有人在意，甚至還被嘲笑。他們可說是遭到「卡珊卓的詛咒」。

從特洛伊的木馬到華爾街的熊

一九九〇年代末，美國的股票交易牛市當道，金融業者把深不見底的大把銀子不斷倒進網路公司。華爾街上人人都以爲自己是下一位首富，除了一個人以外，那就是知名度最高的投資人，當年六十九歲依然生龍活虎的華倫．巴菲特（Warren Buffet），也是投資巨擘波克夏海瑟威（Berkshire Hathaway）的創辦人兼董事長，他對他所謂市場的「非理性繁榮」一貫抱持不屑的態度。他說：「經過那樣紙醉金迷的歷程，平日頭腦清醒的人，行爲舉止會漸漸變得像是來到舞會的灰姑娘……樂過頭的下場，只剩下南瓜和老鼠。」[2]

許多人責備巴菲特的烏鴉嘴和「泡沫即將繃破」的警告。一流網路公司公開表示，波克夏海瑟威的董事長是衆所周知的科技恐懼症者，他將錯失海撈一票的機會。有段時間股市的情況確實是如此，一九九〇年代末，波克夏海瑟威的股價下跌，但巴菲特不爲所動，又把一家中型能源供應商和一間家具租賃業納入該公司的投資組合，讓市場更加確定他是個跟不上時代的人。投資人將巴菲特的悲觀預言和卡珊卓的預言畫上等號，封他爲「華爾街的卡珊卓」。

最後股市當然是爆了，之前對巴菲特態度輕蔑的投資人變得灰頭土臉。當初戲稱巴菲特爲「華爾街的卡珊卓」，到頭來證明大錯特錯。巴菲特終於受到大衆肯定，他的信譽立即竄升，至今尚無人能及，不再背負華爾街預言家終其一生無人理會的詛咒。

卡珊卓情結的真正受害者另有其人，而且多虧了記者麥可．路易士（Michael Lewis）高明的調查技巧，否則幾乎沒有人聽過他。[3]

正牌「華爾街的卡珊卓」名叫麥克．貝瑞（Michael Burry），一九七一年生於紐約，在加州大學洛杉磯分校讀醫，之後在田納西州納許維爾（Nashville）取得醫師資格。他在史丹佛擔任住院醫師期間，利用閒暇之餘開始操作避險基金，很快就有了亮麗成果。

二〇〇一年網路泡沫後不久，標普五百（S&P 500）成分股下跌近一二%，同年貝瑞投資的標的卻漲了五成多。你說是新手的運氣嗎？但是第二年，標普下跌二二%，貝瑞的報酬率卻超過一五%。二〇〇三年股市開始由虧轉盈，貝瑞不費吹灰之力，報酬率高於市場二八%到五〇%。

二〇〇〇年代中期，貝瑞轉而開始放空次貸市場債券，當時還沒有正式的方式這麼做，因此他得想一套自己的辦法。貝瑞發揮聰明才智，專找次貸市場中未受注意且瀕臨危險的債券來放空，他似乎在傳送一個大難即將到來的訊息給市場，一個看起來可靠、有憑有據的訊息，而且跟他切身相關。貝瑞把自己的財產賭了下去。

幾乎沒有人知道，貝瑞的眞知灼見竟然預測了七十多年來最大的金融危機。一九九〇年代末期，投資人聽到巴菲特的預警卻嗤之以鼻，相較之下貝瑞的預言卻是壓根沒被聽見。媒體沒聽到，金融圈沒聽到，幾乎沒有人聽到。

我們可以認爲，貝瑞比卡珊卓本人的遭遇更慘，卡珊卓最大的障礙是無法讓人相信她的預言，但貝瑞還有其他劣勢。他很不善溝通，兩歲時因爲腫瘤失去一隻眼睛而成了獨眼龍，身體的缺陷讓面對面說話變得困難，因爲當貝瑞試著用正常的眼睛注視對方時，另一隻玻璃的眼珠會顯得無法對焦。

就學時期，這種尷尬狀態困擾著他，以致沒有交到幾個朋友，事實上貝瑞在學校被認爲是個與衆不同的人，到了史丹佛醫院乃至華爾街依然如此。就連他的穿著都跟別人不一樣，業界的標準行頭是訂做的西裝、上漿的襯衫和領結，貝瑞則是穿短褲和T恤上班。

崩盤後幾年，儘管貝瑞的基金獲利七二六％，但他百分百準確的預言依然沒有被大多數人承認。二〇〇八年，貝瑞遇到類似卡珊卓的遭遇。彭博社（Bloomberg News）刊出一篇文章，詳列一群預測金融崩盤的先知，而貝瑞顯然不在上面。沒有人想知道他的故事，沒有人想知道他對未來的預測，就連歐巴馬總統成立跨黨派團體「金融危機調查委員會」（Financial Crisis Inquiry Commission），來檢討金融和經濟危機的成因，都沒興趣找他談（至少剛開始是如此）。[1]

他們反而去找記者路易士。

金融危機調查委員會爲什麼寧可去找路易士，請他說明崩盤前的警示？比較合理的做法，當然是直接跟做出這些預測的人聯繫，也就是貝瑞本人。路易士是很優秀的記者，但並不具備貝瑞在實務上的專業技能。

如果從認知科學家所說的「錨定效應」（focalism），或者更常見的是「聚焦幻覺」（focusing illusion）來看待金融危機調查委員會的舉動，就出現可能的答案。[4] 一般人在判斷傳訊者的相對價值時，會不自覺過度聚焦在最醒目突出的傳訊者身上，這些人的某些特質提高了他們的信用度，哪怕這些特質與他們說的話並不相關。換言之，傳訊者碰巧具知名度，或者有個人魅力、富有、強勢，或討喜。

這也說明，爲什麼大家往往把最後的成敗，過度歸因於聚光燈下的傳訊者[5]，雖不公平，但可以理解。在判斷一個論述的相對價值時，群眾往往沒辦法透過處理大量資訊來求得滿意的答案，更別說資訊之間還彼此矛盾。試想：「哪一位候選人是最佳總統人選？」、「脫歐會不會爲英國帶來更光明的未來？」、「和次貸市場對作合理嗎？」這些全都是無比困難的問題。因此，我們判斷的依據往往不是想法本身的優點，而是提出想法的人，也是可以理解的。換言之，我們沒有把訊息本身和傳遞訊息的人區分開來，人們經常沒有認清這點，導致專家近在眼前而不自知，也讓我們清楚看到高效傳訊者具備哪些基本特質。

傳訊者成爲訊息本身。

或許這也是爲什麼金融危機調查委員會寧可去聽路易士陳述貝瑞的預測，而不是

❶ 金融危機調查委員會最後確實去訪談了貝瑞，他們在訪談一開始表示，之所以決定跟貝瑞談，是因為「我們在《大賣空》（*The Big Short*）裡讀到你的事」。

直接聽貝瑞說，因爲路易士是個較受注意且容易溝通的傳訊者。❷或許洞見並非出自於他，但他是個口才辨給、聰明且受過經濟學訓練的新聞記者，曾經在所羅門兄弟（Solomon Brothers）投資銀行擔任過債券銷售員，而且有知名度。如果聚焦在這些特點上，就不難理解爲何金融危機調查委員會的委員認爲，與類似卡珊卓的貝瑞比起來，路易士是個比較有效的傳訊者。換言之，這些委員是根據傳訊者的特質來判斷訊息的品質。不管怎麼說，聚光燈下的人比較容易一眼被看見。

但是，被拒絕的不是貝瑞本人，而是他的訊息，這個論點怎麼樣呢？畢竟大部分的人都不願仔細思考次貸市場即將內爆的傳言，更別說是相信；就算貝瑞是地球上最有魅力的人物，但如果他傳達讓人不快的訊息，難怪大家會充耳不聞。然而，情況不完全是如此。許多人確實寧可忽視貝瑞的話，其中有些貝瑞的投資人在次貸市場內爆前試圖跟他劃清界線，不過也有些人同意貝瑞的分析，並說動更多人跟進，因爲他們比較符合傳訊者的基本條件。

曾任德意志銀行（Deutsche Bank）首席次貸交易員的葛瑞格·李普曼（Greg Lippman）就是這樣的人，李普曼不比貝瑞聰明，也沒有貝瑞精準的眼光，但他擁有貝瑞缺乏的自信和強勢，於是德意志銀行及其股東就聽了李普曼的話。貝瑞是對的（他也因爲眼光精準而賺了不少錢），但他卻不是對的傳訊者，因此他的訊息傳送不出去。李普曼是對的，也是個對的傳訊者，他跟他的銀行以及銀行投資人因此獲利。銀行大賺錢的那一年年底，李普曼拿到四千七百萬美元的紅利。

在傳達想法時，聽者不光是判斷想法本身的連貫性和合理性，也會對傳訊者做出各種判斷。這個人看起來知道自己在說什麼嗎？他們有沒有相關的專業技能或經驗？他們是真心的或者只想糊弄我？他們是否有本事把事情做好？他們會不會別有居心？我能信賴他們嗎？在你打算敞開心胸接受對方之前，應該留意以上重要問題。

❷ 至少路易士是真人。道格拉斯．凡貝勒（Douglas A. Van Belle）在二〇〇八年的著作《政治的新門道》（*A Novel Approach to Politics*）中提到，「記憶中近期最受歡迎的美國民主黨總統」從不曾真正在橢圓形辦公室上過一天班。由於當時愈來愈多人反對美國幾個對外政策，難怪許多美國公民會覺得虛構的總統（《白宮風雲》〔*The West Wing*〕中馬丁．辛〔Martin Sheen〕飾演的巴特勒〔Josiah Bartlet〕）反而比較適合作為代表美國的領袖。

貝瑞和李普曼試圖說服投資人放空次貸債券市場，投資人當然會問自己以上問題。貝瑞和李普曼說的是同一回事，次貸市場處在危險狀態，可能會引來金融海嘯，兩個人的主張都經過徹底研究、具可信度，當時的情況也逐漸證實他們所言不假，但只有李普曼的話能讓投資人相信。

貝瑞是「華爾街的卡珊卓」。❸

傳訊者 vs 訊息

本書探索爲何有些傳訊者及其訊息被人們聽到、接受並且遵從，而有些卻沒有。本書將「傳訊者」定義爲傳送資訊的中介，可能是一個人、一群人、媒體平台或是組織。資訊可能是資料，例如氣象學家播報的本日氣溫；資訊也可能是觀點，例如新聞記者或部落客撰寫的專欄特稿；資訊可能是反駁，例如在推特或臉書上撰文駁斥假消息；資訊還可能是請網紅促銷商品的付費業配文。資訊甚至可能傳遞某個政策理念、願景或世界觀，除了引起群衆注意，同時影響他們的想法、信念，以及他們未來的行動。訊息傳送的對象可能是個人乃至大小不一的特定團體，「傳訊者效應」是指傳訊者的訊息對大衆的影響或衝擊程度有了變化。

重點是，影響或衝擊不見得來自訊息內容或其蘊含的智慧，而是因爲傳訊者的特質。本書將詳細探討八個眞實或推斷的基本特質，這些特質決定大衆是否接收得到傳訊者的訊息。有些傳訊者的特質爲讀者所熟悉，而大家較不熟悉的是那些難以察覺，卻能左右大衆反應的隱微特徵。

另一個重點是，訊息不見得是傳訊者製作的。大企業請演員拍廣告爲產品背書；

❸ 貝瑞曾經說，他認為自己可能有亞斯伯格症候群，這也可以解釋為何他會把跟人互動視為難事。亞斯伯格症候群的人往往很善於將資訊系統化，但在社交方面卻左支右絀。他們因為被忽視或者意識到自己無法掌控狀況而感到抑鬱，當投資人不把貝瑞的預測當一回事，拒絕傾聽、更別說是支持時，他就有這樣的感受。自己說的話被別人聽進去，是使人感到有尊嚴的重要理由，有時單純只是跟朋友訴苦、關心一位鄰居或者表達對同事的擔憂，都能讓對方比較好過。被他人聽見，也使我們得以發揮影響力和掌控力，很少有人能在沒有他人幫助下，做出偉大的事情。

管理階層請外部顧問來發布壞消息或者擁護公司的新措施，以致許多人認爲顧問「不需要懂得比客戶多，只要擁有一套西裝、一卡公事包，而且是從外地來的就夠了」。企業花大把銀子請人來演講，殊不知演講內容是講者叫資淺研究員或講稿撰寫員寫的（如果演講者是大人物）。競爭對手透過中間人帶信；正在鬧離婚的夫妻透過律師傳話；小學生叫朋友傳送試探訊息給心儀的同學；媒體花大錢取得某位高知名度傳訊者的話，引述在他們的報導中，即使他們只需花很少的錢，就能從他處取得相同的一段話。

有意思之處在於，任何來源的訊息一旦被傳送出去，聽者會將傳訊者與那則訊息做一聯想[6]，即使訊息不是傳訊者自己花心思想出來的，但這種聯想將極度影響人們往後對傳訊者及其訊息的評價。這也可以用來解釋諺語「勿殺傳信者」（Don't shoot the messenger）的由來，據信以往在戰時，將軍會懲罰捎來壞消息的哨兵或密使，傳說有位傳信者前來告知亞美尼亞國王提格蘭二世（Tigranes the Great），說古羅馬執政官盧庫魯斯（Lucullus）率領的大軍即將攻來，結果提格蘭竟然砍下那位傳信者的腦袋。我們可以假設後來提格蘭大概只會收到好消息，但值得注意的是，盧庫魯斯後

來打敗了提格蘭。❹

傳訊者的風險，不光是在傳遞消息給領導者時。皇室的傳信者在傳遞君王的訊息時也面臨類似危險，古時候英格蘭國王的發言人——也就是街頭公告員——在傳達皇室訊息時，特別容易遭到不滿訊息內容的憤怒暴民攻擊，街頭公告員被拳打腳踢成了家常便飯，以致需要通過法律來保護他們。凡是傷害街頭公告員，皆視同傷害國王而犯下叛國罪，叛國罪的懲罰是死刑。[7]

如果人會把傳訊者和訊息做出如此強的連結，我們就必須了解生活中遇到各種傳訊者時，如何根據他們的特質來推測他們懂多少、評估他們的技能，以及判斷他們的爲人，此外也要了解，傳訊者具備的哪些特質，對我們的判斷影響最大。

---

❹ 二〇一七年八月，數個可靠的新聞發送管道報導，美國總統川普（Donald Trump）每天兩次接收一個讓他自我感覺良好的檔案，裡面充滿拍馬屁的照片和有關他的正面報導。或許川普底下的白宮官員，不像提格蘭宮內的傳信者那樣大聲表示不想傳送壞消息，而是搶著傳遞這份充滿好消息的檔案給他們的主子。資料來源：https://news.vice.com/en_ca/article/zmygpe/trump-folder-positive-news-white-house.

人通常是經過一段時間的多次互動和交流，建立並修正對他人的觀點，但是人也可能在極短時間內產生信念和意見，有時就在區區幾毫秒間。史丹佛大學的心理學家娜莉妮·安巴迪（Nalini Ambady）在二〇一三年因白血病英年早逝之前，是「瞬間判斷」（snap-judgements，第一眼印象）研究的先驅者，她證明人類很擅長根據短暫的觀察形成大致正確的印象。[8]她的研究說明，我們對陌生人的第一印象，不僅符合他人在類似短暫時間內，對同一位陌生人的看法，也可能與陌生人對自己的人格特質所做的評估一致。

這種瞬間判斷的能力，與我們認為某人是否成功傳達訊息有著根本的關聯性。安巴迪與哈佛大學的心理學家羅伯·羅森塔爾（Robert Rosenthal）進行一項研究，請參與者觀看十三位老師的錄影片段[9]，每個片段只有十秒，而且沒有聲音。看完之後，每位參與者被要求用十五種人格特質評斷這些老師，包括：自信、熱心、強勢、親和、關懷、樂觀、能幹、專業等。安巴迪和羅森塔爾發現，各參與者的評斷相當一致，如果有一位參與者覺得某位老師讓人喜歡，大部分的參與者也這麼認為。不僅如此，他們的評斷與這些老師的學生們在學期末的評斷極其類似，換言之，看過這群老師的十秒鐘錄影片段（記住，沒有聲音）後，對這些老師個性的判斷，竟然和眞正上過好幾個月的課的學生在期末對老師的評比，有著密切的相關性。

聽來很不可思議，其實參與者只是根據十三位老師在影片中的肢體動作來判斷。安巴迪和羅森塔爾請兩位獨立研究員觀看錄影片段，再分解每位老師每一秒的肢體語言，他們發現每當老師向下看、搖頭、變得活潑、熱情或只是微笑，這些動作會在觀察者心中留下印象，累積形成他們的認知，於是看似熱情活潑的老師獲得好評，皺眉頭的老師被認爲比較嚴苛，而太常向下看的老師則顯得信心不足，後面兩種行爲模式的老師，學生在期末的評比也較不理想。

安巴迪的研究顯示，人光憑著眼神交會就形成第一印象。我們經常會從片刻觀察中，推測誰有自信、親和、愛掌控、強勢、值得信賴、討人喜歡、威權或是專家。這種對人的認知過程是無意識的，發生在雙方接觸的五十毫秒以內[10]，且往往在相當年幼時就發展出來。

人際互動當然不單靠第一印象和非語言行爲，因爲發自內心的敬意和親近感不是在瞄了一眼後立即形成，我們也會隨時間加深對一個人的了解，進而產生好、壞，或好壞參半的感覺，並決定該多麼在乎他們的意見。通則是，如果我們尊敬對方，覺得和對方有某種情感連結，會比較願意聽從他們的意見（但也有許多例外，稍後探討）。此外，人也會學著管理自己發送的信號。溝通教練或媒體講師會教大家如何改變說話方式、表情和行為舉止以贏得好感，我們甚至努力精進自我表現的技巧，只是難度更高。然而媒體教練和自我開發活動所不知道的是，有一門牽涉廣泛領域的奇妙科學告訴我們：成功的傳訊者具備哪些性格特質，以及人經常會被微小的暗示所影響。

傳訊者，硬性與軟性

一九八二年，頗受敬重的學者愛德華．瓊斯（Edward Jones）與坦恩．皮特曼（Thane Pittman）開發了一套概念框架，說明傳訊者可以藉由展現幹練、道德高尚、有威嚴、討喜、悲憫等五種策略，來影響群眾對他們的印象。11兩位研究者也表示，選用的策略要根據場合改變，老師初次走進新班級的教室時可能要選擇展現威嚴，嚴厲警告不乖的學生，暗示自己不好欺負。傳訊者在另一種情況下採取同一種作風反而可能弄巧成拙，例如初次與伴侶的父母見面時。即使在同一次互動當中，也最好視狀況需要，從討喜變成威嚴，或者從幹練到悲憫。

瓊斯和皮特曼的傳訊者架構是很不錯，但多少有些不完備，因而被過去四十年間大量的新興研究超越，本書提供更具說服力且合乎當今年代的架構，將傳訊者分爲硬性和軟性兩大類。人們接受硬性傳訊者的訊息，是因爲大家認爲他們的「地位」較爲崇高；接受軟性傳訊者的訊息，則是因爲大家認爲他們與自己屬於「同溫層」。接下來幾章將探討這兩大類傳訊者的特質。

本書第一部探討硬性傳訊者。硬性傳訊者擁有或者宣稱擁有較高的地位，被認爲地位較高的傳訊者，在社會上較具影響力，他們的地位可能來自公認，或是因爲周遭的人認爲他們的權力和特質對自己有利而拱他們出來，例如政黨領導人或運動隊伍的隊長。人通常會把地位和職級連結在一起，這麼做是合理的，因爲在一個界定清楚的組織架構中，通常是由居上位者做重要決定，掌控公司資源，而且通常收入最高。具備地位可能表示比較受尊重，他們被認知對組織的貢獻可能高過實際。身分位階不僅限於職場，也可能在學校、家族、朋友和同儕，在當地社群乃至廣大社會中出現。本書第一部分四個章節探討社經地位、能力、強勢和吸引力等四大特質，這四大特質分別或聯合起來，使地位導向的傳訊者邁向成功。

第二部研究社會上的軟性傳訊者。高效傳訊者不只是有錢或有名，也未必是專家、強勢或具備迷倒眾人的吸引力。軟性傳訊者的明顯特質，在於和大眾博感情。人類是群居的動物，強烈渴望與他人產生情感連結、團結合作，因此人不一定會向專家或執行長請教，有時反而喜歡聽朋友的意見，那些信得過而且「像自己」的人。第五至八章，探索訴諸軟性而成功的傳訊者所具備的四大要素：親和、自曝弱點、值得信賴、個人魅力。

本書〈結論〉將檢視硬性和軟性傳訊者效應的相互影響，區分硬性和軟性傳訊者分別適合哪些狀況，接著說明這些傳訊者效應對職業、政治和社會的衝擊。如果我們都認同，傳訊者效應重要到影響社會結構和我們在社會的位置、我們的價值觀、認同的政黨，選擇相信誰、不信誰，加入以及不加入哪些團體，那麼我們該如何因應傳訊者效應對社會的廣大衝擊？本書提出兩大想法，希望對政策制定者、負責設計及撰寫溝通文案的專業人員、教育從業者以及父母能有所助益。我們的想法不是爲了挑起爭端，而是開啟對話，討論有哪些重要因素會影響我們聽誰的話、不聽誰的話。原因只有一個。

識別社會中的傳訊者具備哪些特質至爲重要，因爲傳訊者從根本影響我們聽從誰、相信誰，甚至是成爲什麼樣的人。

第一部

硬性傳訊者

推特訊息猶如香檳塔

推特的吸引力是可以理解的。任何人都可以在一定的字數內，向全世界發表自己的看法。推特也具備歸納整理的功能，可以在貼文中用標記（hashtag）把訊息分類成各個主題。此外，同意他人訊息意見時可以按讚，可以回覆貼文參與討論，也可以分享貼文，把訊息發送給追蹤自己的人，所以貼文可以如野火般快速傳播。橫跨各個社群網路和社交媒體平台，全世界數以百萬計的人看到某位傳訊者撰寫的同一訊息，而且那位傳訊者是他們原本不可能有機會互動或聯繫的。

不可思議的民主。

不過，推特盡是些未經深思熟慮的訊息。如果有人想發表某個訊息，內容未必要發人深省，也毋需觸動人心、辛辣、諷刺、滑稽，甚至不需有那麼一點兒正確或真實性，只要能抓住大家的注意即可，哪怕只是片刻。如果把推特擬人化，它就好比注意力缺失的三歲娃兒，把快要抓狂的爸媽奉上的玩具到處亂扔，還露出期待的表情，彷佛在問：「就這樣而已嗎？還有沒有？快點啦，我還要玩。」

二〇一七年，科羅拉多大學的哈爾夏・甘佳哈巴拉（Harsha Gangadharbatla）與推特的軟體工程師馬紹德・瓦拉佛（Masoud Valafar）合作，檢視推特上的資訊如何影響人的信念和意見。[1]研究人員隨機挑選三十萬名推特的經常用戶，追蹤他們在一個月內的訊息、貼文和活動，以了解推特用戶是否被大眾媒體影響——包括接收哪些電視節目資訊、看什麼報紙、瀏覽什麼網路文章——或者只對某幾類型傳訊者的訊息有感。結果他們發現是後者，意見領袖似乎會形成緊密的社群，經常會追蹤彼此的推特，針對大家關注的媒體內容建構一套信念和態度後貼出意見，供其他使用者關注、反應和回應，好比香檳塔，最頂端的香檳總是滿溢而流到下層，被選中的推文也是往下散播，直到大家的酒杯都斟滿酒。

甘佳哈巴拉和瓦拉佛的研究之所以重要，是因爲這證明即使資訊分享平台不像傳統媒體般具備進入門檻，但在傳播訊息時，某些傳訊者的影響力依然明顯高於他人，也就是內容被轉推。對他人的態度和想法產生最大影響力的貼文，未必要見解精闢、滑稽或者雋永，而往往只因爲撰寫推特文的人擁有某種地位。

二〇一七年八月十二日下午四點五十九分，羅比．麥海爾（Robby McHale）的貼文恰恰說明以上論點。麥海爾希望這則貼文能夠「爆紅」，而他的訊息具備某些爆紅的特質。首先，他的時機抓得很好，要能在推特上有那麼一點被注意的可能性，貼文出現的時間和貼文當時的背景，往往比貼文的內容更重要。第二，麥海爾挑選「夏洛特維爾暴動」（Charlottesville riots）撰寫推特文，不光是美國，世界各地絕大多數地方有數百萬人都在關注這個議題。人人都在談論、收看動態消息，並在臉書上討論。第三，麥海爾是經過深思熟慮才寫下這篇推特文。他把川普總統競選的口號做了一點巧妙的修改，說美國要再度偉大，需要的不是仇恨分化，而是體諒和合作。

他的推特文寫著：「美國人民應該不分種族彼此諒解、團結合作，讓這個國家偉大。」接著標注：#Charlottesville。

誰會不同意呢？

八月二十五日星期五，麥海爾給美國人民的訊息發出去十三天後，得到一則回覆，有人在那則推特文下方留了一個意見。沒有人對貼文按讚，也沒有人轉貼，推特每月三億三千多萬的用戶中，只有一個人跟麥海爾的貼文互動，其他人都視若無睹，他那一語中的且適時的訊息被晾在一旁，儘管有數百萬人肯定是贊同的。那則貼文好比是連三歲過動兒都覺得無趣的玩具。

麥海爾貼出推特文後才七分鐘，有人在推特上貼出一則意見相當類似的訊息，這則貼文具備冷門推特文的大部分特徵，貼文的前後文不明確，而且作者不像麥海爾使用自己的話，而是從二十多年前的一九九四年，尼爾森．曼德拉（Nelson Mandela）的自傳《漫漫自由路》（*Long Walk to Freedom*）中擷取的一段話：「沒有人一出生，就會因爲別人的膚色、背景或宗教而厭惡對方……」

儘管如此，這則推特文立刻爆紅。

的確，第二則貼文具備一、兩項有利的特點。文字是流暢的，只是並非撰寫推特文的人原創。貼文還附了一張提振人心的照片，這位推特用戶對著一扇敞開的窗戶微笑，不同種族的孩子們站在窗前向外凝視。不過，該則推文的成功關鍵，是在照片中的那個人。二〇一八年初，美國前總統歐巴馬的推特文被轉貼超過一百六十萬次，四百四十萬用戶按讚。推特發言人表示，這是當時最受歡迎的推文[2]，或許至今仍是。

至今人氣依舊不減當年的前總統，推特文受到四百四十多萬人肯定，而麥海爾的推文只有一人按讚，這件事一點也不讓人驚訝。歐巴馬在推特上有一億多人關注，等於他每次貼文，就有近三成推特的註冊用戶，可能會在他們的推特首頁上看到歐巴馬的訊息，麥海爾的貼文不光會被美國前總統的貼文擠掉，甚至會被公寓大廈管理委員會前主委的貼文擠掉。

看似人人平等，誰都可以使用的推特平台竟然如此不平等且充滿階級意識，這點也不讓人意外。的確，任何傳訊者都可以在推特上發表意見，每個聲音都有機會被聽見，然而這些傳訊者當中只有一小撮人的意見會被聽到，而且那一小撮人可能是有地位的。

「地位」是一種效力強大的硬性傳訊者效應，擁有高地位的人被認爲擁有工具價值（instrumental value），換言之，他們的某些特質不僅使自身成功，也可能對他人有用，於是我們會假設他們的話值得聽，擁有較高的支配力，也難怪初次見面的人會劈頭問對方：「請問您在哪兒高就？」

知道一個人的地位，就能推測他們具備哪些特質，這些推測有時正確，有時則否。[3]地位讓我們知道：「這個人的話值得聽嗎？」

本書第一部探討的四大硬性特質，使傳訊者被認爲具崇高地位，因而較容易贏得他人關注。這四大特質包括：社經地位、能力、強勢和吸引力。

讀者將從接下來的四章了解地位的重要性，不光是在推特上，也包括幾乎每個社交環境和場合。

|第　一　章|

社經地位

名氣、財富，以及如何當個隱身名人

許多人嚮往躋身名流——你可以想像那所有的阿諛奉承。但其實名人自己覺得身爲名流好壞參半。

在電影《命運好好笑》（*Funny People*）中，主角阿姆（Eminem）用連串的幹話，悲嘆身爲名人的意外缺點：「我不能去百思買（Best Buy），不能去他媽的沃爾瑪（Walmart）、凱馬特（Kmart），你隨便他媽說一個地方，我都不能去，在場他媽的每個人要嘛就是盯著我們看，不然就是想他媽的合照。」美國諧星阿茲．安薩里（Aziz Ansari）以《魔鬼經濟學電台》（*Freakonomics Radio*）的播客大紅大紫後，接受史帝芬．都伯納（Stephen Dubner）訪問時也提出類似論點。[1]他當然承認身爲名人的好處：「最大的好處是，張三李四都對你很好。一般人多半是友善的。會有陌生人朝你走來，說他們喜歡你的作品……他們會說：『我喜歡您的作品。』我覺得眞的很棒。」但他接著數落起缺點：

> ……走在路上如果被認出來，一定會被攔下不讓我前進。我只好跟每個人拍完合照，以前我都這樣，但我愈來愈不耐煩，現在我還是會這麼做，只是氣噗噗的。跟

女友在一起，每分鐘都被攔住……我認識一些人，名氣大到再也不在街上走，總是坐在黑色轎車裡，不管到哪裡都是搭黑色車子，不能跟正常人一樣。我不想失去那種自由。我想跟普通大男孩一樣在街上趴趴走，當個死老百姓。

安薩里似乎在說，名氣在某種程度上是件好事，但「太有名」就成了問題。身為名人的好處很明顯。人多半愛聽好話，沉浸在讚美和認同的光彩之中，研究發現許多人非常樂意接受讚美，哪怕缺乏事實根據。[2]其他研究也顯示，人在聽到崇拜者的馬屁話時，會變得慈眉善目[3]，難怪有位毒舌名嘴在同人誌網站上建議大家，如果想跟名人合照，一定要「先」告訴對方你有多麼喜歡他們的新作品，之後再提出要求，順序不能顛倒。[4]

說到建立影響力，身為名人的壞處可謂更加明顯。名人是一群稀有人種，不僅在自己的團體中受矚目，也受到廣大群眾的關注和崇拜。大家極度希望有他們在場，他們被視為人中之龍，菁英中的菁英。被吹捧得愈高，關注和媒體報導愈多，人們就益發確信這是個名人無誤。

二〇〇九年英國有一項調查，問十歲學童長大後想做什麼，有相當高的比例表示想成爲歌星、運動員、演員。另一份英國的調查顯示，二三%學童（平均年齡也是十歲）希望「有錢」，一九%學童希望「有名」。[5]以上結果說明名人在社會上發揮無比強大的效應，他們或許不喜歡隨著名氣而來的關注，但名氣帶來的權力和影響力，卻超越名聲所及之處。

大衆的關注使得電影明星、歌星、運動明星或某些國家元首等名人，往往是力量強大的傳訊者，然而重點在於他們受關注不單是因爲有名，也因爲名氣代表的社經地位。大家願意聽他們說什麼，是因爲他們的位階高，換言之，他們有地位[6]。但許多有地位的人並非家喻戶曉的人物，受關注和尊敬不需要有名氣。

如何當個隱身名人

一九六七年某個陽光燦爛的星期天早晨，安東尼．杜布（Anthony Doob）和阿倫・葛洛斯（Alan Gross）各自駕車在北加州的帕羅奧圖（Palo Alto）和門洛公園（Menlo Park）兜風，兩人的後座各載一名乘客，壓低身體避開其他用路人的視線，這兩名偷偷摸摸的乘客各拿著一支碼表和一台錄音機。是杜布和葛洛斯打算對大學生惡作劇嗎（畢竟史丹佛大學就在附近）？並不是。其實他們是想從科學角度來解答一個有趣的問題——當加州的駕駛人被卡在路口無法前進時，通常會不會按喇叭？

杜布在一條狹窄街道的十字路口停下車子，這時燈號如預期轉紅而無法繼續前進，於是車子停在交叉口前，後方幾輛車子也跟著停了下來。一分鐘後燈號轉綠，但杜布沒開動車子，只是開著引擎坐著等。同時，人在城另一頭的葛洛斯，也來到有紅綠燈的十字路口前，做同樣的事。

杜布和葛洛斯事前就知道他們選定的路口，綠燈平均亮十二秒，而且道路窄到無法超車，遲遲不開動車子必定使後車駕駛不耐煩，但究竟有多少人會不爽到按喇叭？坐在杜布和葛洛斯車子後座的研究參與者用錄音機錄下結果，發現六八％的駕駛至少按一次喇叭，有兩名駕駛甚至開車撞上他們的後方保險槓。

不過，了解有多少人在這種情況下會按喇叭，只是這項實驗的一部分。杜布和葛洛斯也想知道，既然車子是身分的表徵，當他們駕駛不同的車子時，人們按喇叭的行為是否也會不同。

那個禮拜天早晨，他們各自駕駛著不同年分及廠牌的車子，一輛是克萊斯勒（Chrysler）的 Crown Imperial 全新硬頂黑車，洗過還上了蠟，是代表身分位階高的車子。第二輛是一九五四年的福特（Ford）破爛休旅車，這台車爛到杜布和葛洛斯在試了幾次後不得不把它換掉，以免後頭的汽車駕駛會以為是車子拋錨。於是他們把這台福特換成一九六一年的灰色 Rambler 轎車，這台髒兮兮又沒上蠟的破車，是身分位階低的象徵。

在開始實驗之前，杜布和葛洛斯請一群心理系的學生，想像自己開的車遇到紅燈停下，前面是一輛一九六六年的黑色克萊斯勒，或是一輛一九六一年髒兮兮的灰色 Rambler 轎車。接著他們問大家：「燈號轉綠了，但前車駕駛不知為何沒有開動。你會按喇叭嗎？如果會的話，你會等多久才按？」

這群年輕氣盛的學生採匿名方式作答。他們當然會按喇叭，而且當然對兩輛車一視同仁，有些人宣稱自己會更快對那輛代表高身分位階的車子按喇叭，但實際並非如此，整體而言，有近七成在後面等待的駕駛因為不耐煩而按喇叭，但兩輛車的結果分布並不平均。不到五成的後車對高地位的車子按喇叭，而八成四的車子則是對代表身分位階較低的車子叭叭作響。前面那輛龜速車代表的身分位階，不但會影響加州的駕駛是否按喇叭，也會影響等多久才按。當前面是一輛代表身分位階較低的車子時，會比代表高身分位階的車子更快按喇叭，而且往往不只按一次。[7]

這項心理實驗在五十多年前來說頗為新奇，但是近期研究結果卻有著驚人的近似度。二〇一四年有個法國的研究團隊發現，當前面的低速車恰好是輛名貴車時，駕駛超車的可能性會大幅降低。[8]有些（當然不是全部）駕駛人似乎會根據前車的狀態乃至車主身分，來決定是否按喇叭或超車，這說明為何知名人士經常把車窗貼成黑色以隱藏身分。

諷刺的是，坐在代表高身分位階的車輛中不被識破身分，讓名人達到乍看之下兩個互不相容的目標，也就是一面暗示自己的地位高人一等，又不用像《命運好好笑》的主角和安薩里那樣，被過多的關注所困擾。神祕感讓乘客更顯得如謎般不可捉摸，

能有效保持辨識度，也不會因爲被認出本尊而惹來麻煩。❶

社經地位只是身分的一種，但卻最明顯，因爲只要從一個人的消費選擇就可以輕易得知。車窗漆黑的加長型禮車就是炫耀性消費（conspicuous consumption），這個詞來自挪威裔的美國社會學家范伯倫（Thorstein Veblen），他注意到有些人會單純爲了引人矚目，而花無謂的錢購買物品和服務，來提升自己的權勢和聲望。[9]因此社經地位可以購買，也可以賺取。法拉利、百萬手錶、水岸第一排的頂層閣樓，都是用來象徵自己的地位和財富，從而改變別人看待他們的方式。

不過，不只是炫富式的購買能象徵社經地位，即使是一件不起眼的T恤，都可能有效成爲社經地位的象徵。二〇一一年，兩位荷蘭的心理學家進行一組研究，結果和多年前杜布與葛洛斯的研究有許多相似之處，只是這次研究使用的不是車，而是T恤。他們來到一間熱鬧的購物商城，詢問購物者是否願意花一點時間參加一項研究，之後可以任選一杯飲料作爲酬勞。他們請參與者看一系列照片，再請他們推斷照片中人物的社經地位。每張照片上都是同一位穿馬球衫的年輕男子，唯一差別是男子的馬球衫上用數位方式印上象徵地位的品牌標籤。馬球衫上印有高檔品牌標籤的人，相較穿同一件馬球衫但印著平民品牌標籤或根本沒標籤的人，前者獲得較高的地位評比。[10]在帕羅奧圖的十字路口，陌生人將高檔車與高社經地位畫上等號，而在荷蘭的購物中心，則是湯米席爾菲格（Tommy Hilfiger）的商標。

前面提到，杜布和葛洛斯的研究也發現，車子的名氣會影響後車駕駛願意等待多久再按喇叭。那麼，在衣服印上高檔品牌的標示，是否也會有類似效果，例如穿著這種上衣的人提出囉嗦的要求時，是否會得到比較正向的回應？在同一間荷蘭的購物中心，研究人員主動走向路人，問他們是否願意回答幾個問題，半數時間研究人員的綠

❶ 務必要注意，不見得是名貴車才能提升自己的社經地位，但名貴車當然有幫助，特別是如果藉由買名貴車來墊高身分的行為合乎普世價值。二〇〇六年，美國政府不再針對低碳排放量的車輛給予減稅優惠，使得低碳排放的汽車售價提高三千美元，結果豐田（Toyota）Prius 的銷量不但沒有一落千丈，反而暴增六九%。有文章立即詳細披露多位好萊塢明星扔掉法拉利（Ferraris），開著新買的 Prius 到片場。這種競爭性的利他主義（competitive altruism）似乎在告訴大家：「你們看，我是環境的好朋友，願意花錢做有益環境的事。」法國的研究使我們不禁想問，他們以低於正常的速度開著黑漆漆的 Prius 新車，讓一般人認不出來，是否會因此導致通勤時間比較久。

色套頭上衣有湯米席爾菲格的標籤，半數時間沒有。結果相當明顯。當研究人員穿著沒有品牌標示的套頭上衣時，只有一三%的人同意回答問題，而在有品牌標籤提升社經地位時，則有五二%的人同意。品牌標籤的效果似乎不光適用在小事情上，兩位荷蘭研究人員在另一份研究中，派募款員挨家挨戶遊說，替荷蘭心臟基金會（Dutch Heart Foundation）籌募慈善捐款，半數募款員穿著有奢華品牌標籤（這次是拉科斯特〔Lacoste〕）的襯衫，另外半數的襯衫上沒有標籤。結果還是一樣，帶有高身分地位的傳訊者得到較正面的回應，襯衫上有品牌標籤的募款員，募到的款項是沒有標籤的募款員的兩倍。[2]值得注意的是，募款員傳達的訊息或要求從未改變，差別只在於傳訊者被認知的社經地位。換言之，他們的地位成了訊息。

身分地位的買賣

不僅人類會藉由「傳送奢華信號」來暗示自己的身分地位，動物也是如此。孔雀是傳送奢華信號的典型代表[11]，雄孔雀的尾巴竭盡全力長得又大又美，因為大尾巴就像一種信號，讓雌孔雀知道自己擁有好基因。然而這麼做當然也有危險，名人傳送奢華信號與炫耀性消費，可能引來瘋狂粉絲的跟蹤和騷擾，而在自然界中傳送奢華信號也可能使孔雀置身危險，畢竟孔雀的掠食者想要的，肯定不只是一張自拍照或親筆簽名。然而經過演化後得到的結論是，儘管孔雀的大尾巴在擺脫攻擊時比較礙手礙腳，但卻值得冒這個險，來贏得「單身」雌孔雀的注意。

---

❷ 多項研究證據顯示，人會透過微小的信號來推測一個人的社經地位。舉例來說，美國有個研究團隊發現，只要看鞋子的照片就能精準預測對方的人格特質。我們不禁要問，英國前首相梅伊（Theresa May）知不知道這項研究。梅伊剛被任命為內政大臣時，就因為擁有多雙從英國零售業者L. K. Bennett買來的便鞋而聲名大噪，有些民眾當時並不熟悉梅伊，而是從鞋子建立起對她的第一印象。如果就像美國研究顯示的，鞋子確實是社經地位的重要表徵，梅伊的鞋子說不定還暗中助她升官。在她擔任首相期間，她的鞋子一直是媒體焦點。二〇一六年十月，在極為重要的脫歐談判期間，BBC因為鏡頭太過聚焦在梅伊首相的鞋子而遭到嚴厲抨擊，或許BBC相信，觀眾對梅伊鞋子所述說的「話語」，和對她口中說出的話一樣感興趣。資料來源：Gillath, O., Bahns, A. J., Ge, F. & Crandall, C.S. (2012), 'Shoes as a source of first impressions', *Journal of Research in Personality*, 46(4), 423-30.

雄孔雀寧可付出昂貴代價也要發送代表地位的信號，因爲要靠它來傳宗接代。人類也是如此，訊息傳送者有多大本事展示財富地位，會影響外界對他們的看法。儘管有些人認爲這種行爲不入流，卻不表示我們對這類暗示具免疫力，杜布和葛洛斯的心理系學生以爲他們看到高級車時不會心動，有些人甚至宣稱敵視高級車，但實驗結果並非如此。

身分位階高的人擁有諸多好處，這說明人爲什麼往往不惜砸大錢買東西和奢侈品，但是，願意多花錢往往不等於花得起，主要動機是爲了讓人以爲自己的社經地位比較高。即使是開發中國家的收入微薄的窮人，也時常願意花大錢來購買代表身分地位的名牌貨，研究人員拿兩瓶香水讓玻利維亞的低收入戶挑選，兩瓶香水的唯一差別在於瓶身上的標籤，結果許多人樂意多花點錢來買貼有卡爾文克雷恩（Calvin Klein）標籤的香水，而不是只貼了「香水」兩字的那瓶。[12]儘管想要的商品超過經濟能力，但只要可以藉此機會提升地位，人就會去追求，因此身在貧窮社群中的人，依然願意購買能夠提升地位的東西。

當然，不是每個人都會處心積慮獲得提升地位的商品和標記，但許多人是如此，心理學家布拉德·布什曼（Brad Bushman）的研究已證明這個事實。表面上，他請購物商城的人就花生醬的口味做個簡單的測驗，實際目的卻不只如此。[13]研究人員隨機從四罐花生醬中拿出一罐給受邀測試的人，可能是貴的花生醬，也可能是便宜的花生醬，總之每一罐都貼了代表高價或低價的標籤。受試者嚐過樣本後要打分數，然後說出願意花多少錢購買。此外，受試者也被要求完成一項關於自己在公開場域中自我意識的測試，請他們回答是否同意以下問題：「我通常會擔心無法讓人留下好印象」以及「我在意別人對我的看法」。

即使內容物完全相同，但多數人表示比較喜歡裝在高檔品牌罐子裡的花生醬，在公共自我意識測驗中分數最高的人尤其有這種傾向，他們不僅表示喜歡貼有高檔品牌標籤的花生醬，也明白表示不喜歡貼有廉價品牌標籤的花生醬。顯然，最想展現自身社經地位的人，也是公共自我意識敏感度較高的人，他們在意自己在大眾面前的樣子，願意多花點錢來顯示身分地位，認爲這麼做可能得到另眼相看，對他人發揮更大影響力。

如果說汽車、貼有名牌標籤的上衣，甚至裝在高級品牌商標罐子裡的花生醬，能提升一個人的社經地位，那難怪有人會花錢購買，甚至願意忍受短暫的難堪，以確保獲得夢寐以求的身分。研究顯示，請自負、冷漠的傳訊者來銷售奢侈品，對那些想買來提升地位，卻不了解產品的潛在顧客毫不留情面，結果反而特別有效。[14]諷刺的是，潛在顧客在遭到不屑和粗魯對待的時候，不僅不會掉頭就走，反而會讓這位跟不上潮流的顧客更有購買動機。布什曼的研究發現，公共自我意識高的人尤其如此。佛羅里達州立大學（Florida State University）的研究人員說明，銷售人員暗示自己的社經地位高人一等，例如穿著名牌服飾、裝模作樣以及行為舉止傲慢時，多半會使潛在顧客認為冷漠不討喜，但也使這些人更想花錢來獲得與他同樣的地位，跟這位討厭的業務員一較高下。[15]一般人以為，討喜的業務員往往使顧客大買特買，但是在購買強化身分的「地位性」產品時，這道理就未必適用於那些對自我地位沒有安全感的客人，他們比一般人更需要讓大家知道自己夠好以獲得業務員認同，而最好的方法就是掏錢購買。

象徵地位的物品稱為「地位性商品」（positional goods），因為它們能提高人的身分位階，而地位性商品的突出性，在於它們鶴立雞群。某些商品有較高的地位價值，二〇〇五年美國經濟學家莎拉・索尼克（Sara Solnick）和大衛・海孟威（David Hemenway）清楚證明這點，他們要大家想像兩種情況，一是自己比他人優渥，二是絕對值來說是優渥的，但比不上周遭的人。[16]舉例來說，他們問受試者比較喜歡哪種情況：

- 住在有七個房間的屋子，而別人的屋子有十個房間。
- 住在有五個房間的屋子，而別人的屋子有三個房間。

單純只是重視空間大小的人，主要著眼點會是房間的絕對數，因此會選擇第一種情況。但是在乎地位的人可能對第一種情況不滿，因為雖然空間較大，卻被別人給比了下去，因此會偏好第二種情況。索尼克和海孟威發現，約三分之一的參與者表示，只要別人的房子比他們的小，他們會比較偏好住在較小的房子。用類似方式問到對加薪的絕對與相對偏好時，回答是五十比五十。

人對於地位性商品的看法是相對的，而且會根據情況而異。索尼克和海孟威的研究證明，人偏好藉由所得展現地位，勝過由從事的休閒活動展現地位。工作帶來的薪水、頭銜、階層等，有助提升一個人的地位，使他成為較有效能的傳訊者。法國社會學思想家保羅·拉法格（Paul Lafargue）早在一八八三年的著作《懶惰的權利》（*The Right to be Lazy*）就寫到，機器「會成為人類救星，它好比神，使人類不再為生活而工作，給予人類休閒和自由」。[17]這觀點被其他多數未來學者接受，在二十一世紀，先進經濟體的人們確實有較多休閒時間，但依然認為工作會賦予一個人地位。工作及其伴隨而來的金錢、頭銜和階級，比從事的休閒活動更容易看出一個人的地位，工作是社經地位的象徵，一如配戴在身上的標籤，代表著聲望。

傳訊者不僅透過購物的選擇和炫耀性消費，來暗示自己的社經地位，也會利用飲食、出入的場所、經常從事的活動、參加的社團和俱樂部來傳送蛛絲馬跡[18]，而且立即被他人接收。某項研究的志願者在看過一系列臉書大頭貼後，就能相當準確地設想傳訊者的社經屬性，包括早期和目前的家戶所得、社會階層甚至父母的教育背景。[19]他們並不是從外表的吸引力（一般人也會用來表現社經地位）來檢視這些因素[20]，而是從背景因素思考，例如相片是在何地拍攝？裡面還有誰？這類線索說明很多事。難怪有研究顯示，人類天生愛比較，因此經常看別人的臉書照片可能引發忌妒心，愈來愈多人將這種現象稱爲「臉書抑鬱」（Facebook depression）。21

我們甚至可以從一個人跟陌生人互動的積極程度，來推測他的地位。社經地位較低者往往善於和人攀談，然而當一個人感到被接納與尊重，或許因此社交的需求被滿足，於是想認識新朋友及加入新團體的欲望也急速下降，變得較不願意跟陌生人打交道。

耶魯大學管理學院的麥可．克勞斯（Michael Kraus）和加州大學柏克萊分校（UC Berkeley）的達契爾．凱特納（Dacher Keltner）的研究充分證明以上論點。研究人員找來幾組經濟和社會背景不同的參與者，請他們坐在同一間房裡，錄下他們在等待實驗開始前互相聊天的情形，但其實這項實驗已經開始，因爲克勞斯及其團隊想知道，這些陌生人在以爲沒有人正在觀察自己的情況下會做什麼事。研究人員一再發現，社經地位較高（根據經濟狀況和學歷衡量）的人，較少和人打交道。社經地位較低的人，比較會主動去看交談對象正在做什麼，他們通常比較友善，會點頭贊同對方，聽到笑話會呵呵笑。相對之下，地位高人一等的志願者多半時間在看手機、在紙上亂寫亂畫以及「整理儀容」。克勞斯和凱特納表示，兩種截然不同的行爲，反映每個人有多大動機向他人示好以及獲得贊同。[22]

接著，研究人員將錄影片段讓另一群志願者看，他們很快就挑出影片中社經地位最高的人，即使錄影片段沒有聲音，而且這群志願者不能交換意見。很簡單，因爲他們根據哪些人努力跟他人打交道、哪些人不這麼做，來推測相對的社經地位。地位較低者喜歡親近人並獲得認同，地位較高者則兩者都不需要。這並不表示社經地位較高者必然比較冷漠，而是因爲社交和地位的需求已經被滿足，不必像位階較低的人那麼積極，這就適用一個常見的直覺悖論：太熱中結交朋友以及讓別人留下印象，往往適得其反，他們的積極不僅讓人卻步，而且無意間暗示自己的地位不如人。

地位階級

人爲何如此受階級宰制，以致行爲舉止會自然而然遷就階級？探究這個問題的好方法是問，爲什麼當一個穿好衣服、開好車（甚至是被司機載著到處跑）的人提出要求時，我們往往比較會欣然接受？當然，買得起奢侈品的人也比較不需要別人幫助吧？嚴格說來是如此，但這個推論錯失了重點。地位階級的目的，不是拉拔身在底層的人，而是激勵那些來到頂點的人再接再厲，並且給予獎勵，確保那些在身、心、物質和社會資源都高人一等（擁有最多工具價值）的人，受到在他之下的人關注和尊敬，以防止衝突，減少不斷你爭我奪的成本。我們需要有人做策略性決策、設定團體規範、教導他人、貢獻力量給社群或達成團體的崇高目標。當然，我們想要最好的人，來主導大家完成這些重責大任。❸

❸ 近來，社會日趨不平等的現象引來許多關注，有人宣稱執行長的收入是公司一般員工的兩百倍以上；有報導指出，全球最富有的一%人，擁有全球近半數的資產和財富。但這並不是現代專有的現象，當年埃及法老古夫（Khufu）在吉薩（Giza）建大金字塔時，他甚至可以宣稱自己聚集了當時地球上最多的可用資源；這座占地面積二三〇平方公尺，高度近一五〇公尺的金字塔，需要兩百多萬塊砂岩，每一塊重二．五噸，加上超過八萬人工作二十年。整個埃及領土和文明都任由古夫差遣而造就這座金字塔，而且埃及是當時地球上最偉大的國家。據估計，耗費約等於今日的一百億美元。西元前二五六〇年，只有一個國家有資源來建設如此偉大的工程，二〇〇五年據報導，三十五人有資源建設這樣的豐功偉業，本文撰寫時，人數為八十一人。

從職場乃至運動界，社會各領域都有階層。籃球選手排出傳球隊型準備三分長射時，多半會把球傳給隊伍中身價最高或最知名的球員，而不是給當時表現最優異的球員，換言之，判斷標準是選手的地位而非球技。組織也是如此，在做決策時，比較出風頭、在業界有知名度或頭銜響噹噹的人較有分量。地位高的人，意見較容易被聽到而被當一回事，也比地位低者更容易贏得尊敬、表揚和重視。簡單來說，他們作為傳訊者能吸引更多注意，說的話也經常會有人聽。23

雖然人類通常會追求身分地位並設法贏得他人尊敬，但想要階級化到什麼程度的社會卻存在個人差異，不同文化追求的平等狀態也不同。24 ❹現代狩獵採集社會中的人如北澳洲原住民，其社會結構就扁平許多，這些團體的領導者比較像居間協調者而非執行長，他們不指揮下令，多半是召開會議，做些等同於把大家的意見寫在白板上的事。他們偶爾會表達自己的意見，對團體的決策有較大影響力，並且促成團體成員的討論，但他們不會推翻他人意見，或是把自身利益凌駕於他人之上，否則可能引來族人反彈和排斥。據說這種型態與一萬三千年前更新世年代的祖先類似，而後組織日趨複雜，再加上農業發明和人類社群擴大，領導者才有必要握有更多的權力和資源。25

社經地位能發揮強大的傳訊者效應還有個理由，因爲人多半相信社會獎勵有才能和努力的人，換言之，有實力者才能出頭天，因此身分地位高者理應獲得獎勵。美國的社會心理學家梅爾文．蘭納（Melvin Lerner）提出「公平世界假說」（Just World Hypothesis）來解釋這個現象[26]，中心思想是假設人相信，位居最上位者光是憑著居最上位這點，就該獲得崇高地位以及伴隨而來的關注、尊敬和他人的服從。用本書的說法，他們理當是較有力的傳訊者，居下位者被認爲缺乏一技之長、不努力又不長進，所以該受到責罵和社會的懲罰。有證據顯示保守主義者與高社經地位的人，尤其會從一個人的社會地位來推測對方的能力。[27]

「公平世界」心態在很早期就形成，小孩早在懂事時，就被教導要守規矩，例如

❹ 各種靈長類動物也有不同的階層級數和維持地位階級的方法，有些物種主要靠激進攻擊來建立威信，有些則靠恫嚇、偏好展現高超技能，而不是透過可能使他們受傷的鬥毆。黑猩猩跟多數人類一樣，在衝突過後會親吻和好，資料來源：De Waal, F. B. & van Roosmalen, A. (1979), 'Reconciliation and consolation among chimpanzees,' *Behavioral Ecology and Sociobiology*, 5(1), 55-66.

分享和輪流、回饋他人、公平競爭。他們也明白努力工作就能獲得公平獎勵，但有趣的在於這類訊息或許只是強化他們本能上早就理解的。

二〇一二年的一項研究，讓十九個月大的嬰孩看著動畫中兩隻長頸鹿寶寶的互動，同時研究人員觀察並測量他們眼睛的凝視，這也是在發展研究中，常用來評估嬰兒預期和驚訝程度的方法。在第一個版本中，長頸鹿寶寶在表演結束後各自獲得一片餅乾，這時十九個月大的嬰兒平均凝視時間爲十三．五秒。第二個版本是一隻得到兩片餅乾，另一隻什麼都沒有，這時嬰兒的平均凝視時間多了六秒。儘管兩隻長頸鹿都應該獲得獎賞，結果卻把所有獎賞給了其中一隻，使這群不到兩歲的孩子感到驚訝。換言之，就連還在學走路的小寶寶，都看得出來世界並不公平。[28]

接下來的研究確認以上發現，並進一步延伸。這次要求二十一個月大的寶寶觀看兩個小孩玩玩具。幾分鐘後，有個大人走進來，跟孩子說遊戲時間結束，該整理玩具了。其中一個版本是兩個寶寶都乖乖幫忙整理，第二個版本是一個小孩整理所有的玩具，另一個偷懶。兩個情節中，兩個寶寶都得到貼紙作爲獎品，問題是：正在觀看的小嬰兒會不會注意到第二個版本的不公平？當然會。在偷懶的孩子跟努力收拾的孩子獲得相同獎品時，他們的視線駐留時間，相較兩個孩子一起收拾時多了二十八秒之多，可見人類從小小年紀就能清楚分辨公平與否。人通常期待獎賞是根據功勞，而不是某種程度的社會公平的方式，因此往往會假設擁有較高地位者是實至名歸。

說歸說，但人還聰明到懂得分辨，例如很多人都知道，社經地位高——也就是有錢有名的人——是大家夢寐以求的理想伴侶，但錢是怎麼賺來的，則攸關未來另一半對他們的觀感。當研究人員問受試者會選擇白手起家的人作爲伴侶，還是透過繼承、贏得樂透彩和走私等方法賺錢的人，幾乎每個人都偏好白手起家的富翁，勝過靠運氣或非法行爲致富的人，特別是女性受試者。[29]此外，白手起家的富翁作爲長期伴侶而非一夜情的相對吸引力，勝過幸運的樂透彩贏家。因此人們通常偏好那些憑藉努力工作、膽識和決心而致富的傳訊者，勝過用不正當手段或輕鬆方式致富的人。❺

❺ 幾位樂透贏家讓大家明白，天外飛來的橫財可能使人墮落，尤其如果他們試圖利用剛到手的錢來購買社經地位。二〇〇二年十一月，以清運垃圾維生的麥可·卡洛爾（Michael Carroll），贏得英國國家彩券九百七十三萬六千一百三十一英鎊的彩金，也讓他短暫享有名人身分，有些英國媒體封他為

透過公平世界的眼光，會認爲自食其力的人具備許多可取的特質和技能，才造就今日的成功。他們除了金錢以外，還有智商、魄力、韌性、野心和動力等提供工具價値的特質，使他們成爲理想的長期伴侶，就算把錢花光，他們還是會比多數人更有本事把錢賺回來。過去累積財富的實績，足以暗示未來成功的可能性。相反地，如果傳訊者是靠非法方式取得社經地位，他們的地位和影響力之間的連結可能崩解，當傳訊者不配得到被賦予的地位時，可能招致忌妒甚至惡意攻訐[30]，這時大衆非但不讓出舞台，反而會把這位傳訊者趕下來。

因此，財富名聲給予人的地位不是固定的，可能受幾個因素影響。但由於人有服從階級的天性，一個人的地位對他人的影響之大，超越這個人自身的特質，也就是那些當初爲他贏得財富名聲的特質。簡單來說，他們成爲無比強大的傳訊者，強大到人們在某個截然不同的情況下，立刻推論他們的地位是可信賴的寶貴資產，然而兩者可能甚至完全沒有關聯。

孟洛．萊夫柯維茲（Monroe Lefkowitz）的過馬路實驗，完全說明以上論點。這個具代表性的實驗，目的是了解當一個人身穿不同服裝任意穿越馬路（無視紅燈、車流與交通規則）時，其他行人是否會跟著照做。他發現，穿西裝任意穿越馬路時，願意跟著一起穿越馬路的行人，是穿牛仔褲時的三倍。[31]當一個人在橫越馬路時，等於在傳送「現在過馬路很安全」的訊息，唯一不同的是他穿的衣服。身穿西裝表示這個人有份工作，或許有能力在組織的階級裡往上爬升，但與他是否有能力在紅燈時安全過馬路並無關聯。然而，西裝傳送的身分訊息足以讓他人相信，因為某人（可能）在某個領域上有成就，因此必定很善於橫越馬路。

萊夫柯維茲的實驗還有後續。二〇〇八年曼納（Maner）、狄沃爾（DeWall）和

「樂透傻蛋」，令他樂不可支。但他的行為似乎只是讓大眾更加不爽，他宣稱自己是「混人之王」，甚至把這字樣印在代表身分地位的黑色賓士休旅車上。（讓人不禁想問，有多少人會對他按喇叭。）雖然卡洛爾表示不會亂花錢，但他還是淪入毀滅式的炫富性消費中。即使我們並不確信他的沒落是否完全是因為亂買東西來抬高身分——錯誤的決定、不智的投資行為，以及鬥毆坐牢九個月當然也不是好事——但應該是導致他沒落的一個因素，據報導，二〇一〇年他花光了錢財，向地方議會應徵他的老工作。資料來源：https://www.thesun.co.uk/news/8402541/how-national-lottery-lout-michael-carroll-blew-9-7m-pounds/.

蓋利特（Gailliot）的實驗，讓參與者看電腦螢幕上穿著套裝和休閒服的男女，一面追蹤參與者的眼動。在前四秒間，當每位參與者看到相同畫面，但還來不及有意識處理每個圖像之前，他們的眼睛對準穿著代表高地位服裝的男性（而非女性）的次數，多過穿著休閒服的男性，這表示即使我們還來不及思考決定該關注哪些傳訊者，就有一套自動認知處理程序，確保地位較高者得到關注並優先處理他們的訊息。32

你會接受醫生給你的水管配置建議嗎？

萊夫柯維茲觀察到，當大眾認為某位傳訊者的社經地位較高時，可能會推測他們在無關的領域也具備參考價值，這也可以部分解釋二〇一六年美國總統大選結果。當時反對者主張，川普對領導國家所涉及的法律和道德複雜性幾乎一無所知，然而川普靠著不斷提醒大家他在財富和事業上的成功，硬是把這個訊息擠了下來。川普的社經地位是勝選的原因之一，但他不是個案，二〇一八年初，香港流行歌手謝安琪在

WhatsApp 上宣稱，有九成注射流感疫苗的人依然罹患流感，中國政府的衛生官員只好趕忙撲滅流言。❻[33] 她的藝人身分，足以排擠醫療從業人員的專業知識。被迫應付有名但所知不足的傳訊者造成的負面影響並不是新鮮事，不光在醫療界。

具影響力的名人是大家熟知的大人物，他們的影響力早就獲得公認，特別是過去一百五十年來，廣告和行銷界會請名人替產品和服務背書。矛盾點在於，爲了誘使大多數人掏出血汗錢，廣告和行銷業者願意把昂貴的產品，免費讓千挑萬選的少數幾人使用，而他們恰好也是最有能力購買的一小撮人。但是，行銷業者認爲是名人不斷在送他們禮物，企業似乎巴不得在他們身上加碼砸錢，從愈來愈多企業請名人拍廣告就知道。

名人不光在販賣產品和服務方面具說服力，他們也爲政治人物、公共衛生的政策制訂者和非政府組織傳遞訊息，這些個人和機構也承認，身分地位高的傳訊者較有影

❻ 謝安琪表示無意公開 WhatsApp 訊息或影響他人的看法。

響力，因此每年花數十億美元請名人背書。據估計，美國大約四分之一的廣告請名人代言，日本則有四成至七成。[34]

名人代言能達到兩個目的，他們因爲社經地位而獲得關注，就像有人會跟在穿西裝的人後面橫越馬路。此外，明星身分讓品牌更有面子，收看廣告的觀眾往往和代言的名人建立起單向關係，表現的情感類似日常的關係。但所有關係都存在細微差異，有些名人我們喜歡，有些則否。行銷人員尋找有效的傳訊者來傳遞訊息時，要先知道目標群眾喜歡哪位名人，再將產品、服務或政治人物與這位名人連結，比起隨便找一位名人（無論那位名人多有名）來推銷任何商品要成功許多。

在此同時，要注意名人代言是雙面刃，對的名人與產品連結能提高消費者好感，否則可能毀了一個品牌。二〇一一年，三十二歲的挪威人布雷維克（Anders Behring Breivik）在烏托亞島（Utoya）瘋狂屠殺七十七人，包括六十九名青少年。悲劇發生後，媒體經常展示兇手身穿有著拉科斯特品牌鱷魚標誌的衣服，這種不討喜的連結，逼得這個法國服飾品牌遊說挪威警方，要求禁止布雷維克穿他們的衣服，法國的《自由報》（*Libération*）報導：「這種處境對法國一流服裝公司來說，顯然是場噩夢。」[35]

此處重點在協調性。當訊息自然而然與傳訊者連結時，就比較容易被人接受。請嫵媚動人的模特兒作爲美容產品的傳訊者，要比具相同知名度的歌手或運動明星更適合，然而產品和代言者之間無需完全吻合，畢竟川普是靠著吹噓自己的事業成就打敗希拉蕊（Hillary Clinton）的政治歷練，但至少一定要避免完全不相符的情況。

另外一個有趣的現象是，用含蓄的方式替品牌代言，往往比公然表示比較喜歡某個品牌更有效，因此廣告商常將焦點放在名人跟產品的關聯，而不是他們對產品的擁護。二十一世紀的民眾或許知曉名人的代言費，然而當大家看到名人擺設的產品和各種不動聲色的訊息時，很少會警覺自己正在下意識做出連結。因此有非常多拍攝名人富翁的電影和網路影片，會在各種場合展現各式各樣的品牌、在某咖啡館喝咖啡、住進某間連鎖旅館，或者在運動比賽時喝他們「最愛喝的」啤酒。

當然，就連身分地位最高的傳訊者，都難免失去影響力。儘管一開始惑於他們的地位，但我們會漸漸質疑他們的行爲是否與期待差距太遠，或者是否期待愈高，失望也愈大。肯伊．威斯特（Kanye West）就是一個例子，以任何標準來說，威斯特都是大名人，既是知名饒舌歌手，也是社交媒體的重量級人物，專輯賣座三千兩百萬張，贏過二十一座葛萊美獎。儘管有如此豐功偉業，民衆卻不遺餘力要將他拉下台，二〇一五年在格拉斯頓伯里（Glastonbury）舉行的金字塔舞台（Pyramid Stage），群衆明顯展現對他的敵意。

這是世界知名的音樂節，台下萬頭攢動，演奏進行得很順利，但就在威斯特表演到中途時，人群中有人舉起一面旗幟，旗子上有一幅威斯特的妻子金．卡黛珊（Kim Kardashian）與前伴侶雷傑（Ray J）性愛影片外流的截圖，圖像旁是一行出自威斯特的〈淘金者〉（Gold Digger）的歌詞：「低一點，女孩，頭低點。」

既然高社經地位者通常能贏得他人崇拜和敬意，爲什麼台下沒有樂迷跳出來保護威斯特，責備這位鬧事者？若是對麥卡尼（McCartney）或滾石樂團（Rolling Stones）做類似的事，一定有人相救甚至引起暴動，但是威斯特遭受侮辱卻沒有人仗義直言，爲什麼？

有充分的證據顯示，那個禮拜六晚上威斯特在格拉斯頓伯里受到的侮辱，可能跟他過去違反名人圈中兩大規範有關。第一，有表演者同業在頒獎儀式上受表揚時，一定要優雅地接受結果。❼威斯特是出了名的不服輸，當他的作品〈碰觸天空〉（Touch the Sky）沒有在ＭＴＶ歐洲音樂大獎中獲得最佳音樂錄影帶時，他跳上舞台向大眾宣布得獎的應該是他。他在二〇〇九年ＭＴＶ音樂錄影帶大獎中也公開上演過類似戲碼，當泰勒絲（Taylor Swift）正要接過頒給她的最佳女歌手音樂錄影帶時，威斯特又擅自跳上舞台，宣布碧昂絲（Beyoncé）的〈單身女郎〉（Single Ladies [Put a Ring on It]）要好多了。

威斯特另一個違反名人禮儀的行爲，是公開吹噓自己的聰明和地位。「我發現我的歷史定位，就是我會被歷史記載成爲這一代的聲音、這十年的聲音，而且我將是最響亮的聲音。」他在二〇〇八年接受美聯社（Associated Press）採訪時表示。[36]威斯特向《W》雜誌解釋他二〇一三年的專輯《伊穌基督》（*Yeezus*）的主打歌〈我是神〉

❼ 甚至有網頁教導剛剛躋身名流的人，如何擺出「奧斯卡輸家臉」，可惜一九九四年山謬．傑克森（Samuel L. Jackson）以《黑色追緝令》（*Pulp Fiction*）角逐最佳男主角，敗給主演《艾德伍德》（*Ed Wood*）的馬丁．蘭道（Martin Landau）時，這個網頁還沒出現。持平而論，山謬．傑克森的反應（網上搜尋一下立刻會看到）情有可原，比起威斯特可說是小巫見大巫。

（I Am a God），他說：「我寫那首歌是因爲我是神……就這樣。」[37]威斯特在接受《紐約時報》卡拉曼尼卡（Jon Caramanica）的訪談時，表明他不僅相信自己是世界級的饒舌歌手，也擁有高人一等的才智和能力。「我終將成爲身價數十億美元的企業領導人，因爲我有答案。我懂文化，我是核心。」[38]

這類行爲的特點表現在幾個方面。威斯特顯然有點自戀❽[39]，但不光是自戀才使大家用敵意回應他的情緒失控，其實理由更原始。當傳訊者破壞公認的行爲準則，或被視爲無能、不如人或單純的愚笨而不配其地位時，之前被賦予的社經地位立刻會被收回。

顯然有許多人將威斯特逾越身分的情緒失控視爲笑話，需要讓他明白自己的斤兩。當一群人對傳訊者有這種感覺時，那位傳訊者會立刻失去「可貴的」身分，這就是二〇一五年六月某個禮拜六晚上，格拉斯頓伯里傳給威斯特的訊息。連前總統歐巴馬都稱他是「蠢蛋」。

熾熱的火打造一級的鋼

請記住：社經地位只是其中一種地位，有些團體和文化會將地位賦予謙卑、慷慨的人，而鬥性較堅強的團體和文化，則偏好以實力決定身分地位的高低。包括佛教在內的許多宗教，會將身分賦予努力克服我執、無私、慈悲行善的人。其他作爲身分象徵（因而提高傳訊者影響力）的金錢和奢侈品，在這些社會中往往被視爲邪惡的根源。因此，社會的意識形態或其文化，就成爲判斷傳訊者會因爲哪些特質獲得高地位的重要因素。

❽ 自戀狂的主要特徵，在於浮誇的自我形象往往結合一種信念，認為自己有權受到特殊待遇，因為他們自認是特別的。研究顯示，在自戀測驗中得高分的人，會不斷藉機拉抬自己的身分，追求他人對自身成就的過度讚許，產生名氣與榮耀的幻想，而且非常積極占據統治地位，炫示自己握有多大權力。他們也較不在意親和及謙卑等特質，甚至會做出有爭議性、突兀、白目乃至攻擊的行為，這也說明為何大家往往會被他們的作風惹怒，自戀者彷彿天生就是要來拉抬和強化自己的社經地位。

從更廣的角度來說，「地位」是人在團體中的相對立足點，而這個立足點是根據他在別人眼中的重要程度、他獲得的關注程度和受到的尊敬程度，以及他對資源配置、衝突解決與團體決策的影響力。本章說明高社經地位者通常受到周遭的人尊敬，被認為具備優越的技能及知識，掌控寶貴資源，因此能承受損失並造福他人。挑選對的名人或優秀的傳訊者用正確方式傳遞正確訊息，會發揮極大的說服力，難怪當廣告界遇上大日子的時候——例如美國超級盃開打的那天——至少半數廣告都有名人在內。

二〇一一年的名人是阿姆，他沒有幫百思買、凱馬特或沃爾瑪做廣告，基於他近來因為去不了這些店而發飆，沒找他代言並不令人意外。但他倒是替新款的克萊斯勒二〇〇做了廣告，這是輛高端汽車，黑色、硬頂，在他的家鄉底特律製造。最熾熱的火打造出一級的鋼。當然，漆黑的車窗最適合有錢有名的人開在街上到處逛，既顯眼，又不會被認出來。

|第　二　章|

能力

專業技能、經驗，
以及為何潛力打敗現實

如果傳訊者被大衆認知的社經地位（無論是靠名氣、財富、漆黑的車窗或昂貴的商標贏來的），能影響並放大訊息的影響力，且往往與訊息內容無關，那麼傳訊者被大衆認知是個精明幹練的人，也有同樣效果。再次強調，重點是「被大衆認知」，言之有物的人說的話顯然值得聽，但就如我們傾向聽從一個散發出社經地位高人一等的傳訊者，我們也會聽從那些暗示自己是專家的人。接下來的醫療案例清楚說明，無論訊息是否合理都可能發生。

美國的非營利組織安全醫療行爲學會（Institute for Safe Medication Practice, ISMP），宗旨是減少醫院和醫療中心的醫療疏失。最初於一九七五年開始爲一本醫院藥劑師的期刊定期撰寫特刊，該特刊提供論壇，讓醫師和藥劑師匿名敘述他們醫院和醫療中心發生過的過失和重大疏失，讓同業從他們的錯誤中學習。這個不起眼的小專欄被譽爲具資訊價值和可信度，而且充滿警世意味，由於投稿者踴躍，編輯很快就蒐集到夠多的案例編寫成教科書。[1]《醫療疏失：原因和預防》（*Medication Errors: Causes and prevention*）是由學會主席麥可．柯恩（Michael R. Cohen）以及藥劑師同事尼爾．戴維斯（Neil Davis）編纂，一九八一年出版後經過多次修正和更新，由此可見這類出版品的價值，以及醫院發生過多少失誤。最新一冊花了七百多頁敘述違反建議做法和協定方式開立處方、配藥以及管理藥品的案例。有些失誤較常見，如開錯藥，這是令人擔心但可理解的失誤，有些藥名容易讓人混淆，哪怕是那些受過高度訓練，能夠勝任但經常忙昏頭的醫療人員。在ＩＳＭＰ的網站上，有個「易混淆的藥品一覽表」，羅列六百多種名稱看起來或聽起來很相似的藥品。例如 Bidex 和 Videx 的發音相近，字型乍看之下也滿像的，但 Bidex 是袪痰劑，用來治療支氣管炎或重感冒等常見的呼吸道疾病，而 Videx 是核苷類逆轉錄酶抑制劑，用來治療人類免疫缺陷病毒（ＨＩＶ）和愛滋病（ＡＩＤＳ）。醫藥處方錯誤的常見原因是醫師的字太潦草，因此愈來愈多醫院鼓勵用打字取代手寫開立處方，總算讓大家鬆了一口氣，但這對 Bidex 和 Videx 來說還是不夠，因爲在電腦鍵盤上，Ｖ和Ｂ就在隔壁。

另一種醫療疏失是，病人服用對的藥，但劑量錯誤。甚至有時藥品及其劑量的處方正確，病人也照規定服用，只是給了錯誤的病人。柯恩和戴維斯提到四種常見錯誤，除了藥品錯誤、劑量錯誤和病人錯誤以外，第四種爲「途徑錯誤」。處方的藥品是對的，劑量是按照建議且經過批准，之後也發給正確的病人，但錯誤是出現在施用途徑。

最令人好奇的錯誤途徑例子，是以「直腸耳痛」爲標題的文章，描述某位醫師被要求訪視一位右耳痛的住院病人，經過檢查，這位醫生正確地注意到病人內耳確實在發炎，也正確開立了抗發炎滴劑的療程，整個過程毫無不尋常之處，只是這位醫生不是在處方表格上完整寫下「滴劑要使用在病人的右耳（Right Ear）」，而是將指示縮寫成「滴劑使用在病人的 R. Ear」❶。

值班護理師忠實執行醫師指示，請病人側躺，將膝蓋高舉到胸口採取某種「姿勢」，將三滴藥劑滴入病人的直腸，這對病人已知的病狀毫無幫助，但這位護理師從未懷疑過醫生的指示，病人也沒有問護理師在做什麼，訊息被傳訊者改造成牛頭不對馬嘴。如同知名社會心理學家席爾迪尼（Robert Cialdini）在經典著作《影響力》（*Influence: The Psychology of Persuasion*）中一針見血指出：「在許多情況下，當公認的權威表示意見時，合理與否也變得無關痛癢。」[2]

以上或許是個微小的案例，但歷史上有許多例子，說明地位高者未能察覺自己對下屬的影響力，他們被認知的專業能力和受到的尊敬超乎想像，結果釀成災難。一九七七年荷蘭皇家航空與泛美航空在特內里費（Tenerife）島相撞，以及一九八二年佛羅里達航空在華盛頓特區的災難，說明地位高的人（兩個例子中的正駕駛）做出錯誤判斷，但沒有被地位較低者（副駕駛）糾正。佛羅里達航空的墜機事件中，機長在暴風雪中準備起飛前，未啟動引擎的內部防冰系統，導致飛機的壓力表提供錯誤數據。儘管副機長多次提到儀表讀數似乎不正確，機長卻無視他的擔憂而執意起飛，但才升空不到三十秒，就墜毀在華盛頓特區的第十四街橋。類似地，當合格的醫療人員（拿護理師來說）沒有對顯然更有資格的人（醫師或外科醫師）發問，結果發生遠比直腸耳痛更嚴重的醫療問題。外在地位的差異可能足以蓋過判斷失誤，所以柯恩和戴維斯才能用醫療疏失的一覽表，寫成一本厚達七百頁的書。

傳訊者外在的社經身分，是訊息被接收的一條路徑，另一條則是他們被認知的能

❶ 譯注：rear 可以理解為「肛門」之意。

力。一般人認爲幹練的傳訊者或專家擁有工具價值，他們憑著專業本領、經驗、技能及知識，不僅達到自己的目標，也幫助衆人達到目標，甚至透過「文化傳輸」程序，將這些特質傳授他人。[3]因此他們在社會上扮演不可或缺的角色，而且有助於提高效率。每個人都可以努力獲取各方面的基本知識，來應付人生的複雜與挑戰，但更簡單的做法是尊重具備特殊才能或專業知識的人，我們需要農夫、水電工、機械師、醫師、會計師，來補足知識的不足，不光是省時而已。古羅馬詩人維吉爾（Virgil）早在兩千年前就說，我們應該「相信專家」。

不僅如此。當一個人想自主決定，而且擁有做決定的能力和本事，能夠取得正確和相關的資訊，這時就比較不需要專家傳訊者。然而，許多人生決定都是艱難的，需要耗費大量精力與心力，包括思考的時間、比較各種選項、問對的問題、計算可能的結果，以期得到對的結論。在面對類似挑戰時，尋求有能力的人提供建議並尊重看似擁有專業知識的傳訊者，既省心，又省力。

有一項實驗，請志願者接受核磁共振，觀察他們在回答一連串財務問題時的腦部變化。這些財務問題需要他們評估，到底是選擇接受一筆確定的金錢，還是等待未來一筆更大、但確定性低很多的款項。當志願者必須自己計算時，腦部負責評估機率的區域明顯變得活躍，另一方面，研究人員介紹一位理財專家，給一群隨機指定的志願者，告訴他們可以接受傳訊者建議，結果發現腦部這些區域展現的心理活動遠遠低於前者，最終他們絕大多數聽從專家建議。[4]他們的腦就像停機了，讓專家幫他們做該做的事。這種現象並不令人意外。❷現代生活有這麼多刺激好玩的事可以關注——例如YouTube和貓的哏圖——讓人提不起勁去關心照理說更重要、但往往較無趣的事。於是，被認爲有能力的傳訊者就繼續做個可以依賴的對象。

這次的關鍵字，依然是「被認爲」。資訊超載、步調快速的今日世界有個特點，那就是我們幾乎沒有時間和資源，來徹底審視傳訊者的專業知識是否爲眞且能爲我們

---

❷ 更令人驚訝的是，有研究顯示，在遇到較不困難的任務時，如果參與者不知道顧問是專家，他們通常會過度依賴自己（較不完備）的能力，這個現象是所謂「自我中心的貶損」(egocentric discounting)。資料來源：Yaniv, I. & Kleinberger, E. (2000), 'Advice taking in decision making: Egocentric discounting and reputation formation', *Organizational Behavior and Human Decision Processes*, 83(2), 260-81.

所用，我們只是安於聽從「看似」有能力者的忠告或建議，否則就沒有足夠的時間資源，用在其他更優先的事情上。但是，這年頭當人人都宣稱自己是專家，也都努力獲取我們的注意時，我們該如何評估一個人是否眞的「看起來」有能力？

穿著光鮮，往下看

我們在評估誰的社經地位較高時，會尋找現成的簡單提示，這次也是從現成的簡單提示中，推敲哪些人是主事的專家。衣服與地位依舊是很有力的信號，這些因素或多或少能解釋史丹利．米爾格蘭（Stanley Milgram）在有關服從的研究中那些驚人的行爲。[5]米爾格蘭告訴大家，看似平凡的人竟然願意對另一位受試者執行高達四五〇伏特的電擊，他們會聽到受試者痛苦的哭喊，敲打牆壁請他們停止，只因爲一位耶魯大學的科學家叫他們這麼做。受害者其實並不痛苦甚至不危險，求助和痛苦的哭喊全都是預錄的，整個實驗是經過套招，但結果依然令米爾格蘭和科學界相當震驚。

米爾格蘭的實驗，想深入了解爲何人會做出這類恐怖的決定，以及研究人員的白袍、在名校中的地位，對促成這些決定的影響。實驗過程受到科學界和大眾媒體廣泛討論，比較沒有被廣泛報導的是另一組實驗，這組實驗類似第一組，是在貧民區一處破敗的建築物中進行，參與者被告知這項研究是受某商業研究公司委託，而不是大學實驗室，環境的改變使結果大不同。當市場研究員取代專業科學家，參與者進行電擊的意願明顯降低，要注意的是訊息從未改變，不同的是傳訊者，顯見科學家的白袍還眞有威力。

不僅衣服能發揮如此影響力，配件也有相同作用。例如醫療從業人員掛著聽診器傳達養生保健的訊息，病人比較願意聽從[6]，醫生用不用聽診器是另一回事，但病人是用它來決定這位醫療人員的專業水準。

類似情況也發生在辦公室接待區。辦公室常會有一些時鐘顯示各國首都時間，這些時鐘是否眞的有用頗令人懷疑，一般來到辦公室的訪客，極不可能會突然需要知道現在是雅加達或香港的幾點鐘，但這些鐘的存在目的並不是報時，而是讓訪客以爲這個組織的觸角和重要性遍及全球，從而暗示其地位和專業，報時則是其次。換言之，這些時鐘確保大家知道這個組織是有實力的。

高階主管手上抓著看似重要的資料夾和紙張，別有用意地在自己的辦公室裡走來走去也是如此。當然那些紙張有可能跟正在處理的工作有關，但是當這個人帶著資料走去飲水機或廁所，顯然就不見得如此，高階主管想向大家強調自己的重要性，用這方法很容易達到目的。[7]在情境喜劇《六人行》（*Friends*）當中，錢德勒有一天下班回家，手上拎著公事包，大聲說道：「你知道嗎？我一年前就忘記公事包的密碼了，我只是拎著到處走而已。」換言之，他發覺有必要到處宣傳他的工具價值和地位。

不光是時鐘、制服，以及如醫生的聽診器、商人的公事包、建築業者的貨車和工具等相關的「生財工具」能提高傳訊者被認知的能力，能力也是有臉的。

能力的臉

當我們看到臉部表情，通常會從情緒的角度思考。例如當一個人發自內心的笑時，眼皮會繃緊，眼角周圍會起皺紋，於是我們認出這是在表達快樂的情緒。（這種笑容稱爲「杜興微笑」，是以法國神經學家季洋．杜興〔Guillaume Duchenne〕命名，杜興被許多人尊爲現代神經學之父。）我們也辨認得出一個人生氣的樣子，眼球外凸、眉毛下垂、上下唇通常會緊緊擠在一起。恐懼是另一種形於色的情緒，特點是杏眼圓瞪、嘴巴張大，人們經常覺得這模樣挺滑稽，特別是沒有必要恐懼的時候。[8]臉部提供豐富資訊供人觀察解讀，因此我們總是被臉吸引，但是我們不光可以從臉部推測心情，也能判斷人格和性格特質，甚至可以用臉部的提示，來評估一個人的能力。

研究人員根據計算模型（computational modelling）的技術，歸納出能幹的男性或女性有一張成熟且具吸引力的臉，臉型通常比較不圓，顴骨較高，下巴較有稜角，眉毛和眼睛之間的距離較近。

人爲什麼會利用五官特徵來推測一個人是否能幹？據認爲孩童很早就明白，成熟臉的大人比臉部較柔和的孩子能幹，於是牢牢記住與能力相關的典型身體特徵，並按照以上標準來判斷臉部成熟度與實際能力不相關的成年人。這不僅是心理上的怪癖，根據長相來判斷是否能幹，往往連帶對未來的決策造成顯著後果。

其中一個後果，從以下研究即可知：讓受試者看五十張執行長的相片，其中半數是財星千大企業中排名前二十五的公司執行長，另外一半來自排名倒數二十五的企業，接著請受試者推測他們的人格特質，結果令人驚訝。被受試者評爲最有能力的臉，往往領導比較賺錢且成功的企業，被他們判斷爲較沒有能力的，往往負責財務上比較不成功的公司。[9]以上對男性和女性執行長都適用。[10]於是有趣的問題就來了：成績頂尖的執行長是憑著實力辦到的，或者只因爲他們「看起來」像是有實力的樣子？當然他們會極力辯稱，說光憑一張臉不能穩坐大位。但我們不禁要問，會不會有些深具潛質的執行長，只是因爲長相不利而成爲遺珠；而有些比較沒料的執行長，只靠長相就坐上大位。

「如果某人看起來是能幹的，那他必定能幹」的信念，使人在極短時間內判斷誰是資深經理人的料子，以及決定該投票給誰，然而這種信念卻存在隱憂。

普林斯頓大學的某實驗中，受試者被要求看政治人物的相片（這些曾經或正在競選美國州長的政治人物，是他們不太可能認得出來的），然後憑直覺替每個人的能力評分。結果發現他們的印象與這些人真正的選舉結果緊密相關，而且這些印象是在短短的一百毫秒內形成，換言之，只要瞄一眼候選人的臉，就能大致猜對誰會當選。[11]也有研究顯示，對其他國家的政治人物（這些都是他們極不可能熟悉的人物）做判斷時，也出現相同結果。舉例來說，瑞士五歲兒童對能力的評比，能精確預測二〇〇二年法國國會大選的結果[12]。

有趣的是，當研究人員讓受試者多花點時間端詳候選人的照片，經過深思熟慮後再做出決定時，辨識贏家的能力反而大幅下降，可見人是憑直覺而不是腦袋，是用候選人長相來預測選舉結果。❸看來選民會把「誰是最有能力的候選人？」換成比較簡單且符合直覺的「哪位候選人看起來像是能力最強的？」。

❸ 當然，除非研究參與者剛好以前就熟知現存文獻中，長相精明幹練的影響。

信心滿滿的能幹

直覺上，能幹的傳訊者也可能表現出較有自信的樣子。[13] 有趣的在於這個因果關係也可能恰恰相反，也就是表現自信的傳訊者，往往被認爲是能幹的人，即使缺乏實力作爲佐證。信心是一個人對自身能力、技能及知識的信念，自信的人會投射一種假想的專業知識，堅信自己說的是正確的。在缺乏證據顯示他們可能受誤導甚至自我感覺良好的情況下，群衆可能會相信表象，而高估這些人的話語的重要性。

就以包荷斯過度主張問卷（Paulhus Over-Claiming Questionnarie, OCQ）的結果分析研究爲例，這份問卷透過各種小測驗，來衡量答題者對各科目和主題的信心。答題者被要求對歷史人物、名人、品牌名稱、當今時事等知識和熟悉度評分，項目中許多是眞實存在，有些則是虛構。聲稱知道後者的人正是典型的過度自信，因爲他們宣稱自己知道其實並不存在的事物。這項測驗顯示許多人會誇大自己的知識水準，值得一提的是他們自以爲擁有的智慧，對周遭的人產生的影響：在欠缺反證的情況下，外人會從受試者展現的自信，來推論對方言之有理，而由於他們假設這個信心滿滿的人也是有能力的人，於是賦予其崇高地位和更大的影響力[14]。我們每個人都該引以為戒，留意在團體中那些信心滿滿、大言不慚的人，特別是在辯論的初期階段。他們往往自動被賦予較高的地位，意見也顯得較有分量，無論內容是否有價值。

由於人往往期待信心和能力是一體兩面，難怪我們在判斷該跟從誰的時候，會從這兩個因素來考量。我們當然希望站在頂端的人知道答案，帶領我們安然度過危險、面對不確定且變化多端的現代世界。缺乏自信的領導者會被理解成軟弱、不起勁、可取代，甚至無能。不光在政界，企業界也是如此，傳訊者需要表現自信，才能有效把自己的想法、發明和創新告訴大家。懷疑論者可能會認為，過度自信是為了掩飾缺乏想像力或者用來糊弄人，使他們更難看出面對別人的期待還有什麼應對方式。這種懷疑當然有理，大部分的新創事業在幾年內就失敗，但是傳訊者唯有在人前表現信心滿滿的樣子，否則可能使心存懷疑的群眾失去興趣，也難怪許多傳訊者最在意的，是讓別人知道他們對自己的想法有多大信心，而不是想法的內涵。許多群眾將信心視為能力的指標，認為他們聲稱的內容具較高的可信度，特別是當群眾不確定傳訊者到底懂多少，更糟的是不確定自己該怎麼想、怎麼做才對的時候。

既然如此，傳訊者是不是一定要信心滿滿地傳達訊息？不盡然。言之鑿鑿的宣稱到頭來卻是錯的，會使可信度下降而蒙受信譽損失，結果造成影響力下降。那麼，傳訊者該如何決定要不要信心十足地傳達訊息？答案是視當下情況而定。如果目前沒有人聽他們的意見，但他們相信自己的想法能帶來好處（例如初次創業者、菜鳥候選人等等），或者當首要任務是設法暫時緩和不確定性時，需要以超過必要的信心來傳達訊息，以贏得群眾的心。如果他們的基礎已很穩固且具影響力，或者關心陳述內容的正確性勝過降低不確定感，他們就比較不需要誇大自己的主張。自信滿滿的好處並不多，萬一後來被證實是錯的，反倒會蒙受相當大的損失，採取謹慎保守的說法來推銷新的建議和想法會比較好。[15]

對自己的訊息持些許保留還有個好處。二〇一〇年有研究顯示，當專家對自己的建議和意見表示些許懷疑時，群眾反而更相信他們的觀點，尤其是當他們的觀點，是針對一個沒有簡單明確答案的問題時。[16] 情況是這樣的，當那些被認爲有能力的傳訊者表達不確定時，觀眾往往會覺得，如果他們對自己的分析判斷有足夠信心以致承認不確定，那他們必定是可靠的。照這麼看來，我們或許應該把維吉爾的睿智建議改一改，與其說「相信專家」，不如說「相信一位不確定的專家」。

自我推銷的兩難

目前為止描述有關能力的信號，包括特殊技能、專家知識、過去的成就、辦公室牆上的時鐘、刻意在辦公室踱步或展示信心等，都能單獨或共同提高傳訊者在他人心目中的工具價值和地位，但這是有限制的，演得太過火反而可能招致反感。傳訊者和大眾都隱約了解含蓄勝過老王賣瓜。這不表示採行自我推銷的傳訊者就不能成功，只是用隱晦的方式暗示自身能力通常比較保險，例如傳訊者適時加入大家的聊天，提到自己擁有的技能或特質，就是一種有效的方法，他們可以輕描淡寫一兩個與話題有關，自己正在負責的工作和之前的成就。有些人的方法有點類似名人搭黑車在街上走，既受到注意又不被認出身分。所謂「謙虛的吹噓」是用自我貶損來包裝自我吹捧：「我還記得那天早上忘記設鬧鐘，害我差點錯過跟部長的會面，眞是蠢爆了。」不過，謙虛的吹噓是個危險策略，可能讓人顯得不眞誠，更糟的是不討喜。[17] 利用這種方式來暗示自身能力，反而會因爲行爲背後代表的缺乏人情味和不可靠，導致好處盡失。[18]

大剌剌的吹牛也同樣危險，早先提到（詳第16頁）德意志銀行不動產交易員李普曼，成功說服多位投資者在金融風暴前跟次貸市場對作，他大言不慚告訴大衆，說他將看空次級債券市場並且會因此賺一海票的錢[19]，接著他就像個技術純熟的漁夫把餌掛上鉤，對潛在客戶宣稱薪水會落在某個區間，請他們猜猜是多少，等他們下賭注後，他會用眞正的漁夫神話（fisherman's tale）方式，告訴他們估計的數字跟他自認的價值差遠了。有些人認爲這種表演讓他看似値得尊敬信賴，但有些人覺得他充其量只是個討厭鬼，而且很不可靠。據報在李普曼身邊工作的人，稱他是「人稱李普曼的混蛋」。

和李普曼有生意往來的前點合夥（FrontPoint Partners LLC），是摩根士丹利（Morgan Stanley）在背後支持的避險基金，這家公司對李普曼的推銷之詞深信不疑，因爲跟他們自己對次級房貸市場的看法完全一致。但是，他們也懷疑李普曼企圖說服他們購買他的信用違約交換（credit default swap），背後另有居心。《大賣空》的作者路易士寫到，李普曼毫不掩飾的自私自利令前點擔心，三度要求他去該公司再說一遍他的推銷說詞，認爲如此一來李普曼會說溜嘴而露出馬腳。據說在某次會議，一位前點的高階主管直視李普曼，開門見山說道：「葛瑞格，別誤會，我只想弄清楚你會怎麼搞我。」李普曼不斷老王賣瓜，似乎表示他必須竭盡所能向前點證明他是值得信賴的，因爲人家把他看成華爾街典型的卑鄙小人。

所以到底怎麼回事？如果有人自稱專家，我們往往會傾向相信他的話，那我們爲什麼突然懷疑對方是用假謙虛或輕率的方式作出主張？既然自信心可以成爲能力的強力代名詞，傳訊者愈露骨表現自信，我們就愈應該相信他們，不是嗎？然而人生不是如此簡單，人類的確會出於本能尊敬社經地位比自己高的人，或者遵守一位穿著代表具備專業知識（如實驗室白袍）的傳訊者所給的建言，但是本書稍後會詳細探討，謙遜也是非常可貴的人品。以自我中心或自負來膨脹地位可能適得其反，大肆宣揚自己的好，反倒會把人趕跑，而毀了原本想傳遞的訊息。

不過，把「自我」從推銷中移除，就能避免自我推銷常見的錯誤。史丹佛商學院教授傑佛瑞·菲佛（Jeffrey Pfeffer）、克莉絲汀娜·馮（Christina Fong）、席爾迪尼和蕾貝卡·波諾伊（Rebecca Portnoy）的研究說明，當傳訊者的中間人替他們說好話時，別人便不再認爲這是自我推銷。[20]乍看之下沒什麼特別的，畢竟人往往較容易接受第三者的推薦或背書，但特別的是即使他們知道這個第三者不是公正無私的旁觀者，而是個擁護者，結果依然如此。看來人並不善於洞悉擁護者的言詞背後潛藏的既得利益，往往對訊息照單全收。換言之，人對於自我推銷的行爲或許會冷嘲熱諷，卻無法看穿「變相的」自我推銷。

就在發覺這些研究不久後，本書作者之一受邀研究資產管理和不動產業，因而有機會把菲佛在史丹佛實驗室證明的事搬到現實世界。

不動產業者也跟許多產業一樣面臨嚴峻挑戰，由於業者的同質性太高，很難出類拔萃，不動產仲介多半以差不多的費用提供差不多的服務，客戶感受也差不多。既然各家不動產業者的訊息大同小異，如果有一家透過中間人來介紹自己的能力，結果會怎樣？

答案是：結果會大大不同。

當潛在顧客聯繫總部位在倫敦的某獨立不動產銷售租賃公司，表示想銷售或出租自己的產業時，通常會先接觸到前台接待員，他們詢問對方來電的原因，之後轉給負責的同事，過程在短短幾秒內順利進行，接待員從未提到同事的能力、專業知識或經驗。之後在我們的建議下，這家公司做了點小改變，接待員先使潛在顧客對這位同事的能力產生興趣後，再把電話轉出去。接待員被指示這麼說：「您是要出售不動產嗎？我將電話轉給我們的業務主任彼得，他在這區域銷售不動產有二十年的經驗，肯定是您最佳的洽談人選。」不久就產生了亮眼的成果。來電詢問後預約估價的數量增加了近二〇％，最終簽訂合約的總件數增加一五％。

以上策略看出四項特點。首先，接待員陳述有關同事的經驗全都是真的。彼得確實是這家分店的業務主任，的確有二十年經驗，但若是由彼得本人把這些事告訴潛在顧客，反而立刻收反效果，客人會將他視爲自大狂，而不是個有能力的人。這就是傳訊者典型的難爲之處，採取硬性傳訊者姿態的好處，往往被不採取軟性傳訊者姿態的缺點抵消。由第三者介紹他們的能力，就能巧妙避開這種兩難。

第二點是，即使不動產業者的接待員算不上公正客觀的第三者，換言之，推薦人與公司有明顯關聯性，且本身可能從這個策略中獲益，但顧客並不在乎。好比護理師因爲太聽醫生的話，二話不說就把耳藥點到病人的直腸，這位有意出售房產的人也會基於接待員熟知同事的工作狀況，而聽信接待員的訊息。

類似變相的自我推銷並不罕見，尤其在政界，要不然爲什麼在舉行總統辯論大會期間，候選人幾乎無一例外會找來關係最密切，而且萬一勝選能獲得最大利益的人——配偶——來介紹自己？因爲這招很管用。根據普林斯頓大學政治與公共事務學系的研究，配偶對候選人的熟悉度，使他們比任何人都能夠「更深入」介紹。蘿倫·萊特（Lauren Wright）在著作《代表總統》（*On Behalf of the President*）中，寫到梅蘭妮亞·川普（Melania Trump）在老公的造勢場子現身，贏得更多選民支持，特別是中間選民。[21]

透過第三者介紹自己的最後一個也是最吸引人的一點，就是多半是免費的。

潛力 vs 現實

無論這種策略對不動產的業績有多大好處，使用時可能會遇到一個明顯的困難，那就是當傳訊者經驗不足時。如果是有幾十年經驗、受過豐富訓練加上有幾百個成功銷售案例的專業人士，輕輕鬆鬆就能讓人說出印象深刻的介紹詞，但是對於尚未獲得崇高地位，或者欠缺諸多成功案例的人，在介紹的時候就顯得詞窮。話雖如此，有時傳訊者可以光憑著潛力，就勝過有較多實際經驗和能力為佐證的傳訊者。

體育界就有許多幾乎沒有戰績的選手，因爲前景看好而獲得數百萬美元的合約，那些被冠上「不可多得的人才」和「前途無量」的年輕藝術家和音樂家也是。至於政治界，菜鳥似乎比有輝煌歷史的老鳥更吸引人，二〇一七年五月，儘管距四十歲生日還有七個月的馬克宏（Emmanuel Macron）幾乎無人知曉（這位素人新總統也是最年輕的共和黨員），卻依舊當選法國總統。年輕的賈斯汀．杜魯道（Justin Trudeau）也以其無可限量的潛能讓加拿大人爲之著迷，二〇一五年十一月登上總理寶座（雖然可以辯稱說，賈斯汀．杜魯道身爲前總理皮耶．杜魯道（Pierre Trudeau）的長子，同時具備潛力和家世）。電視實境秀演員川普不比馬克宏和杜魯道年輕，但對許多人而言，特別是對那些厭倦當今美國政壇而不想投票的人來說，川普的好在於他的潛能，而不是經驗。

以上例子看似根據臆測來挑選，但是史丹佛大學的札克瑞．托馬拉（Zakary Tormala）和傑森．賈（Jayson Jia），以及哈佛大學商學院的麥克．諾頓（Michael Norton）的研究說明，潛能往往勝過眞憑實據的成就。就拿他們的實驗爲例，兩人應徵某大公司財務部的資深職位，研究人員將他們的資訊提供給遴選者。[22]兩人背景相似，資格也相當，差異在於其中一位應徵者有兩年經驗，在「領導成就」測驗上獲得高分，另一位沒有經驗，在「領導潛力」測驗上獲得高分。

遴選者看過兩位候選人的資料後，對有潛能的應徵者比有經驗的應徵者更滿意且感到興趣。成就是過去式，不會永久存在，成就是歷史，我們的注意力已經準備轉移到下一個目標，所以潛力就成了最佳選項，它的不確定性和曖昧不明能激發人的興趣和種種遐想。

研究人員觀察社交媒體也發現類似結果。研究人員讓臉書用戶看一系列新片的廣告，由一位喜劇演員主演。半數人看到的廣告，把重點放在這位演員的潛力上：「劇評表示他將成爲閃亮巨星」以及「明年此時大家都將談論他」；另外半數人看到的廣告，則著重在現實成就上：「劇評表示他已經成爲新一代的閃亮巨星」以及「人人正在談論他」。結果發現，看到前者廣告的人表現出較大的興趣（用點擊率衡量）和喜歡（用粉絲頁上的按讚數衡量）。

即使當人評估的對象不是傳訊者本身，而是某個創造物，對潛力的偏好依然發揮強大影響。當參與者得知一位藝術家有龐大潛力，另一位有卓著成就時，他們表示偏好那位有潛力的藝術家所畫的畫。當然，藝術作品是靜態的，不會隨時間改變，因此人應該根據眼前的畫來判斷，但是他們卻因爲想到其中一位畫家未來可能厲害得不得了，而扭曲了判斷的結果。

個人是如此，組織也是。二〇一七年四月，財經新聞紛紛報導特斯拉（Tesla）市值高於通用汽車（General Motors）十億美元的消息，儘管⑴通用早在一九〇八年成立，比特斯拉早了一個世紀以上，⑵特斯拉在前一季只賣掉兩萬五千輛車子，通用汽車賣出兩百三十萬輛，以及(3)雖然特斯拉的股票市值高於通用汽車，但特斯拉過去十五年間只有兩季獲利。特斯拉的表現和股價不對等，使得技術分析師沃特·摩斯伯格（Walt Mossberg）在推特上寫道：「這是第十億個案例，說明股票市值無法反映現實。」[23]摩斯伯格說對了。人往往太看重潛力。

以上說明，並不代表人一定都認為不確定的潛力勝過確定的成就，但卻會多關注有潛力的傳訊者，並且對他們感興趣。像選舉這種一翻兩瞪眼的一次性競爭，得到較多關注和興趣就足以翻轉結果。

二〇一六年共和黨與民主黨一致認為希拉蕊是經驗最豐富、資歷最完整的總統候選人，而且不光是當時，恐怕以後也是。反觀川普這輩子從未擔任過一天公職，當時的歐巴馬總統在競選期間，說了一句知名的警語，他說川普「令人遺憾地沒做好當總統的準備，對關鍵議題似乎也不具備基本理解」。[24]希拉蕊可以抬頭挺胸說出過去的豐功偉業，川普只能把焦點放在他的潛力上。

可以說，這使他變得更有意思。

聽從能力

當傳訊者透過外表、具說服力的介紹、潛力、充滿自信的儀態或響噹噹的頭銜來暗示他的能力時，都可能大幅改變大家的看法。一九七七年荷蘭皇家航空與泛美航空的空難。一九八二年佛羅里達航空在華盛頓特區的空難。合格的護理師沒有質疑醫師下達的荒謬指示，即使她相信其中可能有錯。每個案例的問題都出在傳訊者而不是訊息本身，原因都是地位較低者無條件遵守階層較高者的指示。

可想而知，有能力的傳訊者無須憑藉地位帶來的權力，照樣能發揮影響力，即使能力與地位往往相得益彰，因爲地位高的傳訊者被認爲同時具備能力與權力。能力與權力這兩股強大的力量，很容易使人忽視不合理的事，於是耳藥被點入直腸，柯恩及戴維斯才能以源源不絕的醫療疏失，寫成一本七百頁的著作。

有能力的傳訊者不見得都想成爲龍頭或使用武力統治，他們的地位來自優越的技能、智慧和經驗，至少大家是這麼看的。他們因爲才能而受尊重，並且擁有實用的知識和資訊，因此擁有權勢。有能力的傳訊者讓群眾獲得充分資訊，但不要求大家非聽他不可，強勢的人才會這樣。

第三章

強勢

權力、優越，以及當命令壓過同情

二〇一六年第一次總統候選人辯論期間，共和黨候選人川普五十一度打斷民主黨候選人希拉蕊的發言[1]，等於是希拉蕊平均每說話五十秒就被打斷一次。川普在後續的辯論不僅沿用這一招，甚至企圖以行動壓制希拉蕊，他多次邁開步伐走到希拉蕊身邊，具威脅性地逼近她。

爲什麼一個現代民主國家會選出一位強勢的候選人？他在初選階段已經展現無禮、不尊重人的習性，還試圖控制周遭的人。一個文雅的社會，當然會合理期待總統要有總統的樣子，和藹可親、樂於合作、謙恭有禮、善於化敵爲友，而不是製造敵人、犧牲朋友。

在現代社會中，我們是否不應該認眞對待那些以統治他人爲唯一目標的人？但這種想法卻掩蓋一個可悲的事實：強勢或展現支配力的傳訊者，能因鞏固自己在大家心目中的地位而獲利。[2]

強勢通向王道

硬性傳訊者會先確立自己的身分地位，讓訊息被接受。強勢就像社經地位和能力，是通往王道之路。[3]但社經地位和能力往往是持續存在，強勢比較屬於二元且絕對。強勢最常跟單一可記錄的結果有關，在基因學上，一種形式的基因或基因變體（即所謂對偶基因）會是顯性或隱性。就拿豌豆為例，兩個顯性基因（R對偶基因）會製造出圓形豌豆，兩個隱性基因（即r對偶基因）會製造出多皺褶的豌豆。但是當R與r同時存在時，顯性基因占上風，就製造出圓形豌豆。豌豆的R具完全支配力，r則是完全退縮，換言之R對偶基因勝出。這是個零和遊戲，一方勝出，另一方敗北。

人類也是如此。社會團體的結構複雜萬端，但各種人際關係到頭來不外乎是誰支配、誰臣服，因此社會團體往往會有領導者和追隨者。社會支配力可以定義成個人在團體中的排名或地位，這是經過一番競爭後，以能力戰勝他人的結果。因此一個人聲張威勢時就能取得支配力，有時是基於利己的心態，經常以犧牲他人爲代價，可能是在競賽中爭取勝利、得到想要的東西，確保他們的聲音或意見最大聲，或者最常被人聽到。強勢傳訊者的最大目的是壓過他人。

運動和競賽就是如此。一九七〇和一九八〇年代利物浦足球俱樂部。一九九〇年代的麥可．喬丹（Michael Jordan）和芝加哥公牛隊。二〇〇〇年代的羅傑．費德勒（Roger Federer）。二〇一〇年代的愛國者（Patriots）。幾乎跨越整段期間、暱稱「黑衫軍」（All Blacks）的紐西蘭國家橄欖球隊。當某個人或團隊以懸殊的比數打敗對方，就可以說他們取得壓倒性勝利，而對手則是慘敗，在勝利者和一旁觀戰者的眼中矮了一截。

但強勢不僅是形諸於外的行爲，也是一種人格特質。平常好與人爭、自我主張甚或侵略他人，可以被視爲性格強勢。懷抱控制欲，希望在任何情況都能掌權的人也屬之。性格強勢的人，相信「贏比競賽過程重要」[4]，他們屬於戰鬥型而非友善型，不太會同理或關懷他人，因爲他們最在意自身權益、累積收益並維持在社會上的霸主地位，如果犧牲競爭對手或挑戰者能達到目標就更好。那些人好比強勢傳訊者蛋糕上的糖霜。有時如果性格強勢的人表現友善禮貌，我們會以爲他們變得比較不強勢了。[5]他們可能是以堅強的意志力和決心取得權力，認同非平等主義的意識形態，將某些團體擺在第一位，其他團體踩在腳底下。[6]有些性格剖析工具和評量尺標，將這類性格的人稱爲「D型人格」，也就是強勢（Dominant）、頤指氣使（Demanding）、直截了當（Direct）、果決（Decisive）。

根深柢固的霸道偵測

以身分位階表現的社會支配力在很早以前就產生，目的是鼓勵階級合作，確保避免不必要的衝突與一再衝突的代價。[7]「衝突」對人類以外的靈長類來說，依舊是獲取身分的主要途徑。獼猴就是好例子。獼猴經常被稱爲古老世界的猴子，牠們天生具有魅力，聰明又充滿好奇心，生活在印度、巴基斯坦和阿富汗等人口稠密的都市外圍，靠啃食樹根、堅果、種子、樹皮和穀類維生，牠們酷愛水果和果汁，高度群居且階級鮮明。

在某項研究中，幾隻在一起生活的口渴公獼猴被拆散❶，讓牠們排排站在一面大螢幕前。[8] 每隻猴子很快就發現，面對螢幕的角度不同，獲取的果汁就有多寡的差異。朝左邊看可以大口喝到美味果汁，朝右邊看是另一隻猴子的相片，得到的果汁量也不同❷，問題是，獼猴會爲了看他們的同儕，而付出較高的代價嗎（以他們願意放棄喝多少果汁來計算）？

不出所料，有些公獼猴願意放棄大量果汁，只爲了瞄一眼牠們心儀的母獼猴的生殖器，但是比較令人意外

印度齋浦爾市（Jaipur）的獼猴

的是牠們也願意犧牲果汁，來瞄一眼強勢和位階比自己高的公獼猴，也會因爲被迫看一隻位階較低的公獼猴，而要求多給點果汁。換言之，獼猴會根據自己與牠們看到的獼猴的相對地位，決定是犧牲還是要求補償。這種根深柢固的行爲當然非獼猴獨有，牠們的近親人類也差不多。當自己的「小猴子」目不轉睛盯著電視上的流行歌手而不肯上飯桌，無奈的父母能深深體會，每個人都以某種形式沉溺在「猴子界的按次付費電視」中。

人和猴子在某些群居環境中，會使用極近似的認知機制，這些過程透過演化適應，使人和猴子的共同祖先選擇性取得與身邊最重要的個體有關的資訊。但是這個過程不光是指引我們該把注意力集中在何處，也幫助我們做正確判斷。以從屬的黑猩猩爲例，牠們會持續關注團體中較強勢的成員是否已經注意到食物藏匿的地方，從而決定該什麼時候偷偷到那裡把食物安全地取出來。在學校遭到霸凌的孩童，可能會躲

❶ 實驗的準備階段限制牠們的液體攝取量。

❷ 此處敘述的內容，已將實際實驗簡化。

到圖書館或學校工友的櫃子，以免午餐被搶走；同樣地，從屬的黑猩猩多半會趁強勢的同儕不注意時取出食物享用。[9]無論是學童還是黑猩猩，這種心理歷程（mental process）幫助他們避免發生可能的衝突而落敗。

人類天生懂得分辨誰比較強勢，從而進行應對，十個月大的幼兒就會。在一組研究中，研究人員將短片給幾十位正在學步的幼兒觀看，影片中兩個動畫人形代表領導者，其中一個是棕色三角人形，有一雙眼睛和一顆小小的扁鼻子，神情愉快走進一間小屋後坐在裡面，接著來了藍色圓圈人形，也有眼睛跟鼻子，企圖把三角人形趕出屋子。三角人形一開始抗拒，但霸凌的藍色圓圈人形占上風。接著，研究人員讓這些孩童看第二段影片，片中這兩個人形到處跑，收集天空掉下來的東西，有點像是樹上掉下的蘋果。最後一幕中，兩個人形去拿起最後剩餘的東西，棕色三角人形和藍色圓圈人形對抗到其中之一奪得勝利，但是幼兒會看到兩個版本的結果，一個版本是之前霸道的藍色圓圈人形拿起最後一個東西，臣服的棕色三角人形認輸。第二個版本則角色互換，之前臣服的棕色三角人形強勢起來，拿起了最後的那個東西，原本強勢的藍色圓圈人形認輸。

之前本書提到（見58頁），研究人員用眼睛凝視的時間長短，來評估嬰孩對見到的景象有多驚訝，結果發現當這些嬰孩看到出乎意料的結局時，凝視螢幕的時間，明顯比看到強勢者如願拿到想要的東西更長。[10]那麼小的孩子不僅能回想起哪個角色比較強勢，也能用這個資訊來預測未來衝突的結果，令人印象深刻。另一組研究顯示，嬰兒也能對不同傳訊者的相對強勢程度做出遞移推論（transitive inference）。例如在兩場類似的競賽中，十個月大的嬰兒看到A勝B，B勝C，就能推論A應該會勝過C。[11]其他如史丹佛大學學者伊莉莎白．恩萊特（Elizabeth Enright）用注視時間爲衡量標準的研究發現，當嬰兒看到資源被平均分配給強勢者和臣服者，而不是強勢者得到多於臣服者時，會表現出驚訝的情緒。[12]

因此每個人從非常早就深信勝者獲得獎賞。人類天生就能看得出強勢的行爲，以此作爲提示帶領我們在社會環境中生存，並給予強勢者更多關注和更高的地位，難怪強勢者往往是有效的傳訊者。

強勢的非語言信號

人通常把強勢跟特定性格連結起來，他們敢怒敢言，有時性急甚至鬥性堅強。雖說乍聽之下令人驚訝，但這些特質可能相當吸引人。證據顯示男性在 Tinder 之類的交友應用程式上張貼的照片，擺出開展和強勢的姿勢時，往往比內斂、柔順的姿勢吃香。[13]難怪俄羅斯總統普丁（Vladimir Putin）光著上身，一副王者之姿騎在馬背上的相片會被世人瘋傳[14]，強勢有餘的男性在線上交友市場成爲搶手貨，普丁則是以展現陽剛之氣在選舉市場上獲勝。不過，社交上的強勢，不光是展現粗獷和原始的男人味。

人與人互動時，身體姿勢往往會互相配合[15]，性格強勢的人通常採取比較開展的姿勢，手勢也比較大。換言之，他們占用較大空間。想暗示自己居優勢地位甚至主宰周遭的人，經常把四肢放在家具上。許多人都知道詹森（Lyndon B. Johnson）在擔任參議院多數黨黨魁時，會用盛氣凌人的身體語言和姿勢給政敵「顏色瞧瞧」。他不是派人關說以尋求支援，而是在參議院的走廊逮到議員，把他們擠到牆角，身體逼近到對方能感受他的氣息吹在臉上，一九六六年一本關於詹森的著作，描述他「逼近對方，他的臉距離目標僅有數毫米，時而瞪大眼，時而瞇起眼，眉毛上挑又放下」。據說此舉逼使他的目標進入幾乎催眠的狀態，而不知如何是好。[16]這是意圖支配對方的典型身體語言。對比之下，從屬的對方會做出相反的反應，他們雙腿交叉，採取內縮的姿勢而顯得溫順。

每個人都會意識到這樣的暗示，即使不刻意記住。研究顯示一般人看到兩位員工在職場上交談，就知道哪位員工處在較高的位階。無須看過很多影像，一張背景中性的照片就足以提供所需要的提示[17]，就連三歲小孩都有這個能力。[18]只要從肢體語言、眼睛的凝視、頭部的傾斜度、年齡和身體姿勢，就能快速分辨誰是「老大」。

這類姿勢經常跟傳訊者的內在情緒狀態有所連結。強勢的姿勢代表自豪，臣服代表羞愧。英國作家兼神學研究者路易斯（C. S. Lewis）在著作《反璞歸眞》（*Mere Christianity*）中寫到，「『擁有』無法爲自尊心帶來喜悅，『比他人得到更多』才能。」[19]路易斯主張自尊心主要是一種競爭的情緒，演化理論家通常也同意這個看法，認爲自豪（及其反義詞羞愧）經過演化，傳達一個人相較於他人的社會位階[20]。居支配地位的黑猩猩會採取開展姿勢，在打敗敵人時挺出前胸，把頭後傾，人類也有類似行爲。人在羞愧時恰恰相反，展現一種臣服的姿態，頭向下傾，肩膀垮下，弓背。包含人類在內的靈長類都會表現自尊和羞愧，有意思的是身體表現情緒是與生俱來的。

心理學家潔西卡·崔西（Jessica Tracy）和大衛·松本（David Matsumoto）進行過一組有趣的研究，觀察運動員在贏得或輸掉柔道比賽時，會不由自主有哪些非語言的行爲。他們發現勝利的一方抬頭挺胸，採取開展的姿勢，帶著一抹驕傲的微笑，輸的一方垂頭喪氣，肩膀垮下，頭低垂。21

如何確知這些反應是與生俱來，而不是後天習得？當然可以辯稱，那是贏家和輸家以前看過冠軍和亞軍在類似情況下的反應，單純只是模仿他們。但崔西和松本的研究顯示並非後天學習，因爲他們研究的運動員全都是天生視障的殘障奧運選手，他們一生中不曾有能力觀察贏家和輸家擺出來的姿勢，更不可能學著模仿他人，將某種情緒與某種動作配對。他們的反應乃與生俱來。

不僅自豪的典型表情是無意識的，觀眾的反應也是。當我們看到自豪的表現時，我們會很快聯想到強勢與地位（幾乎不需要有意識的深思），心理學家常用內隱聯想測驗（Implicit Association Test, IAT），來衡量不同概念間的關聯強度，研究證明以上說法千眞萬確。[23]研究參與者被問到對一些照片的看法，這些照片中的人物有時表現自豪，有時驚訝、恐懼、羞愧或快樂等。研究人員讓參與者看著照片，同時讓他們看一系列代表高身分地位的詞彙，如威風凜凜、君臨天下、舉足輕重、聲望卓著，以及低身分地位的詞彙如謙卑、卑微、臣服和衰弱，並要求參與者從這些

針對與自豪相關的行為動作所做的系統性分析，指出了典型自豪的外擴姿勢：微笑、頭略微後傾、體式開展、雙手扠腰、手掌在臀部的位置。[22]

字詞中找出適當說法。研究人員發現，將兩個一致的外在刺激給參與者看的時候，例如展現自豪的照片和君臨天下，他們會迅速找出詞彙。但是當兩者不一致時，例如自豪的照片和衰弱，他們就必須強迫內心克服自然製造的連結，以做出正確的反應。這就好比一面拍頭，一面摩擦肚子，重點是以上測試不僅針對同質性的西方人團體，對斐濟群島某個小型社群居民重複這項研究，也得到類似結果。換言之，各個人種都會根據一個人表現的自豪，而與預設的地位連結。[24]

自豪包含兩種迴異的情緒，一種是伴隨成就而來，發自內心引以爲傲，這是靠努力得來的。奧運選手經過多年訓練，專注練習和犧牲，最終贏得金牌。第二種情緒是傲慢的自豪，源於自我膨脹，自覺高人一等。[25]展現傲慢自豪的人相信自己傲慢有理，只是頒獎人和受獎者是同一人。發自內心的引以爲傲，會讓當事人感受眞正的自我榮耀；傲慢的自豪會認爲別人都不如自己，往往出現挑釁、欺壓、自私和操弄的行爲。撇開兩者巨大的差異不談，對局外人來說，這兩種自豪彷彿就像同卵雙胞胎一樣難以分辨，但人可能出自本能注意到兩種訊息的不同點。人似乎知道，傳訊者是爲自己做過的事感到自豪或單純只是優越感，從而有不同的反應。

一項研究充分證明以上論點。研究人員測量學生透過網路攝影機對觀衆講話時，唾液中的可體松含量，可體松是人在感到壓力時釋放的荷爾蒙。學生在講話時，會不時收到三種微笑其中一種的非語言反饋，但是正在講話的學生並不知道這是預錄的。不同型態的微笑，包括獎勵的微笑暗示演講者說得好，親和的微笑暗示沒有威脅，傲慢強勢的微笑暗示評分者自覺優於演講者。收到強勢微笑的演講者，相較於收到親和或獎勵微笑的演講者，前者的壓力急遽上升，這是根據他們唾液中的可體松而得知，而且要等到演講結束後約半小時才恢復正常標準。26 如果當你接收到微笑後產生壓力或緊張不安，可能是你收到強勢的人給的傲慢微笑，而不是誠心以你爲榮、感到喜悅的人發出的眞心微笑。

一個人的強勢不光表現在姿勢和身體語言，也寫在臉上，而且是各種文化和社會共通。強勢的長相下巴比較方，眉毛比較濃，鼻子較大，臉部的寬度與長度比例高於平均，席維斯．史特龍（Sylvester Stallone）、貝比．魯斯（Babe Ruth）、習近平、凡尼．瓊斯（Vinnie Jones）皆屬之。多項研究顯示，臉部的寬長比例較大的人，令人望而生畏且強勢，以上幾位的臉符合研究發現，而且並非巧合。身處各種不同文化的人，都顯示能從臉部精準推測一個人身體的強壯度[27]，研究甚至顯示男性臉部的寬長比，能有效預測此人好勇鬥狠的程度。加拿大的研究人員挑選幾位職業冰上曲棍球選手，測量他們臉部的寬長比，並研究這些選手在過去的球季中，因爲比賽中過當的侵略行爲而失去分鐘數之間的關聯性。[28]類似地，臉部的寬長比能有效預測在終極格鬥冠軍賽（Ultimate Fighting Championship）等打鬥競賽中勝出的可能性。[29]臉部的寬長比高於平均甚至對事業有幫助，

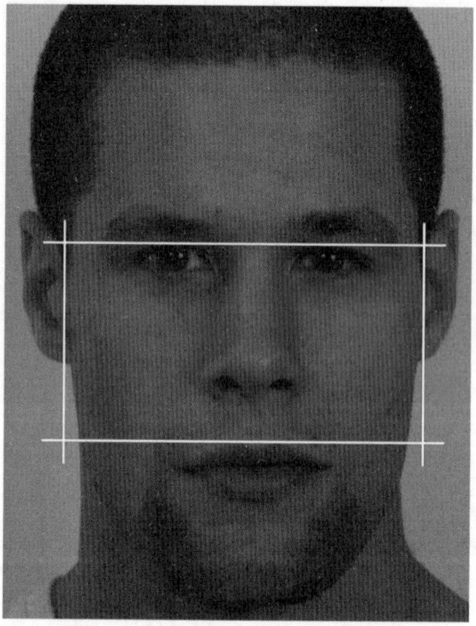

以照片為例，說明臉部寬長比的測量方式。[31]

一份研究顯示下巴較方、有稜有角的人，相較臉型較長、下巴較圓者，前者會主動積極爲自己談妥較高的簽約紅利。[30]

人在很年幼時就懂得接收這樣的提示。在一項實驗中，哈佛和普林斯頓的研究團隊出示臉部相片，給數百名三、四歲的孩童看，這些照片全都經過數位變造，接著問他們：「哪些人很刻薄？」「哪些人很和善？」孩子們幾乎全體一致選出強勢的臉（也就是臉型較方正，寬長比較高的）較刻薄；臉型較圓、臉部寬長比較小的人較和善；答案一致的比率竟然高達九成。[32]年紀較大的孩子和成人也得到非常相近的結果，進一步證明人類隨著年紀增長，依然沿用年幼時使用的身體提示。

除了某種臉型或身體姿勢暗示強勢以外，身高也是。這在我們祖先的社會並不令人意外，因爲強壯的體魄是生存必備，但是將身高和強勢聯想在一起，成爲了根深柢固的觀念，甚至延續到現代社會中一些不需要身體強健的狀況。舉例來說，在其他條件相同的情況下，身高較高的領導者比較容易當選。❸當然也有拿破崙、邱吉爾等例

❸ 凡是思考過根據公開對決挑選政府官員的好處，或許會覺得一九八四年的音樂錄影帶有道理：https://www.youtube.com/watch?v=K2QAMqTgPKI.

外，但他們算是偏離通則的例外。[33]

即使在日常生活中，一個人的相對身高也能表現強勢，從而使人們聽從。荷蘭的心理學家團隊清楚證明這點，他們觀察購物者在一處每次只容一人順利進入的超市入口情形，研究團隊利用走道牆上的粉筆記號，觀察購物者的相對身高，結果發現當兩個人同時往入口走去，其中一人必須讓另一人時，有六七％的時間是矮的那位讓高的人先過。這個發現適用於兩男和兩女，並且在後續研究中，針對一千多組實驗，獲得同樣結果。[34]當然我們可以反駁說，願意讓高的人先過是荷蘭的文化，但其他研究也是如此。在另一項研究計畫中，研究人員讓十個月大的嬰孩看一段影片，片中兩個人在狹小的空間擦身而過。當矮的那位讓高的先過時，嬰孩凝視的時間顯示驚訝程度低很多。[35]

尚無語言表達能力的嬰孩，就懂得用身高推斷一個人是否比較強勢，說明人天生就會把「高大強壯」和「無往不利」聯想在一起。荷蘭購物者的行為說明，我們在一生中都會用這種心態來做各種重要的決策。例如我們偏好挑選高個子作為企業領導人，因為按照這個邏輯，身高較高、看似較強壯的傳訊者，也比較有能力阻擋其他團體成員，例如同事、其他可能的領導者之類的人做出不當行爲。這就好比臉部寬長比較高的傳訊者看起來較強勢，我們相信個子高的傳訊者在代表我們出面進行交涉時，也比較會維護我們的權益。心理學家亞隆．路卡森斯基（Aaron Lukaszewski）讓研究參與者看一家企管顧問公司男性員工的相片，這些男性員工全都穿著類似的衣服，將臉遮住，結果參與者傾向對身高較高者給予正向看法，認爲他們比較強壯，較有能力確保團隊成員服從指示。此外，受試者也相信身高較高的人較適合代表團隊，預測他們將在公司內晉升到較高的地位。[36]

這種偏好高個子員工的偏見是如此根深柢固，使得高個子員工也賺得比較多。二〇〇四年一項知名研究中，提摩西．賈具（Timothy Judge）和丹尼爾．凱博（Daniel Cable）在修正過年齡、性別和體重後，發現高個子在職業生涯中賺的錢多於矮個子的同事。他們甚至將身高和所得的關係量化，發現身高每高一英寸（約二．五四公分），年所得增加五百一十一英鎊（約七百二十八美元）至六百一十八英鎊（約八百九十七美元）。[37]此外，兩人發現雖然男性通常賺得比女性多，但高個子女性也賺得比矮個子同事多，這清楚說明身高對所得的影響，對兩性而言是差不多的。

強勢在語言上的暗示

除了視覺以外，從聽覺也分辨得出一個人是否強勢。簡單來說，我們往往把地位高與低沉、放鬆的聲音連結，部分是因爲聲調高可能暗示沮喪、恐懼和焦慮，而使聽者降低說話者在自己心目中的地位，反之，低沉的聲音會被理解成自信和敢言。[38]其中一個理由來自生物構造，大又厚的喉頭製造低沉的聲音，不僅表示這個人身體壯碩，也說明他們體內含有較高的睪固酮，暗示身體比較強健，較具支配力。這個規則顯然男女通用，聲音低沉的人通常被認爲較具支配力。

梅伊（Theresa May）和柴契爾（Margaret Thatcher）這兩位英國至今唯二的女首相，曾經請教專家如何發出低沉、宏亮且穩定的聲音，柴契爾在演員兼導演勞倫斯·奧立佛（Laurence Olivier）的安排下，在倫敦的國家劇院（National Theatre）接受訓練。一九七五年保守黨代表大會上，她在發表演說前，拿出一把羽毛撣子清理講台，當時還有講者在對觀衆發表演說。[4]接著她上台，用低沉宏亮的聲音而非天生的高亢嗓音發表演說，一個是某些人心目中尖聲的家庭主婦，另一個是用低沉嗓音述說自由社會理念的政治人物，她想製造的強烈對比發揮了很大的效果。有些人認爲，那一刻是她最終成爲英國第一位女首相的關鍵。

各種研究證明聲音低沉的力量。一項研究中，研究人員要大家聽幾位男性政治候選人的演講，每段演講的聲調經電腦調整成高音調或低音調。接著問大家：「你會投票給誰？」十位當中有七位表示會投給音調較低的候選人，即使訊息內容與音調較高的人完全一樣。[39]傳訊者的語氣也有影響，句尾上揚會把陳述句變成問句而無法表現自己的強勢，下沉的低聲調比較容易使聽眾把他們的訊息當作事實陳述。

哈佛畢業的政治科學家凱希．克羅夫斯塔德（Casey Klofstad），進一步解釋傳訊者語調和音階的影響。他請男性和女性說出以下簡單的訊息：「今年十一月懇請您投票給我」，接著將他們的聲音調整成高音階或低音階後，看看有什麼影響。果不其

❹ https://www.youtube.com/watch?v=cVje4C1nTt0

然，他發現聽者偏好每一組當中音調較低的聲音[40]，有趣的是，他發現這種偏好對於女性選民在判斷其他女性的聲音時尤其明顯，這也說明梅伊和柴契爾花錢請教練訓練聲音的最大回報，來自女性選民而非男性。其他研究發現，共和黨員偏好聲音低沉的領導者候選人，比民主黨員更明顯[41]，可以推論與自由派比起來，保守派通常覺得世界競爭激烈且具威脅性，因此較偏好看起來能替支持者挺身而出、排解紛爭的候選人。換言之，與偏左派的選民相較之下，偏右的選民認爲音調低、聽起來強勢的聲音，是比較重要且令人印象深刻的特點。

若因此推論聲音低沉在現實政治競賽中必定吃香，也未免失之荒謬，因爲還有其他許多因素。但是有個克羅埃西亞的團隊表示，聲調高低的影響力可能超過我們願意承認的程度，他們在 YouTube 上檢視五十多組不同國家的總統候選人辯論，發現聲音比對手低沉（因此顯示較具優勢）的候選人較容易勝選，而且聲音低沉的勝選者，相較聲音較高但勝選的候選人，前者往往是以較大差距贏得選舉。[42]

實務上的優勢

強勢的人傾向自私、自戀，也極不可能為他人犧牲，證據顯示即使對至為親近的人也是。強勢的伴侶較不願意對配偶的要求讓步，多半會對他們拋出挑釁的言論，就像一顆言語做的手榴彈。溫順的伴侶相信只要遷就強勢的另一半，就能逐漸在他們的關係中發揮影響力，可惜這並非事實。當一方明顯比另一方強勢時，最後決定權往往都在強勢的一方。較不強勢的伴侶經常得聽從對方，並遷就他們的情緒。43 夫妻共同生活久了會愈來愈像，這說法確實有其真實性，但更真實的在於，較不強勢的一方要多花點力氣來維繫關係，往強勢的一方靠攏，而不是對方靠過來。強勢的傳訊者自認地位高於伴侶，較不願意各退一步海闊天空，也不認同有捨必有得的道理。

強權也可以透過有組織的正式機制達成。人類用一些獨特的方式建構階級，這點與其他動物不同。猩猩傾向不主動爭取提升階級，不會去挑戰現狀。同為靈長類的人類則會透過種種程序取得權力，認為相較直接侵犯和衝突，掌控資源才是取得強權的文明方式。不過，兩種做法的結果差異不大。

人類就像動物，會臣服於有地位和強權的人。前面提到，米爾格蘭證明，人會遵守衣冠楚楚的科學家指示，對他人執行電擊，當米爾格蘭去除代表科學家能力的頭銜和白袍後，受試者的服從度立即下降。但是，去除代表能力的記號，還不足以完全抵消地位的強大影響力，因爲還是有近五〇%的人依然默默遵守實驗者的要求。

社會心理學家李奧納德．畢克曼（Leonard Bickman）證實，即使不具備應有的能力，身分地位依然發揮影響力。畢克曼用螢光外套和鋪棉背心取代頭銜和白袍，得到與米爾格蘭相似的發現。畢克曼請一位研究人員攔下路人，請對方照著一個要求去做，例如撿起地上的垃圾，或走到巴士站旁的某一點去站著，或投零錢到停車計費表。每次都是同一位傳訊者和訊息，唯一差異在服裝，有時他們穿普通的休閒服，有時是保全人員制服，有一次甚至穿上送牛奶員的衣服。在研究前的調查中，大部分的人都不認爲服裝會影響他們的反應，但畢克曼的研究結果卻發現，相較身穿休閒服，有兩倍的人願意把錢給身穿保全制服的陌生人。[44]這些研究參與者沒有聽說話的內容，因爲他們相信保全或送牛奶的人，比他們更清楚該如何處理垃圾，他們聽從指示是因爲制服暗示誰是負責人。

想像你爲某大型組織工作，該組織專門研究開發先進的新藥和療法，來治療人類疾病。再想像你的公司有一種藥很有效，但可能有嚴重副作用，你會放心去行銷這種藥嗎？根據猶他大學企業道德教授布利夫（Arthur Brief）的研究，你的反應跟道德無關，反倒與位高權重的人有關。[45]在被告知董事長傾向行銷這種有風險的藥品，而且正在採取法律、政治等必要行動以預防藥品被禁時，只有三三%的MBA學生表示將在董事會上投票主張回收該藥物，另一方面，如果他們知道董事長擔心藥品對顧客有不良影響而傾向回收藥品，有七六%的人表示會投票贊成。

此外，強勢的主管往往是企業醜聞的核心人物。二〇〇七年普渡製藥（Purdue Pharmaceuticals）的總裁、首席律師和前藥品總監，被控誤導執法機關、醫師和病人，有關其藥品OxyContin的成癮性。[46]他們擅用職權之便耍詐，包括高階主管授意業務員畫出假的科學圖表分送給醫師。有些評論員將此案與大型菸草公司一直隱匿健康風險相提並論。金融業界的類似案例，是二〇一四年倫敦同業拆款利率（LIBOR）危機，當時數家銀行有多人共謀操控倫敦同業拆款利率，也就是銀行間融資的利率。

經調查顯示，資深人員以典型的老大之姿，精心策劃一連串行動，施壓後輩輸入假資料，以抬升自己的地位與收益。調查員監聽並錄下負責輸入 LIBOR 的職員與資深交易員的問題對話之一：「聽我的準沒錯。」[47]這個典型案例，說明資淺員工遭到上級施壓時，可能被迫做出他們認爲是違背道德和分際的事，而且不會因爲法規和政府單位的監管而稍減。

臣服於強勢

儘管強勢的人無所不在，但它在現代西方社會各種獲得地位的方法中，是受到低度認可的一種。少數人只因爲說話比較大聲有力而受到過多關注，大多數人對此都會覺得反感。在當代的民主社會中，我們比較希望每種聲音都有機會被聽見，最優秀的想法能夠勝出。無論是家庭、同事圈、地方社群、學校、職場或整個國家，我們不太認可說話最大聲而不是最有道理的人獲得最多關注，不願看到最不肯合作、自我中心的行為經常被獎勵而不是被懲罰，以及霸凌者經常能夠稱心如意。我們也不願承認自己往往服從強勢者的意志，因為承認這點等於是貶低自尊。我們不想承認自己願意遵從別人的意志，因為這會降低自己的地位，長他人威風。沒有人想當別人的乖寶寶。

社會心理學家席爾迪尼早期的研究，證明臣服於強勢者的微妙影響。48一方面，強勢的傳訊者往往比較喜歡乖寶寶，而對他們較為寬貸，因此學生打電話給老師，要求延後繳交論文的時間，最好採取臣服而非強勢的姿態。另一方面，旁觀者對臣服者往往較嚴厲，會從臣服的舉動推測他們的地位較低，因此當學生在自己的朋友和同輩面前請求延期時，或許有必要擺出桀驁不遜的表情和姿勢，以維持在朋友心目中的地位。

席爾迪尼指出，大部分的人深知其中道理，會設法讓自己不要看起來太溫馴，至少在公開場合，但私下往往是另一回事。這或許可以解釋美國、英國、巴西等國的選舉和公投結果，這些國家的選舉和公投讓許多自命權威的人士跌破眼鏡。人或許不願公開承認自己支持強勢的傳訊者，但投票是祕密進行，一旦做出選擇，就會說服自己相信我們的選擇跟最終的必然結果一致。然而，不承認自己無法抗拒強勢傳訊者，並不會使他們的影響力稍減，拒絕承認強勢行爲的影響力，反而使其更不著痕跡，甚至遂行其意志。

我們不願承認強勢行爲的影響，說明人類歷史上爲何一直沒有認眞看待「霸凌」這種極端的強勢行爲，即使到今天還經常被誤解。霸凌最初經常發生在學童間，本書作者之一（史蒂芬）童年的近兩年半遭受典型的霸凌，一開始多半不具傷害性，幾個男孩玩笑式的扭打嬉鬧，過一陣子愈來愈常發生群架，傷害性的喧鬧愈演愈烈，對象也愈來愈明顯。不久，一小撮男孩會發現自己被盯上，他們被團團圍住，遭受程度不等的拳打腳踢，緊接著言語羞辱和威脅，若不聽話就是一頓毒打，換言之，受害者必須隱忍，否則會引來更嚴重的羞辱。即使是竊取財物也是無上限，早上送報的酬勞、晚餐的飯錢、足球貼紙，更常被搶走的是午餐（因爲帶三明治總好過晚飯錢被拿走）。最後史蒂芬只好像臣服的靈長類，盡可能避開霸凌團夥的成員，尋找可以好好吃飯的地方而不是讓食物被偷走，他躲到學校圖書館或工友的櫃子，以免午餐被壞小孩拿走。

許多人想必有過類似的痛苦經驗，同樣令人痛苦的是，過去我們經常錯誤詮釋霸凌行爲。早期關於霸凌的研究發現，愛欺負他人的人往往不善社交，欠缺管理情緒的能力[49]，因此喜歡挑釁，只要被激怒就奮力攻擊。然而近期研究顯示，經驗老到的霸凌者往往不是行爲魯莽的大老粗，反而恰恰相反，霸凌有助確立強勢地位，證據顯示有霸凌行爲的孩子，多半也相當受歡迎，他們通常是「班上最酷的學生」。當他們霸凌他人時，往往具高度針對性，主動鎖定目標進行霸凌，他們並非由於過去曾經被霸凌，而是受到獎賞驅使。霸凌者之所以霸凌他人，是因爲他們想當老大並且享受伴隨而來的好處，像是地位高人一等，更有影響力。[50]將霸凌者詮釋成弱者只是自我安慰，無法作爲霸凌行爲的正當理由。

同樣地，容易遭到霸凌的人多半是缺乏自信且不善交際的乖乖牌，而與衆不同的人也容易被霸凌，包括少數民族、肥胖以及LGBTQ社群的成員。在霸凌者的眼中，被霸凌的人缺乏他們的強勢特質，屬於「安全標的物」。讓人難過的是，被霸凌者往往認爲遭到霸凌是因爲自己好欺負，不乏有受害者表示被霸凌是因爲自己很弱，因此被霸凌成爲惡性循環，抑鬱和焦慮等症狀不僅可以用來預測遭到霸凌，也因爲遭到霸凌而使抑鬱和焦慮更嚴重。當一個人有機會透過霸凌他人而在社會上作威作福，或許會令他覺得霸凌是件好事。在本質上，強勢和道德間存在成本效益的取捨，特別是在學校，以及靠強勢基礎建立階級的地方。作出反社會行為的人，就能取得支配力並大幅提升地位，某些研究發現霸凌者比一般人更需要掌控以及被認同，或許對他們來說，當個霸凌者眞的是利多於弊。[51]

好在霸凌者並不是都能稱心如意，也不是青少年在群體中提升地位的唯一方法。學者馬克·凡利辛（Mark Van Ryzin）和安東尼·沛勒葛里尼（Anthony Pellegrini）表示，青少年認為「極少霸凌他人的高地位者」比「經常霸凌他人的高地位者」更受歡迎[52]，前者是透過較高明的溝通技巧、積極融入社會、努力獲取社會認同並結交朋友而取得地位，換言之，他們想透過人氣而非霸氣來取得地位。企圖取得強勢地位的典型霸凌者會遇到一種勁敵，後者比較沒有敵意，不認同霸凌行為，高EQ，透過社交來提升地位。我們應該大力贊成學校、社群團體和政策制定者，建構以名望而非強勢為基礎的階級，來鼓勵以上角色。原因有二，第一，凡是減少霸凌的作為都是值得努力的，第二，進一步鼓勵傳訊者，要憑藉良善的理由來提高在學校生態系統中的地位，而不是一味的霸道。

性格強勢的傳訊者可能受尊敬，也可能只是被注視而已。但他們未必受到喜愛。他們在群眾中的地位驟升，但因爲和大家缺乏情感連結而抵消一部分好處，強勢的傳訊者利用恐懼而不是愛、力量而不是聲望，他們放棄軟性傳訊者以親和與柔弱傳訊的效用（詳見第五、六章），從而獲得硬性傳訊者因拉抬地位而產生的利益。雖然我們並不認爲強勢與親和完全無法相容（本書稍後會探討各種傳訊者效應的相互作用），但這確實是個難題，尤其對社會上許多領導者和民選官員而言更是如此，他們一方面努力將意志施加於他人身上，同時又想繼續討人喜歡。最明顯的是當我們請同事說出「一位在公領域既強勢又討喜的人」時，連可能的人選都想不出來，更別說是達到共識。

強勢的必要性

現代社會眞的希望有強勢的領導人、老闆和政治人物嗎？不管怎麼說，他們統治的成功與否並不是根據能否擊潰對手。答案似乎是視情況有所不同。在和平時期，親民、注重和諧的傳訊者往往較受人敬重。在衝突頻繁、不確定的時期，當人感到焦慮、遭受苦難，或對安全有疑慮時，就會有動機尋求強勢領導者——那些能夠轉危為安、帶來安定的人。大家會認為，性格強勢的人在危機時較有決斷力，會充滿自信地堅守團體的規定和價值。[53]

還有一個因素叫做個人成功假說（Individual Success Hypothesis）[54]，無論是選民、徵聘人員的機關、運動迷等，在評估幾位候選人的優點時，往往會聚焦在他們獨自而不是在團隊之中的表現。為了發揮效能，當選的領導者會被要求尋求同盟的協助與合作，然而這件事經常被忽視。相反地，群眾可能落入一個陷阱，以為一個人成功與否，只與他們自身的天賦和能力有關，特別是當候選人在某個領域居於獨大地位，哪怕是個不相干的領域。這種現象也說明為何世界級的運動員經常被任命管理職，即使他們獨霸運動場的技能，與激勵和管理的技能並不相同。一項針對德國甲級足球聯賽的職業球隊所做的分析，足以支持以上的論述。[55]凡是首席教練過去曾經是超級巨星足球員的球隊，表現通常不如那些首席教練不曾是最高層級球員的球隊。儘管如

此，高規格的球員依然是擔任首席教練的搶手貨。❺

英國的張伯倫（Neville Chamberlain）和邱吉爾是不同領導風格適用不同情況的典型案例。張伯倫在一九三〇年代是個非常成功的財政大臣，也是一開始受擁戴的首相，在對外政策上，他錯誤詮釋納粹德國的野心，但因爲看起來戰爭可以避免，因此他獲得很大的支持。邱吉爾在承平時期的表現平庸，在一九二〇年代還是個蹩腳的財政大臣，許多看法（例如對印度）被評斷爲過度好戰且狹隘的愛國主義。

然而在戰爭可能爆發的時候，傳訊者的影響力，從比較偏向和解的張伯倫，轉移到較激進的邱吉爾。張伯倫在和希特勒打交道的過程中，誤解了霸權遊戲的規則，以爲談判和合作行得通，沒有採取更強硬的做法。[56]反之，邱吉爾以他的「鬥牛犬」精

---

❺ 不過，並非每一種運動都是如此。美國國家籃球協會（NBA）的前頂尖選手確實成為比較優秀的教練，這是因為前足球明星往往直接空降進入高階管理階層，但NBA的頂尖球員必須在管理階層慢慢往上爬，通常從低階部門的助理教練做起，不適任的經理就會被發現而進不了一流球隊。資料來源：Goodall, A. H., Kahn, L. M. & Oswald, A. J. (2011), 'Why do leaders matter? A study of expert knowledge in a superstar setting', *Journal of Economic Behavior & Organization*, 77(3),265-84.

神，表現出堅強和堅定的樣子，迎合處於艱困和不確定時代的人們。一九三九年九月一日希特勒侵略波蘭，張伯倫只好承認他的求和讓步遭到對方利用。第二年，跋扈、目空一切，以魄力出名的邱吉爾繼任大位，爲人民的獨立自主、安全和自由奮鬥。

這段歷史的教訓是慘痛的。在面對強勢的侵略者時，合作及息事寧人經常適得其反。賽局理論家了解箇中道理，他們提出合作與衝突並用的好處，也就是當對方合作時才合作，對方採取較具侵略性的立場時就予以反擊。但以牙還牙是有限制的，當雙方都不願意軟化時，可能導致無止境的惡性循環，所以強勢必須視狀況調整，而不是絕對的。

因此，聽從誰、相信誰、追隨誰，要看情況而定。想像你住在叢林中的一個小型部落社會，你的部落正受到鄰近部落的威脅，爲了使用過去共用的狩獵場而導致緊張情勢升高。你被警告鄰近部落正準備對你的村莊發動攻擊，接著你看見兩張照片，要你決定投票給誰帶領部落度過當前的困境。兩張照片其實是同一人，只是一張經過電腦修圖顯得比較強勢，下巴方正、看似嚴厲、帶著傲慢的氣息，臉部的寬長比較高。

現在，想像部落面臨的挑戰不是處理鄰人的敵意，而是即將到來的洪水威脅。你會投票給誰？是強勢的領導人，還是看似會鼓勵大家互助合作、共同努力建設水壩的那位？

如果你參與這項由兩位丹麥研究者所做的研究，你應該會從傳訊者之中，尋找最符合現況所需、最能解決當下威脅的人。如果你必須面對與競爭者的衝突，你會選擇看起來強勢的領導者；如果遇到緊急事件需要團隊合作，你會選擇看起來不強勢的領導者。[57]無論是丹麥人、烏克蘭人、波蘭人還是美國人，在同樣情況下的選擇結果都相同。

二〇一四年，俄羅斯合併克里米亞半島，這時，同一批研究人員研究處在迫切危機中的人民時，發現與衝突地點距離不同的烏克蘭人民，投票的結果也不同。鄰近衝突地點的人民會採取「戰鬥」心態，他們多半會選擇強勢的候選人；住得遠、感覺比較安全的人，會選擇主張彼此合作的領導者。其他研究顯示，選民愈擔憂恐攻，愈會投票給強勢領導者。[58]因此大原則是，一般人或許喜歡親切、會照顧人且重視和諧的領導者，一旦要抵禦外侮來襲時，卻比較偏好不討人喜歡的強勢領導者，期待他們採取斷然的行動，維護法律秩序，在動盪衝突的時期帶給人民希望。

企業界也是如此。在兩位資格合適的人選當中，選擇一位作爲公司執行長時，公司目前的績效表現，對負責遴選的董事會有巨大影響。如果公司表現良好，股價和市占率穩定，員工心情相對輕鬆、有安全感，會較偏好在自利和自我等、與強勢相關的指標上得分較低的領導者。如果股價下降、市占率低落、員工壓力升高時，以上指標得分較高的強勢候選人比較容易獲選。[59]在充斥衝突、競爭和不確定的地方，強勢傳訊者似乎特別吃香。

不過，如果是搭建溝通的橋樑，專找人麻煩的自私自利者就不是好的領導者和隊員。美國作家拉夫．英格索爾（Ralph Ingersoll）寫到，二次大戰結束後，英國進入復興期，邱吉爾的行事風格就變得不合適。「沒有人認爲他該擔任戰後的首相，他只是對的人在對的時間做了對的工作。所謂對的時間，是指英國的危急存亡之戰。」[60]當大家努力互助合作之際，侵犯挑釁幾乎沒有好處，因此強勢領導人在任時間是短的。事實上，人類學紀錄顯示強勢傳訊者在大家心目中的價值，會因爲處境不同而有巨大改變，舉例來說，美國原住民會根據自己處在和平或戰爭期，挑選不同的酋長。

作家兼研究學者的萊絲莉．策布拉維茲（Leslie Zebrowitz）觀察到，在社會經濟陷入困境時，長相嚴肅成熟的女演員較受通俗文化喜愛，「但是在繁榮時期，」她接著說，「大家會轉而偏好臉蛋可愛的。」[62]

偽裝強勢

強勢或許與生俱來，但人可以用幾種方式刻意或無意間達到操縱群眾的目的。首先，他們可以操縱自己的外表。前面提到有實驗顯示，男性在線上交友平台採取比較開展、威風凜凜的姿勢，會得到比較多的讚和回應。如今修圖愈來愈容易且盛行，會強調與強勢相關的特點，例如上半身軀幹和手臂肌肉、洗衣板似的小腹，甚至把臉部的寬長比拉大。就連身高也可以修，而且不見得要透過數位方式，可以利用矮個子的襯托，使自己顯得相對高䠷（因此顯得強勢），讓人產生錯覺，以爲相片主角的身高變高了。

由於聲調高低也和強勢與否有關，所以可合理假設某些傳訊者會請人教導發聲或演說。聲音也和外表一樣可以用數位變造。舉例來說，在電影中的挾持情節，綁匪的聲音往往經數位變造成緩慢低沉的。說話速度快、音調高的綁匪很難引起聲張霸權所需要的威脅感。

顏色也能傳達強勢的感覺，紅色是與權力和主權最接近的顏色，以紅色爲背景的網站比藍色背景更能激發人的鬥志，使人爲了在網路拍賣得標，而更積極出價。[63] 紅色也被證明能影響運動賽事的結果，二〇〇五年《自然》（*Nature*）雜誌中一份報告發現，在拳擊、跆拳道和希羅式角力等一對一的奧運比賽項目中，被隨機指定紅色服裝的參賽者較容易贏，無論比賽的階段或重量等級。[64] 但是紅色贏家的效應，似乎只在兩位競爭者勢均力敵時才有影響，至於繫上紅色「威力領帶」的政治人物較得人緣的都市傳說依然是個謎。一份研究衡量了知名和較不知名的政治人物，在被認知的強勢、領導力和人民對其信任的程度，發現當研究人員把演講影片裡政治人物的領帶顏色用數位變造後，紅領帶並沒有造成任何改變。[65]

演化理論家假設紋身甚至穿洞，能營造強勢形象並激活免疫系統。還有人認爲紋身和穿洞象徵表現的自由，與搖滾樂和強勢的文化較為有關，在一份研究中，兩千五百位臉書用戶觀看九位沒穿上衣的男子相片，他們全都擺出同樣中性的表情和姿勢。經過修圖在一隻手臂上出現紋身的人，被較多用戶評斷為強勢、有男人味、有魅力、健康、積極進取，包括男性和女性用戶。[66]不過，這種觀感並不是到哪裡都吃得開。我們的編輯清楚指出，有紋身的門房看起來充滿威脅性，但不表示大家會投票給看起來像保鑣的立法委員。

第四章

吸引力

可愛的寶寶、美貌稅、平庸的好處

二〇一六年，馬來西亞的電視主持人兼模特兒諾拉．達尼斯（Nora Danish），遊說內地稅務局（Inland Revenue Board, IRB）的徵稅官員給她租稅優惠，彌補她爲了維持美貌的開銷。[1]她辯稱身爲名人不得不在公眾場合展現吸引力，而由於這種費用不能抵稅，因此她的名氣使她在財務上陷入不公平的不利狀態。她說：「對我以及所有馬來西亞的同胞來說，納稅是一種義務，但我主張名人應該獲得一些減免。在這個時代，我們必須花比以前更多錢來維持容貌，否則就無法靠事業來賺錢，這應該要視爲一種職業成本。」

達尼斯的「困境」沒有得到多數民眾的同情，馬來西亞的內地稅務局也不支持，直接拒絕她的提議。她主張「身爲俊男美女，弊多於利」是否有道理？還是美貌其實爲人生帶來莫大好處，能迎合他人喜好、提升地位，成爲有效的傳訊者？

被公認外貌出眾的人，確實會因受矚目而成爲有效能的傳訊者，幾乎每一本健康養生雜誌、健身期刊和生活類雜誌，都會藉由報導健美、有吸引力的人來提高雜誌銷量，網路上也充斥俊男美女，有時比較含蓄，但經常是大刺刺地推銷某個產品或品牌的優點。我們根深柢固地認爲，有吸引力的傳訊者，適合推銷與外表和健康相關的商品，因爲當我們在選擇跟誰交朋友、談戀愛、爭取（或不爭取）什麼工作、投票給哪位政治人物以及跟誰結婚時，吸引力是一大關鍵因素。

吸引力也影響我們對看似與外表無關的領域所做的決定，以理財爲例，決定要不要向某融資者借錢時，我們通常以爲自己只聚焦在利率、同質產品的比較和價格彈性等經濟因素，但芝加哥布斯商學院（Booth School of Business）的研究人員測試後發現，消費者並非根據以上因素做出貸款決策。儘管根據人類心理學的新古典經濟觀點，廣告策略因爲與理財無關，應該不會影響人的思考程序，但其實也有影響。

研究人員與南非一家消費貸款公司合作，寄信給五萬三千位曾經收過貸款廣告郵件的人，這次的郵件是關於新的貸款機會，但每封內容都不太一樣，不光是在廣告的利率方面，還包括圖片方面：有些郵件附了一張美女相片，有些沒有；有些郵件提供優惠的利率，有些沒有；圖片的排列和融資條件也不同。研究人員接著詢問這家融資公司的地方分行，以了解這些風格各異的郵件被接受的程度。他們想要將美女相片的價值相對於降低利息的價值加以量化，答案是，價值很高！當美女相片擺在融資條件旁邊時，潛在顧客的接受率較高。雖然這種現象並未發生在女性身上，她們比較不吃這套，但研究人員估計，美女相片提高男性受試者的接受率，相當於利率降低二五％之多。[2]

此處重點在於外表的吸引力。吸引力通常不僅限身體外貌，有吸引力的傳訊者也可能是因爲討人喜歡、有親和力、舉止引人注意和充滿善意而使人想接近，這些「軟性」效應屬於情感連結，將於本書第二部探討。目前重點是外表吸引力，及其作爲「硬性」傳訊者效應的影響。

根據芝加哥布斯商學院的研究顯示，具吸引力的外表能發揮強大功效，並非因爲擁有豐富知識、優越技能或權力之類的工具價值，而是擁有「交配價值」，換言之，他們是製造下一代的絕佳伴侶。於是俊男美女獲得優惠待遇，被授予較高地位，在社會上也發揮更大影響力。[3]但這不表示外表較不討喜的人就會到處碰壁，只要跟俊美的傳訊者搭上邊，自己的地位一樣也會水漲船高，有更多機會獲得社交禮遇，例如受邀參加有趣的派對、與同樣甚至更有吸引力的人交談，甚至跟名流界的終極傳訊者牽上線，包括一些富有的名人在內。

什麼是吸引力？

人能在兩百毫秒內判斷一個人是否有吸引力。例如當愛麗絲和蘿拉走進一間酒吧，第一眼看到湯姆和傑森，立刻就能知道這兩男兩女當中，哪一位男性和女性比較有吸引力。愛麗絲和蘿拉可能都看上傑森，而湯姆和傑森或許都被愛麗絲吸引。每個人的反應都很迅速，而且認為具吸引力的人往往是同一位。有些人喜歡黑髮勝過金髮，有些喜歡紅髮勝過黑髮，或者喜歡苗條勝過大塊頭，畢竟一樣米養百樣人，但在比對過多種研究結果的綜合分析發現，無論男女老少、相同或不同的文化環境，人對於誰有吸引力、誰不具吸引力，存在著概括性的共識。4

不僅青少年和成年人對此有共識，根據德州大學院長兼教授，也是該領域頂尖專家茱迪絲．藍格洛斯（Judith Langlois）的發現，年僅兩、三個月大的嬰兒，天生就知道長相有吸引力與沒吸引力的差別。在研究中，小嬰兒坐在螢幕前，螢幕上顯示了兩兩成對的女性照片。每張臉都是中性表情，頭髮也被修圖為偏深色，唯有一個重大的不同。每一組女性照片中，一位是之前被成年人評價爲有吸引力的，另一位則沒有。當研究人員用嬰兒凝視時間來評估其反應時，發現即使是兩個月大的小嬰兒，也會花較久時間凝視「有吸引力的」臉蛋。[5]藍格洛斯在另一項研究，記錄所謂的「正向情感語調」，也就是觀察嬰兒的微笑及朝對方移動的傾向，來衡量嬰兒對某人反應的正向程度。她發現，即使年僅一歲的孩子，對有吸引力的陌生人（和洋娃娃）會表現出比沒有吸引力的陌生人（和洋娃娃）更強烈的正向情感，以及較低度的退縮和不舒服。[6]

成人對小嬰兒也是如此。成人看到可愛和較不可愛的嬰兒照片時，通常會多關注可愛的新生兒，對著照片輕聲細語，表現高度的愛意，更有趣的是，親生父母似乎也是。一項研究觀察父母餵食新生兒，以及與新生兒的遊戲互動，發現當自己的孩子較不具吸引力時，母親對孩子的愛意會較少，且花較多時間與在場其他「成年人」互動。相較生出漂亮寶寶的母親們，這些母親多半只是按表操課照顧自己的孩子，較少有表達愛意的行爲。[7]漂亮寶寶是極有效能的傳訊者，以往廣告業者抓住這個事實，各種商品的廣告都採用寶寶的照片，哪怕是甜的氣泡飲料。二〇一八年一則推特文在

可愛寶寶成為相當有效的傳訊者。

社交媒體颳起風暴，那是出現在五〇年代某期《生活》（*Life*）雜誌中的廣告，圖中有個可愛的寶寶正在喝海尼根。[8]眼尖的留言者立刻指出這是張僞造的圖片，因爲原始廣告中的寶寶根本不是在喝啤酒，而是七喜汽水！看來無論產品是否合適，可愛寶寶的吸睛效果，是其他東西都比不上的。

多虧有衆多資料可取得，包括來自交友應用程式的資訊，乃至精密人臉蛻變技術的研究計畫，我們才能相對了解誰可能會被認爲有吸引力。大家都知道，青春氣息及臉部的對稱性是兩個重要的加分項，第三個就沒那麼快想得出來。除了看起來清新且比例勻稱之外，有吸引力的臉，是長相「一般」的臉蛋。[9]聽起來或許有點自相矛盾，如果有吸引力的臉蛋優於一般人，人又怎麼會偏好普通或是「典型」的臉蛋呢？然而事實上，人偏好長相一般的臉蛋，正因爲很「一般」——缺乏特別顯著的五官，不會顯得與其他人格格不入。顯著或獨特的五官可能暗示潛在的基因問題，長相一般則代表健康。這也足以解釋爲何臉蛋對稱較有吸引力，因爲自然的對稱象徵基因好。演化生物學家認爲，基因的品質無法用肉眼觀察（第一次約會就要求看對方的基因資料報告，保證不會有第二次），因此會尋求間接的提示。外表年輕、五官對稱和長相普通，暗示其有較高的存活能力，能將好基因傳給後代，換言之，比較可能和他們繁衍後代，多子多孫。

長相普通的臉蛋較具吸引力還有另一個理由，那就是比較有親切感。熟悉的臉蛋較吸引人，因爲五官多半跟我們認識的人有共通點而不顯突兀，與他們在一起令我們感到安全自在。[10]人強烈偏好自己熟悉的人事物，因此除非是後天習得的負面連結，否則我們通常會尋找與自己相似的人。研究顯示，將相片中的人變造成與受試者外貌相近時，往往最容易吸引受試者。其他研究也發現，人通常會與吸引力相當、社經地位類似的人同居和結婚，這種模式被稱爲選型交配（assortative mating），雖說互斥的人會吸引彼此，但更常見的是物以類聚。[11]

不過，有些情況是同類但極不可能類聚，那就是一模一樣的人。雖然人會被跟自己相似的人吸引，但也需要某種程度的差異性。挪威研究人員讓受試者看伴侶的相片，但這些相片可能以某種程度混入受試者本人的臉，或者混入某個被評爲有吸引力的臉，結果發現當伴侶的臉經過修圖，混入二二%自己的臉時，吸引力程度達到最高，然而提高到三三%時，受試者不再覺得臉蛋吸引人。附帶一提，獨立受試者認爲有二二%的臉非常不具吸引力。[12]這種現象似乎有充分的生物學理由：相似的五官會有某種程度的吸引力，但過度相似則會引發完全不同的反應，也就是對近親繁殖的強烈反感。

當然，異性戀的男女不盡然被彼此相同的五官吸引，不僅男性和女性長得不同，他們也不用相同方式看待彼此。根據吸引力的兩性異形（sexual dimorphism）理論，男性會被陰柔女性吸引，女性會被陽剛男性吸引。❶[13]以上是經過數百萬則線上交友互動資料、分類廣告和閃電約會的結果，證實所言不假。一般來說，女性確實偏好比自己高三、四英寸的運動型男性（如此一來當女生穿高跟鞋，兩人的身高就差不多）；男性通常不在乎女性的身高，對年齡則相當在意，傾向追求年輕、苗條且很有女人味的女性。[14]《富比士》的男性富豪被認為伴侶的選擇較多，他們的妻子平均比自己年輕七歲，第二任妻子平均比自己年輕二十二歲。[15]年輕女性在交友網站及交友應用程式上相當吃香，促使許多較年長且較缺乏吸引力的擇偶者在自己的相片上動手腳，並在年齡和身體外觀上造假。[16]雖然男性和女性都偏好年輕外表，但男性尤其如此，從演化解釋，男性天生對性比較有興趣，擇偶時比女性更著重代表生育能力的身體指標。

有趣的是，高跟鞋原本不是給女性穿的，而是男性騎馬用的鞋子。十六世紀的波斯戰士非常重視騎馬技術，他們會穿高跟鞋確保箭上弓弦時腳踩在馬蹬上，然後站起身來對準目標把箭射出去。女性穿高跟鞋算是相當近代的創舉，根據人類學家的說法，鞋跟不僅把身高墊高，也使人不得不弓背翹臀，擺出求愛的姿勢。這也是其他哺乳類動物經常可見的交配特徵。高跟鞋因此成爲後天吸引力的象徵。然而高跟鞋既不實用，也不見得舒服。[17]

---

❶ 事實上，女性是否偏好猛男曾引起熱烈辯論，過度陽剛的男性通常不被認為有魅力，五官較陰柔的男性反而往往比較討喜。異性戀女性似乎認為個子高、有著好基因的運動型男性最吸引人，並且可靠、順從、能夠合得來、強壯、有著親切的眼神、能抵禦外侮並掌控大局，同時懂得關愛他人，除非被逼得不得已反擊。這類樂於助人的大塊頭，典型例子是消防員，雖是讓人翻白眼的陳腔濫調，但確實代表現狀。二〇一六年，交友應用程式 Tinder 開始讓使用者在基本資料填入工作頭銜，因此得以記錄哪些職業對異性最具吸引力，結果發現機師、消防員和創業家引起最多女性的興趣，對男性來說則是模特兒、私人教練和護理師居冠。資料來源：http://uk.businessinsider.com/tinders-most-swiped-right-jobs-in-america-2016-2?r=US&IR=T.

有吸引力的好處

吸引力的好處不光是表面。比較有吸引力的人在談戀愛時較吃得開，伴侶的選擇也比較多，無論是徵婚啟事、線上交友網站，還是聯誼時收集到的電話號碼，有吸引力的人都比較吃香。[18]更令人驚訝的是，有吸引力的人在生活其他方面也有好處，當他們從嬰兒進入孩童時期，從小學到中學，有吸引力的學生往往受老師寵愛，也比較受同學歡迎。一如有吸引力的寶寶與父母的關注偏見是雙向的，老師和學生的關注偏見也是，有吸引力的學生會獲得老師較高的分數，有吸引力的老師通常也從學生獲得較好的回饋。有吸引力的孩童多半較有人緣，在往後人生也較容易有成就。[19]

隨著青少年進入成年，開始工作和發展職涯，吸引力持續扮演重要角色。[20]在其他條件相等的情況下，五官有吸引力的人，較可能被賦予重要的第一份工作，不僅如此，即使經驗、潛能和工作倫理，與外表普通的同事相同，有吸引力的員工在選定的職業生涯軌道中，能夠以較快速度獲得升遷重用，薪水也可能較高，這種現象被稱為「美貌加分」（beauty premium）。知名的美國經濟學家丹尼爾．漢默梅許（Daniel Hamermesh）將美貌加分量化，發現年收入能多領到一〇％至一五％之多，約當於美國勞動市場中不同種族和不同性別的收入差異。[21]漢默梅許表示，男性非裔美國人的收入劣勢，類似於缺乏吸引力的白人男性的收入劣勢，合理估計在整個職業生涯中，相貌低於平均的男性，比相貌較有吸引力的同儕少賺二十五萬美元之多（約合十九萬英鎊）。當然，錢不是幸福快樂的唯一因素，但卻是個重要因素，難怪缺乏吸引力的人也比較不快樂。[22]有鑑於賺取所得的能力和生活經驗的差距，使得有些人呼籲制定政策來降低缺乏吸引力的影響。史丹佛大學的法律教授黛博拉．羅德（Deborah Rhode）表示，一九六四年美國民權法案禁止根據種族、膚色、宗教、性別和國籍的雇用歧視，一九六七年的雇用歧視法案將年齡加入，一九九〇年的身心障礙法案明令應徵者和員工應免於身心障礙的歧視，同理也應該採取法律措施，避免工作者因爲缺乏吸引力而受到歧視。[23]

問題是，吸引力偏見是根深柢固的現象。社會上「用肉體換取利益」的情況究竟到什麼程度還有待辯論，同樣地，人們普遍指控求職過程形同選美競賽，這也無法證明其真實性，但是，有吸引力的人特別受寵卻是不爭的事實。多位義大利的研究人員充分證實這點，他們向數個產業的多家徵人單位寄出一萬一千多份履歷，有些履歷表附上求職者相片，有些沒有[24]，徵才單位的反應模式如同預期。當履歷附上長相有吸引力的應徵者相片時，接到電話的可能性，比沒有附上照片的同一份履歷高了二〇％。履歷附上缺乏吸引力的相片結果最不理想，雖然有吸引力的男女應徵者收到回覆的比率相同，但缺乏吸引力的男性應徵者獲得回覆的比率爲二六％，女性僅有七％。而且不光是這份研究，阿根廷和以色列的研究也有類似發現[25]，綜合二十七份研究結果的事後分析發現，在學術界或專業領域，無論雇用的部門或工作職等，吸引力都會影響求職結果。[26]

顯然企業可以用一些方法，來降低有吸引力的應徵者所獲得的不公平優勢。他們可以禁止求職者在履歷附上相片，也可以在初期篩選時不要求當面會談，代之以網路測驗、交付書面作業，或透過電話或 Skype，或把影像功能關閉的 Zoom 會議軟體來進行篩選面談。（這麼做對雙方都有好處，因爲負責招聘的人相對有吸引力，也可能使過程產生偏頗。）類似的微幅調整，至少有助確保更多樣化的應徵者（而且可能是較好的應徵者）來到面試階段。但是雇用的一方遲早會想見到應徵者本人，好比房屋買主不能光靠仲介的描述，也會想親眼見到房子一樣，這時有吸引力的傳訊者就可以發揮神奇效果。每位應徵者都會努力讓對方知道「我相信我是這份工作的最佳人選」，但即使把經驗、技能和面試技巧列入考量，應徵者的相對吸引力依然會使求才單位的評估產生偏頗。

傳訊者的吸引力除了在勞動市場發揮影響，政治界也抵抗不了吸引力攻勢。一份刊登在《公共經濟學雜誌》（*Journal of Public Economics*）的研究報導提出，在其他條件相等的情況下，較有吸引力的候選人，最多比欠缺吸引力的對手得票多出二〇%。[27]司法系統的研究也顯示，陪審員往往單憑著被告的吸引力，就在審判初期形成被告有罪或無罪的印象。耶魯大學研究人員的綜合分析發現，模擬陪審員在假想的案子中，較少判決有吸引力的被告有罪，當他們被問到有罪者的懲處時，會對比較有吸引力的罪犯給予較寬鬆的懲罰，即使是犯下搶劫和強暴等重罪。[28]看來傳訊者的吸引力不僅影響陪審員的判決，也影響選民投票給誰，以及管理者雇用和升遷的標準。

大幅提升吸引力

吸引力或許是天生，但還是可以用人爲的方法來改善上帝的傑作。端正的儀容確實有幫助，法國消費心理學家尼可拉斯・吉根（Nicolas Guéguen）及其同事說明，女服務生在上工前化好妝，收到男性用餐者的平均小費，相較不化妝者多二六％。[29]服裝也會影響吸引力，前一章說明在其他條件相等的情況下，運動競賽選手被分配到代表強勢的紅色隊服時，獲勝機會高於被分配到藍色，此外，紅色服裝也能大幅提升在他人心目中的吸引力，尤其是女性。研究顯示女性旅行者穿紅色上衣時，獲得搭便車的機會較多；餐廳客人也會多給穿紅色T恤、塗紅色唇膏的女性服務員一些小費。[30]無論是否穿著紅色，都是在告訴對方「我想搭便車」、「感謝您給予小費」，然而不同的在於傳訊者的外表。❷

如果穿紅色能替女性的吸引力加分，那麼女性會不會刻意穿紅色？研究表示當然可能，但往往並非刻意。英屬哥倫比亞大學的研究人員直截了當地問女性：「妳距離上次月經過了多久？」結果發現在排卵期的女性（也是懷孕機會最大，且生理上最有動機從事性行為的時期）穿紅色衣服的可能性大增，表示她們會不經意將選擇紅色與生育潛力連結在一起。[31]研究人員也證明紅色的力量，他們請女性參與當地大學的一項實驗，寄給她們一封確認的電郵，附上一張從事這項研究的男性研究助理的相片，有些有吸引力，有些則否。

當女性來到大學實驗室時，她們被告知基於不可預見的因素，將由另一位實驗者代替信上的研究助理。事實上實驗已經結束，結果也已經出現。期待見到帥哥助理的女性，穿著紅色的機率高出三倍。[32]她們知道紅色能提高吸引力，因而選擇穿紅色服裝。

有些機構了解到有吸引力的人也可能是個有影響力的人，因此往往會刻意遴選長相出眾的員工。外貌出色當然也可能有效能且有生產力，特別是銷售、公關和業務

❷ 穿紅色衣服對女性駕駛和女性用餐者沒有影響，只有男性對穿紅衣的女性比較慷慨。

等，以傳達訊息爲主要任務的部門。舉例來說，亮眼的業務員比平庸的業務員更能成功推銷藥品給醫師，即使此處唯一適用的標準應該是藥效和價錢，而且高度適任的醫療從業人員肯定非常清楚這個事實。

然而研究資料顯示，在收集並且仔細檢視過醫師的手寫處方箋後，顯示藥品業務員的吸引力程度與之後該藥品被開出的數量之間，存在著明顯的關聯性。[33] 儘管如此，迷人的業務員造成的吸睛效果，或許只是一時。一段時間過去，隨著互動次數增加，業務員和醫師愈來愈熟悉彼此，吸引力的光環也逐漸黯淡，有吸引力的傳訊者有如典型的間諜技巧——美人計，在招攬新顧客的時候特別有效，但不表示他們能留住顧客。

不過，組織可以用其他方法使員工更有吸引力，又不落得以貌取人，那就是「微笑」。原因很簡單，因爲微笑使人顯得較有吸引力。美國連鎖超市喜互惠（Safeway）實施一項優質服務政策的計畫，鼓勵工作人員和顧客眼神接觸、打招呼時盡可能叫出顧客的姓名、帶顧客到商品所在的位置，最重要的是：親切的笑容。爲了確保工作人員遵守該政策，公司特別招募一群神祕購物客替工作人員打分數，表現好的將有豐厚獎賞，表現欠佳者會被送去公司內部的「微笑學校」。這項計畫被大多數人接受，對多數顧客來說，以優越服務爲核心策略的零售業者值得嘉許，因而以更高的忠誠度作爲回饋。

儘管如此，這項措施也引來意想不到的結果，《華盛頓郵報》報導，有些購物者對員工的微笑會錯意，導致許多女性工作人員抱怨男性顧客把微笑誤解爲示好。但是喜互惠並不因此氣餒而繼續這項計畫，最後使得五位女性員工不得不對公司提出歧視的指控。該公司一位女性發言人表示：「我們不能容許員工被騷擾，不幸的是，顧客是人，有時或許越了界。」34

提高吸引力可能帶來好評和特殊待遇。但是喜互惠的員工發現，魅力也可能是詛咒，在某些情況下可能招致不想要的關注而使自己成爲目標，更糟的是被騷擾和受到敵意對待。特別是女性，而且不光是來自男性。

吸引力的缺點

鄉村歌手桃莉．芭頓（Dolly Parton）在某次廣播訪談中，說了一個八歲小女孩的故事，那是她在六〇年代末某次演唱會中的觀眾。芭頓形容這個女孩有一頭漂亮的紅髮，細嫩的肌膚和美麗的綠色眼眸，小女孩仰頭向芭頓索取簽名，芭頓問她叫什麼名字。

女孩回答：「裘琳。」

「眞是個好名字，」芭頓說，「我要來寫一首關於裘琳的歌。」35

芭頓確實寫了她的歌，但這首歌卻不是關於這名小女孩，而是另一位在芭頓住處附近銀行工作的紅髮女子。芭頓解釋：「她瘋狂迷上我先生，我先生非常喜歡去那家銀行，因爲她全心全意都放在他身上。後來她成了我們夫妻間不經意會說出的玩笑話，我會說：『你也幫幫忙，你老是往銀行跑，我都不曉得我們那麼有錢呢。』」

「她有我所沒有的一切，例如美腿。她身高約六英尺，是我這個矮腳雞所沒有的。所以說，不管妳多美，總會有其他女人威脅到妳。就這麼簡單。」

芭頓的歌曲〈裘琳〉（Jolene）以不到兩百字，深刻描繪一個社會科學家用大篇幅解釋的常見效應：女性的吸引力可能引起其他女性的敵意。[36] 加拿大一份針對兩千多位青少年的研究發現，吸引力是男人的保護因子，使他們較少遭到其他男性傷害，對女性來說則相反，有吸引力的女性較常遭到其他女性的霸凌。[37] 心理學家法蘭克・馬克安德魯（Frank McAndrew）也針對女性美貌引發他人惡意，做過廣泛的研究。[38] 她們發現男性很容易被美女吸引，於是聯合起來中傷這位美女，試圖貶低她的地位，透過八卦耳語和子虛烏有的事情，來抹黑這位美女。如果這群女生成功，她就無法建立自己的社交網絡和交友圈而遭到孤立；如果言語攻擊不能使她在社交上碰壁，就可能採取實際的威脅和攻擊行爲。❸

❸ 以下影片生動說明，有些團體甘願作為懲罰「罪惡」的打手，即使所謂的罪惡，只不過是人家生來比較美麗。資料來源：http://www.dailymail.co.uk/video/news/video-1101302/School-bulllies-force-girl-drink-puddle-water-pretty.html. 警告：這個連結的部分內容，可能使某些讀者感到不舒服。

自由撰稿新聞記者莎曼珊・布里克（Samantha Brick）二〇一二年在英國全國性報紙《每日郵報》（*Daily Mail*）上刊登的文章引來議論，她感嘆生為美女的壞處，舉證歷歷說明美女多容易招致霸凌。[39] 文中寫道雖然美女有好處，例如坐飛機喝免費香檳、在酒吧有陌生帥哥付酒錢、有人主動幫忙付火車票或計程車費，但也不乏缺點——不是引來許多異性關注，死纏爛打跟她要電話或要求約會，而是其他女性。她寫到有幾次其他女性當著她的面大聲把門關上；女性上司讓她上班上得很痛苦，迫使她離職；或者拔擢長相平庸的同事到她之上。她還抱怨儘管有多位女性朋友，但從沒被邀請去當伴娘。她的懷疑和抱怨是否符合眞實情況並非重點，而是這篇文章引起的敵意，數千名讀者寫信攻擊她，許多人極盡刻薄之能事，可想而知，負面反應一面倒來自女性，或許布里克在無意間證實了自己的論點。

所以說，關於吸引力的想法，爲女性帶來一堆議題。女性的外表比男性更常被評斷，有吸引力的人可能遭到其他女性的敵意對待，沒有吸引力的人在他人心目中不具社交價值而使地位降低。舉例來說，雖說體重過重的男性在勞動市場上會受到懲罰（如雇用推薦、資格的認定、懲戒決策、薪水和人事布局的決策），但過重的女性更有可能在專業領域上吃苦頭。❹[40]吸引力對男性而言是加分，對女性則是利弊參半。讓人爲難的在於，性別依然是吸引力法則的重要因素。[41]

除了大眾臉、青春洋溢和五官對稱等特點通常具吸引力之外，男女對於吸引力的相對重要性，也有不同的看法。《富比士》富豪榜的男性多半會和年輕模特兒約會，而地位高、外表迷人的女性則多半選擇有社經地位和能力的男人。[42]瑪麗蓮・夢露（Marilyn Monroe）本可以選擇高大的帥哥，但卻愛上劇作家亞瑟・米勒（Arthur Miller），傳言甚至曾經把愛因斯坦（Albert Einstein）列入追求者名單。媒體、年長者的力量和其他社會因素也有影響，當今的外貌理想規定女性尤其必須達到一定程度的苗條，以免在他人眼中失去社會價值。其他年代則有不同的法則，維多利亞時代喜歡豐滿的女人，一九二〇年代則是妖冶的女人當道。

---

❹ 諷刺的是，有些研究發現略為超重的男性，在某些領域竟然獲得較正向的評價。詳見 Judge, T. A & Cable, D. M. (2011), 'When it comes to pay, do the thin win? The effect of weight on pay for men and women', *Journal of Applied Psychology*, 96(1), 95-112.

社會對女性容貌的重視勝過男性，與演化大有關係。男性在傳宗接代上必須投入的心力遠低於女性[43]，女性得負責懷孕，生產之後要哺餵寶寶，因此女性會尋找願意、也能夠支持自己的伴侶。另一方面，男性可能一輩子都不曉得自己有了孩子，或者在聽到有了孩子後溜之大吉，逃避做父親的責任，於是男性往往天生就比女性有更高的「性趣」，擇偶時也較重視對方表現的生育能力。[44]對擇偶的男性來說，吸引力及其所暗示的一切非常重要；對女性來說，吸引力沒那麼重要，比較在意的倒是其他因素。

從硬性傳訊者到軟性傳訊者

一九二〇和一九三〇年代，西聯銀行（Western Union）面臨危機，全美各地快速鋪設電話線路，對這家以傳統電報服務賺取收入的銀行造成毀滅性的影響。收音機和電視機的崛起——連帶包括廣播和電視廣告——威脅到這家公司先前賺錢且受歡迎的直效行銷服務，也就是雇用傳信的男孩挨家挨戶投遞傳單和試用品，促銷肥皀乃至早餐穀片等各式各樣的產品，因此，當下採取行動刻不容緩。

西聯爲了保住地位的最成功行動，是利用本書至今探討過的幾個硬性傳訊者效應，也就是所謂的「戲劇性遞送」，將廣告帶進全新的境界。[45]提供戲劇性遞送服務的傳信男孩，經常被形容成「模範帥哥」，他們露出燦爛的笑容，把試用品和小冊子交給廠商鎖定的家庭主婦，他們穿著體面的制服——時髦的雙排釦西裝，裝飾著黃銅色的釦子，上過漿的襯衫，頭上戴著有正式感的帽子，散發貴氣和能力。他們的服務也貴得合理，如果使用西聯戲劇性遞送服務，你傳送的不光是產品，也讓對方認識你的公司，等於告訴對方：我們是有來頭的。

西聯的戲劇性遞送服務成功到足以讓美國貿易廣告協會（US Trade Association of Advertising）這個代表兩千多家公司的機構，向美國國會遊說調查西聯透過新服務取得的不公平和獨占地位。這項服務爲什麼這麼成功？基本上，每家廣告公司傳送的信號，無一不是「請試用這個試用品」、「請看我們的手冊」、「請買我們的產品」，唯獨西聯也考慮到傳訊者。這家公司採取社經地位、能力和吸引力等硬性傳訊者效用，因而異軍突起。

但故事還沒結束。

西聯戲劇性遞送服務的收件者當中，有愈來愈多人請同一批傳訊者傳送訊息，而且這次不是試用品或宣傳冊子，而是傳遞消息給朋友和鄰居，遞交受洗儀式、猶太受戒禮和晚宴的邀請函，遞送蛋糕、花和微笑。這種無心插柳的結果給予西聯更多優勢，造就他們更加成功。他們一直專注在所謂的硬性傳訊者效應，現在他們即將使用軟性傳訊者效應，也是本書第二部探討的內容。

博感情。

第二部

軟性傳訊者

來勢洶洶的情感攻勢

根據多處記載，殺死格里戈里·拉斯普丁（Grigori Rasputin）著實大費周章。首先是一塊摻了毒藥的蛋糕，結果無效，或許是因爲氰化物的量不夠多。接著是三大杯毒酒，同樣也無效。於是密謀者祭出手槍，過不久一位槍手回報說，他在拉斯普丁的胸口和頭部各開了一槍。爲了保險起見，他們包裹好他的屍體，裡面放了重物，扔進附近的河裡。[1]

如此大費周章收拾一個人，可見拉斯普丁是個不受歡迎的人物。儘管他如上帝般控制了王子的血友病，因而受到沙皇尼古拉二世（Tsar Nicholas II）及夫人雅莉珊卓拉（Alexandra）的寵信，但這位「俄羅斯的瘋和尙」是歷史上數一數二的討厭鬼。拉斯普丁在衆人心中是個吹牛不打草稿的人、性變態和弄權者，對俄羅斯皇室乃至政治造成極端惡劣的影響。對大多數人來說，他的慘死是罪有應得。

因此，後世從嚴厲的角度看待這位瘋和尙也就不足爲奇。但這並不代表沒有人喜歡他。一群出生在他死後約四十年的人，聚在一起重溫拉斯普丁的一生，可想而知大部分的人都將他批判得一文不值，但即使每個人接收到有關拉斯普丁及其惡行的資訊完全一樣，其中一些人卻相信他沒那麼討人厭，與拉斯普丁有種說不上來的連結——雖然誰也無法精確說明是什麼樣的連結。

其實原因很簡單。因爲他們的生日與拉斯普丁同一天。

每個人天生都有歸屬的需求，並且會想與他人建立感情[2]，共同的興趣、共同的觀點，或一種無法言喻的親切感，往往足以讓人跟人湊在一起。當我們有那種情感連結時，感覺自己在某方面與某人相連，我們往往比較願意傾聽對方，將他的話當一回事。換言之，他們身爲傳訊者所發揮的力量，不完全來自訊息內容。

這並不是特定文化或性格的專利，而是普遍的現象。每個人都會想和他人社交，彼此關懷、分享資源、互助合作。當我們感受到良性的社交連結時，會油然感到快樂，較有掌控感，並提高自我尊嚴與幸福感。世界價值觀調查（World Values Survey）的資料顯示，穩定的社交關係又稱爲社交資本，是預測人類幸福的最佳指標，勝過財富、收入和物質。[3]未能滿足這項人類最基本需求的人，往往會感到孤單，這種負面情緒與各種生理和心理問題有關，包括焦慮、沮喪、低度自尊、肥胖、憤怒，有時甚至是報復心。[4]針對學齡前兒童的縱向研究證實，社交受挫可能提高年僅六歲兒童的侵略性，且降低與他人合作的能力。其他研究顯示，自覺與他人格格不入的青少年，對來自他人的負面回饋，通常會做出較具侵略性的反應。在職場上，當被告知同儕不願意與之合作時，經常會報以攻擊和敵對行爲。[5]這種格格不入的感覺走到極端時，可能演變成極度的暴力，美國幾乎每所學校的槍擊事件凶手，都曾在社交上遭到排斥。[6]

想與他人建立情感連結是一股強大的動力，幾乎每個人都想避免因爲孤立而造成的社交和情緒上的後果。人在飢餓時會找東西吃，孤立的人也會設法跟他人社交來滿足情緒需求，人有一種與他人建立感情的原始動機，因此即使我們與他人有著看似無關痛癢的共同興趣或同一天生日，都足以造就人與人之間的具體連結。這也就是爲什麼那些評斷拉斯普丁生平事蹟的人（他們是亞利桑那大學的學生），會因爲與拉斯普丁的共同點而有不同的反應。

席爾迪尼和約翰．芬奇（John Finch）的一項研究，請志願者看一份總長三頁的文件，內容敘述拉斯普丁精彩的一生，從出生於西伯利亞的農家到改變宗教信仰，以及他在沙皇尼古拉二世皇宮內的日子，直到最後被暗殺。接著在各基準上替他的性格評分，每個問題的陳述都是公正且忠於事實——除了關於拉斯普丁的生日以外。研究人員隨機誤導一些學生，讓他們以爲自己的生日和拉斯普丁相同。那些發現自己的生日與拉斯普丁同一天的學生，並沒有立刻把他提升爲英雄，他們依然多半給予負面評價，只是看法相較那些認爲自己跟拉斯普丁完全沒有連結的學生來得較爲寬大。席爾迪尼寫到：「人似乎傾向對於自己有連結的人或事物有較高的評價。」7

席爾迪尼和芬奇的實驗，證明人有強烈的部落意識，當跡象顯示某位傳訊者站在自己這邊且可能成爲合作夥伴時，我們往往難以抗拒。如果像生日相同這種瑣事，都能使人對可惡如拉斯普丁的人物，給予較不負面的評價，可想而知，我們對一個人的觀感，會因爲不重要的連結和關係而轉變。

這是日常生活中每天都在上演的戲碼。在其他條件相等下，負責徵才的單位會不由自主偏好與自己有相似特點的應徵者，顧客偏好那些強調有著共同經驗的業務員，更常見的是，我們會偏好年齡、學歷、背景、種族、宗教、智能和社經地位類似的人。[8]分析顯示，在社交網站上貼出陰謀論和假新聞的人是朋友時，我們比較會去按讚並分享，尤其當他們的世界觀和我們一致。[9]這項發現與本書作者之一和艾蘿伊斯·柯普蘭（Eloise Copland）、伊蓮娜·羅（Eleanor Loh）、塔莉·夏羅特（Tali Sharot）及卡斯·桑斯坦（Cass Sunstein）等人共同進行的研究一致：當政治理念與我們相同的傳訊者在回答一個隨機、非政治的問題時，我們較可能去徵詢並傾聽對方意見，哪怕另一位政治理念不同的傳訊者，比前一位更有相關學問。[10]我們的發現還進一步解釋爲何假新聞和陰謀論經常被人相信，儘管有大量證據顯示事實並非如此。人不光會相信錯誤的訊息，也會相信錯誤的傳訊者，當訊息來自一個與自己相似的人或認同的消息來源時，有些人似乎可以被說服相信幾乎任何事。

強調彼此的情感連結，有可能會出現令人驚奇的結果。舉例來說，英格蘭體育組織（Sport England）爲了鼓勵更多女性運動，而發起一項名爲「女孩妳可以」（This Girl Can）的活動。人們通常會期待這類活動找來鼓舞人心的菁英女運動員和明星來代言，但是該活動的影片和海報，卻找來一群高矮胖瘦不一、能力不同的女性。由於這個活動不是在實驗室的條件下進行，因此無法斷言如果請知名度高的運動員來代言，是否會影響後續的接受度，但數字多少證實了這點。根據英格蘭體育組織，約兩百八十萬名英國女性表示因爲這項活動，而從事過一些或者更多的運動。[11]

選擇有親切感而非高高在上的傳訊者，爲辛巴威的性衛生計畫帶來類似的亮眼結果。一般人期待運動明星成爲運動賽事的招牌人物，也自然以爲穿白袍的醫生和保健專業人士，最適合教導大家使用保險套的安全性行爲，但是這項計畫的策劃者卻訓練一群住在低收入區，以幫人編辮子維生的婦女，告訴大家使用保險套的好處、如何養成使用保險套的習慣，以及哪裡可以買到保險套。她們傳遞的訊息，和受過訓練的醫護人員傳遞的訊息完全相同，不同的在於傳訊者是個熟悉的人，在友善、安心和安全的環境裡提供忠告。[12]

這招相當聰明。從醫療專業人士那裡接收訊息，無論他們的能力和專業知識如何，都會是件尷尬的事。傾聽一位親切的傳訊者、一位熟識多年且可信賴的人，輕鬆避開暗藏的障礙，能讓女性自在談論隱私。當然，醫療專家對婦女來說是個有身分地位的人，但是當訊息來自一群和自己有著深厚感情的人，就能發揮更大的效用。

「綁辮子，不要愛滋」（Get Braids Not Aids）計畫也讓大家看到另一種情感連結。不光是生日、居住的區域和屬性，情感連結通常會隨著人與人愈來愈熟悉而發展，有時形成強力持久的牽絆，讓身心感到自在，這是包括菁英在內的其他傳訊者所辦不到的。

本書第一部敘述傳訊者透過社經地位、能力、強勢和吸引力以表現地位，改變聽者對訊息的反應，且往往與訊息內容無關。第二部說明另一種發揮影響力的方式，那就是強調彼此的情感連結而非自身的優越。社會上的硬性傳訊者，努力藉由勝過他人來發揮影響力，軟性傳訊者則是透過親和、自曝弱點、贏得信賴和個人魅力等四種特質融入群眾，進而發揮影響力。

|第 五 章|

親和

得人緣的領導者、謙卑的公僕，以及當合作勝過衝突

一九八五年十一月十九日星期二，德州休士頓州法庭陪審團的裁決，震驚了司法界和企業界，也使一家大型石油公司陷入破產邊緣。原告彭澤爾公司（Pennzoil Corporation）勝訴，十二位平民下令德士古石油（Texaco Oil）支付超過一百零五億美元的損害賠償金，是當時司法史上最大宗的民事賠償案件。[1]

此案緣起於彭澤爾董事長休．里特克（Hugh Liedtke）的雄心，他想把公司變成更大的石油公司。一開始，他似乎缺乏可以用來跟巨頭競爭所需的儲油，但是一九八四年初出現可能的解決方案，謠傳華爾街的投資銀行和彭澤爾的競爭者之一蓋蒂石油（Getty Oil）多次開會，此外，據報由於蓋蒂的高階主管對公司不動如山的低股價愈來愈灰心而造成公司內鬨。這讓里特克見有機可乘——蓋蒂石油有大量儲油，而彭澤爾想擴大規模。於是他主動與蓋蒂石油的董事長戈頓．蓋蒂（Gordon Getty）聯絡，商討併購的可能性。

接下來幾個月的多次會面大有斬獲，最後蓋蒂和里特克達成共識，由彭澤爾收購蓋蒂石油。然而隨著合併計畫的消息傳遍業界，敵對公司德士古石油於是設法提出自己的條件來反制彭澤爾，突然被業界兩大咖追求的蓋蒂或許是因此沖昏了頭，於是投向德士古石油的懷抱，決定接受對方的條件。里特克怒不可遏，指控德士古石油非法侵入正在進行中的交易，對德士古石油提起告訴。一九八五年初雙方對簿公堂。

庭審耗時五個半月，主要焦點放在里特克與蓋蒂最初協議的法律拘束力，數十名證人被傳喚來提供他們版本的說法，法律學者被要求針對握手的法律地位、非正式合約的簽名是否具法律拘束力、德士古石油對蓋蒂和彭澤爾的原始協議到底所知多少等發表觀點。律師仔細研讀一萬五千頁的審判前證詞，審判本身又產生兩萬四千頁的文字紀錄。此案證據之多，以及詮釋範圍之廣，讓許多司法界人士懷疑這麼一個複雜的案子到底將如何善了，因此當陪審員做出果斷的裁決，給予德士古石油重重的一擊，讓大家都驚呆了。

究竟是什麼原因，讓十二位沒有受過法律專業或石油產業訓練的平民，如此堅決判德士古石油敗訴，對這家公司施以如此嚴重的懲罰？交給他們的數萬頁資訊和證詞當中，哪些內容有決定性？是哪位專家的證詞，讓這群陪審員相信德士古石油明顯做錯？可想而知，當時每個人都在想這些問題。這是個極端錯綜複雜的案子，花了相當長的時間進行法庭攻防，大家自然要問，究竟是哪幾筆證據，左右了陪審員的意見。

但或許大家搞錯方向了。與其釐清有哪些關鍵事實和論證影響陪審員，不如思考如此龐大浩繁的細節能發揮多大影響。這個案子產生上千頁證詞，使用數百個術語，雙方的律師在五個半月間數十場小規模的計分賽，對十二位庶民來說，一切都顯得如此難以招架，以致大部分都變得無關緊要。他們原本應該權衡晦澀難懂的論證和深奧法條，但卻開始把焦點放在眼前的人們身上。當訊息變得混沌不明，站在庭上的傳訊者便成了重點。2

在這個案例中，他們聽信的不是身分地位高的傳訊者，否則就會做出對德士古石油有利的判決，畢竟這是一家比較有錢也較有知名度的公司。彭澤爾只是在地的業者，德士古石油的名字和商標卻是遍布全國各地，德士古石油的社經地位輕鬆完勝彭澤爾。

此外，德士古石油的經驗也比較豐富，在石油業界的時間遠比彭澤爾長；德士古石油找來多位專家，這些專家在審判過程中又找來更多專家。而且德士古石油居優勢地位，它說動蓋蒂石油甩掉彭澤爾投向它的懷抱，該公司的高階主管在發動猛烈攻勢時必定在想：「誰能贏得過我，我們才應該從這個誘人的提案獲益。」

但是，有時儘管硬性傳訊者的地位崇高，依然不敵軟性傳訊者。審判後不久，該案的陪審員詹姆斯．山農（James Shannon）被當地的媒體記者詢問，為何陪審團會做出這樣的判決，山農回憶他跟其他陪審員認為，德士古石油的主辯護律師態度相當惡劣。他還想起好幾次德士古石油的證人連正眼都懶得瞧陪審員，而且德士古石油某位副總裁喜歡老王賣瓜。相反地，他認為彭澤爾的律師團隊就討人喜歡得多。看來，這個與專業技術高度相關的複雜案件，重點不在誰對誰錯，而是誰看起來最有親和力且有人情味。

◎親和且討人喜歡

親和是傳訊者的重要特質，代表關心和親切。親和的傳訊者不會努力展現自己高人一等，而是慈愛。他們會盡量不讓人感到敵意，也會小心措辭以免傷人。他們極力避免衝突或激起對方的罪惡感，甚至會讓別人遂行他們的目的❶，他們展現尊重、友善與關心，讓聽者覺得自己是重要的。[3]

與親和的人相處令人愉快，也難怪他們會成爲非常有效的傳訊者。「做個親和討喜的人」是戴爾．卡內基（Dale Carnegie）一九三六年的經典著作《卡內基溝通與人際關係》（*How to Win Friends and Influence People*）的中心思想。卡內基建議大家：「不要批評、責備或抱怨，誠實誠懇地感激……發自內心關心他人。」[4]臨床心理學家約翰．蓋特曼（John Gottman）最知名的，是能夠精準預測哪對夫婦會離婚，他認爲有四個預測指標注定婚姻會失敗，包括批評、防衛心強、拒絕溝通以及輕視[5]，每種行爲都與親和力背道而馳。

偵測親和力，是在社會生存所必須具備的能力，即使六個月大的嬰孩都表現出比較偏好合群的傳訊者，勝過不合群或中性傳訊者。[6]等到小嬰兒會動四肢時，當他們看到一些木偶會「幫」別的木偶打開盒子、爬上山丘或撿起掉在地上的球時，會主動接近與它們玩耍。分辨好人與壞人的能力有很多好處，能減少衝突、增加合作，因此人類經過演化，變得比較喜歡和好交朋友的人互動。使陪審團做出有利彭澤爾判決的原因，有可能是與生俱來的。

平日待人和言善語，能夠使社交互動更順利，只要將人和電腦說話的方式，與和人類說話的方式做比較，就知道這個特質是多麼根深柢固。沒有人會用「請多保重！」來結束跟人工智慧助理 Siri、Alexa 或 Cortana 的互動，但我們在日常與人的對話中，幾乎都會使用客氣的字句來維持良好互動，此舉也暗示我們是個讓人喜歡的人，因此與人見面時通常開口會說「你好嗎？」，否則別人會以爲我們有更要緊的事要說，或者我們不禮貌。7

不光是開口第一句話表示親和，用婉轉的話語提出要求，也有同樣的效果。無論是向陌生人問路，打斷兩位同事的聊天來問一件立刻想知道的事，或者只是請家人做某件事，我們往往會把要求軟化成問句，以免顯得太過需索、跋扈或愛發號施令。即使提出的要求通常會被對方接受，例如請同餐桌的人遞鹽罐，我們還是會小心給予

❶ 罪惡感基本上是社交的情緒，使人停止傷害他人，鼓勵大家盡可能修復關係。

對方應有的尊重，承認對方不是應該爲自己服務。我們不會說：「遞鹽罐來。」而是說：「可以請你遞鹽罐嗎？」這種公認的會話禮貌，能給予對方自主權，即使他們不太可能拒絕。雖然這種細節的普遍性各有不同，像日本就非常敏感，以色列則否，但是澤套語（Tzeltal，墨西哥使用的馬雅語言）或泰米爾語（Tamil，南印度和斯里蘭卡的語言）中也都存在。凡是使用會話禮貌的文化，讓傳訊者得以在社交上來點微妙的搽脂抹粉，暗示他們關心對方，但仍希望將自己的意志施加於他們身上，做法是避免顯得傳訊者在壓制對方，或者單純只對自己眼前的工具價值感興趣。[8]

每天的人際互動中，都能接收或觀察到類似暗示，但我們對他人親和力的反應更加即時。在一份近期研究中，哥倫比亞大學的神經科學家和社會學家，在爲期九週的暑期密集課程開始時，請學生看其他課程參加者的照片，同時用功能性磁振造影（fMRI）來掃描他們的腦部。就在九週結束前，當這群學生各自結成小團體並且培養起緊密的友誼，這時再度掃描每位學生的腦部。研究人員發現，課程開始時，每位參與者檢視其他學生相片時測量到的神經活動，足以精準預測哪位學生將與誰相處融洽、與誰合不來[9]，彷彿他們在還沒機會了解其他同學之前，大腦就先決定最終會跟誰親近。這是個很有意思的發現，但眞正讓人印象深刻的是，進行這項實驗的人，只要觀察吉姆在看比爾相片時的腦部活動，竟然也能預測比爾會不會喜歡吉姆。沒錯，在你和對方初次見面時，只要測量對方的腦部反應，就有可能預測你是否會在九週之內喜歡對方，換言之，我們交朋友不光是根據對方的第一印象，也是根據他們有多喜歡我們。如果某位課程的參與者直覺喜歡某人，同時立即偵測到對方的親和力，兩個人就會在九個星期的課程中成爲好朋友。

展現親和力以及缺乏親和力，可能會有潛移默化的效果，而且絕非人類專屬。針對老鼠的研究發現，很少被母親梳毛和舔毛的幼鼠，成年期的抗壓能力遠低於那些受到母鼠善待的老鼠[10]，人類缺乏父母關愛也是，難怪人會不自覺親近釋出善意和愛意的人，因爲那是我們心理健康所急切需要的。[11]

重量級心理學家卡爾．羅傑斯（Carl Rogers）強烈認爲人類有以上基本需求，因此他採取以親和力爲核心的治療法，有別於其他較爲客觀和診斷學派的想法，羅傑斯認爲打開心胸理解並同理病人，會比深入病人潛意識分析壓力或焦慮更加有效。值得注意的是，他發現即使患有思覺失調症——通常被認爲有遺傳和生物成因的病症——

在接受以「患者爲中心」的親和治療後，也感受到較好的療效。12

羅傑斯相信，他人的無條件關懷和諒解，是培養健康的自我認同的基礎，關懷和理解病人，是以病人爲核心的治療師的工作。他主張多數兒童在成長過程中，接受父母和延伸家庭的關愛，因而在成年後培養韌性，對自己的一切感到自在。缺乏這些人類最基本必需品的人，在之後的人生中需要向其他來源尋求，而以病人爲核心的治療師充滿親和力的特質和同情的聆聽，恰好塡補這方面的缺憾。

事實上，許多專業人員認爲無論採取哪種治療法，與病人建立並維繫關係，是治療的第一步，也是關鍵的一步，而且證據顯示對病人和專業醫療人員都有好處，不光是提高治療成效，也能改善病人對協助者的觀感。在極端的病例中，這樣的情感連結甚至證明能降低訴訟的風險。在一項研究中，受試者被要求聽醫生對病人講話的十秒鐘錄音片段，請他們評估每位醫療人員親切或敵意的程度，判斷他們的聲音是否存在絲毫焦慮和擔憂。接著，將他們的評分對照這群醫師的專業紀錄時，發現強勢的聲音和醫療疏失的案例強烈相關。在專業能力相同的前提下，說話強勢的醫療人員被病人告的可能性，是語調較爲親切者的兩倍多。13

當然，我們可以辯稱有同情心的傳訊者，在醫療等需要關懷他人的專業上比態度較硬的傳訊者更容易被人接受。但證據顯示，即使在傳統上理性比較吃香的情況，富有同情心也較有效。警察和審訊的執法人員採取責問式的方法，長久以來被認爲是有必要的。一再責問罪行，聲稱有大量證據不利被指控者，能有效使犯人快速認罪，殊不知卻不是最好的做法。仔細檢視一百八十一件審訊紀錄，其中包括與蓋達組織相關的嫌疑犯、準軍事組織的激進份子和右翼恐怖份子，發現當被審問者感到被尊重、有面子時（而且審問者是正直的），比較不會採用反審問技術（counter-interrogation tactic, CIT），例如退縮，以及最常用的沉默。[14]即使在最艱難、情緒起伏很大的情況下，審問者柔和的語調、友善的姿勢和卸下心防的幽默，以及合作性的肢體語言，都能獲致令人滿意的結果。

親和力也可能提高財務報酬。不同於本書前言提到的德意志銀行次貸首席交易員李普曼的自我吹噓，大部分的業務員多半不自我推銷，也不向顧客吹噓他們賺了多少錢來證明他們比較厲害，他們的策略比較委婉，所以有較大的轉圜空間。他們表現親和力而非浮誇，因此，和顧客建立特殊的感情，有時只需要簡單的讚美。服務生在讚美客人的選擇後得到較多小費；髮型師讚美顧客說道：「您每種髮型都適合。」親和力也能轉變職場氣氛，一份研究發現大約五〇%的員工在工作上願意幫助有需要的同事，而如果對方提出要求時先讚美自己，會有七九%的人願意伸出援手。[15]

領導者經常被認爲是作風強硬的傳訊者，但也可能因爲採取軟性傳訊者的親和而獲益。政治科學家拉瑟．勞斯森（Lasse Laustsen）和亞歷山大．波爾（Alexander Bor）研究美國二十多年來的國家選舉資料，發現選民在判斷政治領導者時，親和力比能力更重要[16]，這個深刻的見解可以解釋希拉蕊在二〇一六年美國總統候選人辯論時面臨的一大難題。希拉蕊被公認爲近代史上最有能力和經驗的候選人，但她也承認自己很少被人認爲有親和力。二〇一八年四月《紐約時報》記者艾米．喬絲柯（Amy Chozick）出版一本書，寫到在準備辯論期間，希拉蕊甚至會對著侍從官以連珠炮的「幹」發洩對川普的不滿，好讓她在台上能有正常表現，避免使她原本在許多選民心中已經負面的觀感變得更糟[17]，結果這招當然沒用。由於親和經常被認爲是以女性爲主的美德，因此當兩位候選人都缺乏這個特質時，或許對希拉蕊比對川普更加不利，此處要強調的是這僅是作者們的猜測。儘管親和力與人緣在整個政治光譜中都受到重視，但自由派的人似乎特別重視，也因此對希拉蕊不利。[18]

業界領袖也同樣因為被認為有親和力而獲益，其中一個例子是克雷格．傑利尼克（Craig Jelinek），他從二〇一二年起擔任好市多執行長（一九八四年進公司），受到同事、顧客和投資者歡迎，甚至在二〇一七年被選為美國上市公司最受歡迎的執行長。傑利尼克有一回對西雅圖大學商學院學生演講時，提出幾個有助領導成功的因素，包括耐心、幫助他人成長和成功、關心員工，以及平易近人。[19]這些因素與人道和謙卑有關，也說明為何很多人相信，這些成功特質與傑利尼克的成就和好市多的成功密不可分，更何況好市多身在一個隨時都有可能被新的競爭者和創新破壞的市場。

傑利尼克的親和力，與成天忙著回電郵、開會時講電話的忙碌老闆形成強烈對比，後者斷然拒絕與員工互動，只為了處理「更重要的事」，殊不知這麼一來反而減損員工的生產力。近期研究發現，動不動就分神滑手機的管理者，員工不僅有不受重視之感，對自身能力也較缺乏信心，導致績效下降。[20]相反地，根據六十五間美國和比利時組織的資料，用心關注員工的執行長，會使工作團隊有受重視的感覺，提升高階管理團隊的效能，財務績效也更亮眼。[21]如果執行長認為自己欠缺典型成功領導者的個人魅力技巧，最好是發揮親和力，而不是提出一套充滿違和感的空泛願景。

替親和力加溫

既然如此，有親和力的領導者究竟如何跟追隨者博感情？同樣地，執行長和員工、業務員和顧客、審訊者和受審者、治療師和病人如何博感情？答案似乎很多，首先也是最重要的是正向樂觀的態度。一份澳洲的研究，讓參與者觀看管理者（其實是演員）在做員工績效評比的影片，有些管理者會激勵人心：「很高興聽到你達成績效目標」，有些則是「你還沒達到績效目標，很讓人失望」。當這些「管理者」用正向親切的態度傳送訊息時，觀察者會將他們評爲較有效能的領導者，無論管理者的意見本身是正向還是負向。[22]也就是正向傳訊者的吸引力能緩和不太好的消息，而負面傳訊者則是把好消息變得沒那麼好。不過，正向傳訊者顯然並非無往不利，像是面帶微笑傳遞壞消息就不妥當，但如果有種情緒的一致性能維護信賴關係（詳見第七章），那心懷善意的傳訊者較不容易遭到誤解。

在職場上，正向傳訊者也多半被管理者和同事喜歡；正向的應徵者比較有機會被列入決選名單，特別是如果在面談時面帶微笑。總是營造正向氛圍的員工，會覺得同事比較好合作，使他們更成功，事業一帆風順，最終是錢賺飽飽。[23]

另一種是透過社會報酬（social reward）釋放親和力，莎士比亞在《馴悍記》（*The Taming of the Shrew*）中提到，「瘋狂不羈的脾氣」會被仁慈融化，用現代的說法，社會報酬可能比威脅制裁更能有效反制不良的行爲。現代心理學家會稱之爲「用仁慈獎賞」，田野研究發現這能發揮強大的效用。

杜克大學教授丹．艾瑞利（Dan Ariely）在其著作《動機背後的隱藏邏輯》（*Payoff: The Hidden Logic That Shapes Our Motivations*）中寫到一項研究，他隨機指定以色列半導體工廠的員工接收一個文字訊息，內容是提供他們三種紅利中的一種，作爲裝配電腦晶片的報酬[24]。第一組可獲得一百元以色列新席克爾（new shekels，約二十二英鎊或三十美元），第二組是披薩，第三組是得到上司讚賞，第四組是控制組，沒有任何報酬。每種獎賞都有某種程度的激勵效果，第一天結束時，被承諾可獲得披薩和讚美的兩組，各自比控制組多完成裝配六．七%和六．六%的半導體，現金則只多出四．九%。但一段時間過後，以金錢爲誘因的那一組，生產力竟不如控制組（這個結果可能會令新古典經濟學家大吃一驚），相反地，給予披薩和讚美的兩組還維持其生產力。看來以金錢爲誘因一開始能提升生產力，但終究會降低內在動力❷，相反地，讚美和禮物沒有這種反效果，在獲得贈禮後，工作情緒下降的不是獲得社會報酬的那些半導體工廠工作者，而是獲得金錢報酬的人。

艾瑞利的結論與其他研究相當一致，組織心理學家亞當．格蘭特（Adam Grant）和法蘭西絲卡．吉諾（Francesca Gino）的研究證明，一句簡單的感激話語，能提高說者的人緣和聽者的績效[25]，當呼叫中心的募款員獲得資深經理的眞心感激，這群募款員次週的電話數即提高五○%。假設電話的品質和成功率維持不變，這樣的結果眞是一本萬利，不僅對慈善機構和募款單位而言，對所有提供社會報酬（而不光是金錢報酬）給員工的工作場所也是。類似地，我們發現作者之一近期與美國巴士轉運站的研究中，司機在開始當班時得到管理人親切的送行，例如「小心開車」或者「感謝您的辛勞」，上路後較少發生意外以及可避免的事故。適時鼓勵不僅能提升生產力，對某些工作來說，甚至能拯救生命。

除了正向樂觀和社會報酬以外，親和的第三個元素是同情心。簡單來說，傳訊者對聽者所受的苦（比較常見的是抱怨）表達憐憫，將使自己更被人喜愛，即使對方心情不佳並非傳訊者的錯，也適用這個基本原則。典型例子是前總統柯林頓於一九九五年八月二十五日，在懷俄明州黃石公園的老忠實客棧（Old Faithful Inn）前，爲紀念國家公園服務成立七十九週年的演講時多說的一句話。整個訊息簡單但重要，那就是他希望重申政府保護美國自然遺產和環境的決心，但是帶來最大衝擊的是一開始的話。柯林頓打破了演說金律，以道歉開場。「嗨，大家好，我要爲下雨道歉。」之後的客套話很快就被人遺忘，但這句開場白卻留在大家心中。[26]

有一組研究人員對總統這句有別於傳統的開場白很感興趣，於是準備了一系列實驗，看看當傳訊者爲自己無須負責的情況道歉時，會發生什麼事。在一項實驗中，

❷ 由於員工會自己找藉口：「我只是為了額外的報酬才這麼努力，我並不在乎工作本身。」

他們請一位演員扮演沒帶電話的旅行者，在下雨天的電車車站，向來往的路人借電話來用。十次當中有九次立即遭到拒絕，但是如果這個人先爲惡劣的天氣道歉再提出要求：「下雨天眞是抱歉！我可不可以借用您的電話？」近半數的人會同意。[27]社會科學顯示柯林頓本能上似乎知道，傳訊者爲一件不愉快但並非他們所能控制的事情道歉，會被認爲有同情心，因而覺得這個人似乎比較有人情味，可以讓人們願意接受他們想說的。

不必要的道歉都那麼有效了，難怪必要的道歉能扭轉惡劣情勢，畢竟道歉是相當有用的社交工具，對修復或重建關係而言也不可或缺，澳洲總理陸克文（Kevin Rudd）就做了最佳示範。

二〇〇八年，他在四分鐘的演說中，爲澳洲原住民在他擔任公職前受到的待遇道歉，他說他認知到自己需要「爲前幾任國會和政府的法律和政策道歉，因爲這些法律和政策，爲澳洲同胞帶來深深的不幸、痛苦和損失」。陸克文的前任總理拒絕道歉，辯稱承認政府犯錯等於大開訴訟之門，而且不管怎麼說，他不認爲要爲過去政府的行爲負責。或許他當初應該道歉的。四月，就在陸克文道歉後兩個月，他的施政滿意度爲歷任澳洲總理最高，至今尚未有人出其右。[28]許多人將他視爲澳洲史上最受歡迎也最得民心的總理。

親和還包含一個元素，那就是謙卑。但這是雙面刃，「欣賞他人」的謙虛、感激並表揚他人通常是件好事。當歐巴馬在二〇〇九年獲得諾貝爾和平獎時，公開表示他的成就相較前幾任得獎人來說微不足道。「相較歷史上幾位曾經得過這個獎項的偉人，包括史懷哲、金恩、馬歇爾和曼德拉，我的成就微不足道。」如此虛懷若谷並讚賞他人，被認爲與較高的利社會傾向、心胸開放、接受批評且願意從批評中學習等有關，於是歐巴馬成爲人民心目中親和討喜的人，也使他成爲更有效的傳訊者。[29]另一方面，自貶身價的謙虛反而讓自己在他人心目中的地位下降。

欣賞他人的謙虛是正向行爲，通常來自一個有影響力的人；自貶身價的謙虛則是被低度自尊驅使，他們缺乏強烈的歸屬感，感覺不被尊重，生性懦弱而且服從，他們傳遞的訊息因此變得無足輕重。[30]

親和力的壞處

用親和力打動人也有細微的差異，親和可能發揮極大的力量且具高度說服力，但如果使用不當，可能導致傳訊者被輕視且遭到利用。[31]當傳訊者表現太願意配合對方，太容易認錯，並且太在意別人的反應時，可能被視爲軟柿子，容易被見縫插針的對手利用。此外，硬裝出來的親和力，也容易遭到他人的負面評價。旁觀者清，人人心中自有一把尺。

還有個危險是，如果不適當表現寬容或同理，反而會讓他人難堪。如果泰德跟你說，他打算捐出一大筆錢但沒解釋原因，你或許會認爲他很慷慨，但你也可能會擔心這位朋友的犧牲奉獻超過他的能力。作者之一在倫敦大學學院（University College London）與夏羅特的研究發現，兩種反應都有可能。在我們的實驗中，和他人分享一筆錢時，願意把較多錢給出去的人，往往引起旁觀者的負面情緒。過度利他主義者比起自私自利的人有人情味，但他們的行爲也會使人不自在[32]，極端情況下甚至引起敵意。素食者向肉食者提出飲食選擇的正當理由時，往往發現他們關心動物福祉和愛護地球的主張到頭來反而自討沒趣：他們的訊息被誤解成用高道德標準來蔑視他人。大部分的人都想被當成好人，對此質疑時會傷了對方的自尊。[33]

不過，親和的最大危險在於地位的認知。第一章曾經提到，地位較高和地位較低的人在等候室相遇時，地位較高的人往往比較冷漠，不想跟人打交道，態度較不親切，而地位較低者往往比較友善、具親和力。因此親和就暗示了地位較低，這對軟性傳訊者來說是個難題，尤其在社交互動的初期階段。在等候室的實驗中，地位高的人寧可看手機也不想跟在場其他人互動，他的友善之舉，例如微笑和偶爾朝對方的方向望去，不足以引起她的好感。最後他決定以其人之道還治其人之身，也拿出自己的手機來看，在她用不禮貌的方式表現對自己沒興趣之後，他不打算等她主動搭訕，但如果當初他繼續試圖去討好她，他的地位在她眼裡可能會掉得更低。[34]

這個二分法有其生理層面。前面提到，強勢的外表往往跟方形下巴、濃密眉毛、較大的鼻子和較高的臉部寬長比的長相有關，長相精明幹練的人則有著成熟的臉蛋。反之，親和的人偏向娃娃臉，換言之臉型較圓、眼睛較大、鼻子較小、前額高且下巴短[35]，男女皆是如此，只是女性更具備以上特質。從好的一面來說，乍看之下娃娃臉的人被認爲比較沒有敵意且誠實，缺點是被認爲較不能幹，且較需要被保護。娃娃臉的人在談判時可能被認爲不如長相老成嚴肅的人，娃娃臉的政治人物在尋求人民支持與信任時也比較吃力，《科學》（*Science*）雜誌的一份研究報導表示，只要瞄一眼候選人的臉，就能以七成準確率預測美國參議院選舉的贏家。[36]長相生澀的競爭者總是選得最差，的確，將前美國總統雷根、柯林頓和甘迺迪的相片變造成娃娃臉之後，他們的強勢、實力和權謀在人民心目中的程度也大幅下降。[37]

娃娃臉不見得全是壞處，因爲看起來較有親和力且較不精明幹練，在不確定的時候往往給人比較好的觀感，娃娃臉的人甚至會得到較多的善意。當娃娃臉的人從小寶寶逐漸成爲兒童時，會受到父母和手足較好的待遇，較少被叫去做家事，也少被父母懲罰。[38]長大後年輕的長相在法庭上的好處甚至令人驚訝，娃娃臉的原告，在小額錢債法庭（small-claims court）中平均獲得較高額賠償，長相成熟的被告會被命令多付一些損害賠償。[39]一般人似乎難以相信長得一副娃娃臉的被告會包藏禍心，他們因而較少被判有罪，刑期往往也比應該被判的輕。雖然英國心理學家大衛．裴瑞特

（David Perrett）指出，非故意過失的罪，例如忘記將商品召回通知顧客，導致危險的副作用或損害，對娃娃臉的違法者的刑罰可能比較嚴厲，但如果是「意圖不軌」的犯罪，如主動僞造紀錄或發動預謀攻擊，就較可能被無罪釋放或面臨較輕的刑責。看來法官似乎傾向認爲，娃娃臉的重罪犯可能是意外或無心之過，而非蓄意犯錯。[40]

拿親和力當藉口

整體看來，雖然有時慷慨大度或配合對方可能有失地位，但親和力通常能提高傳訊者的信譽，拉近距離並提高自身的影響力。人多半希望被認爲是溫暖、關懷社會的一份子，當他們因爲犧牲自己、努力奉獻幫助他人而獲得好名聲與人緣，未來較可能重複類似的行爲。[41]舉例來說，免費製造和編輯網頁內容的維基百科志工，如果貢獻獲得大衆認同，就會更加不吝付出自己的時間。在一項研究中，兩位社會學家隨機將維基星章（barnstar）送給一些維基的高度貢獻者，想看看這些無足輕重的非金錢獎勵，是否會激勵他們付出更多；在接下來的九十天，那些隨機獲得維基星章的人，相較沒有獲獎的人，生產力提高了六〇%。42

受人矚目的付出，有時被稱爲競爭性的利他主義，這種現象並不罕見。比爾和梅琳達・蓋茲、巴菲特、喬治・索羅斯（George Soros）乃至馬克・祖克柏（Mark Zuckerberg）夫妻等富甲天下的人，紛紛設置基金會奉獻大量財富。大企業推動社會責任計畫和倡議，很多人慷慨捐贈給慈善機構。自利（慈善捐贈的減稅）顯然在此扮演某種角色，但也不能忽視透過金錢物質表達同情，能提高捐贈者或志願者的信譽。

來看看以下兩種公共服務。

豐田汽車的Prius自上市以來就遭到不少負評，評論員說這輛車的馬力比不過同等級的汽油車，靈敏度較差，口碑也不佳，還批評這款車的相對高單價。此外，他們也宣稱雖然這款車比起一般車輛油耗較低且汙染較少，但如果改開Prius，對氣候變遷和環境的好處可能有限。但是二〇〇七年，卻有三十萬人多花了一筆不小的金額，來購買全世界第一台主流的省油油電混合車，而且如今銷售量已經破了一千萬台。爲什麼呢？

二〇一六年十一月八日星期二，超過一億三千六百萬的美國人投票選總統，也是當代美國政治史上最多人參與投票的一次。❸儘管大家都知道一張票對結果不會有顯著影響，也知道自己可以選擇去做一件更有成就感或有趣的事，但是他們願意集體共花數百萬小時，跋涉數百萬英里來到投票所。爲什麼？

實驗經濟學家喜歡用公共財賽局（public-goods game）模擬真實世界的情況，來了解慈善、消費者購買和投票的活動。參與這些賽局的人會拿到一筆錢，並且被告知可以隨意投資。他們可以把錢留在身邊，也可以捐給某個理念來造福衆人，雖然就Prius 和投票的例子，證明需要集體行動才能發揮影響。

單純自利不會促使人去購買豐田 Prius，也不會催大家出來投票。他們也不會那麼勤於資源回收，畢竟清洗果醬和優格的瓶罐是件麻煩的事。他們也不會因爲關心環

❸ 但是五六%的選民投票，並不是有史以來最高的人數百分比。最高百分比出現在一九六〇年甘迺迪和尼克森的選舉，有六三・五%的選民投票，民主黨的甘迺迪贏得普選和選舉人團。（編注：二〇二〇年川普和拜登的選舉，投票人數及投票率皆已創下美國史上最高紀錄。）

境和動物福祉，而成爲素食者（vegetarian）或全素食者（vegan）。但是，人類不是這麼運作的。當然，首先我們都希望自己是個有親和力、關懷他人、有美德的人，好的德行不光能得到他人認同，當行爲會爲自己的信譽加分，就有更多理由做個處處爲他人著想的人，親朋好友和同事會更尊敬我們，稱讚我們的無私，也會更願意與我們來往並繼續保持聯繫。公布公共財賽局的投資結果給其他參賽者時，每個人都知道別人捐多少錢，這時參賽者會基於名聲而捐更多錢來造福大家。[43] 憤世嫉俗者或許會反駁說，人只是用錢來購買他人的認同，但他們的行爲帶來的現實效果，依然對整個團體有益。

以上不僅僅只是有趣的理論發現，華盛頓特區聯邦貿易委員會（Federal Trade Commission）代表伊瑞茲·尤耶利（Erez Yoeli），連同來自加州大學聖地牙哥分校、耶魯大學和哈佛大學的同事，透過信譽發揮的影響力，改善眞實世界中公共財配置的結果。尤耶利與加州某大電力公司合作，觀察傳訊者的信譽效應，是否使更多家戶志願加入「需求反應」能源計畫，該倡議的目的，是在用電尖峰時段限制使用能源，來降低斷電和環境災害的風險。公共的利益在此相當明顯，但是個人必須付出成本，限制用電代表天氣熱的時候空調的使用會嚴重受限。

爲了研究，實驗者對幾位房屋自有者協會的住民提出兩個迥異的提議，其中一組收到幾封信，裡面有一種特殊的暗號，他們可以把這個暗號寫在社區告示板上，表示願意加入計畫。另一組收到的信只是告訴他們，如果想參加就把姓名和戶號寫在社區告示板。因此一項計畫是匿名，另一項是公開姓名。結果兩組的參與率出現驚人的差異，寫下姓名和戶號的住民同意參加的人數，是只有寫下暗號的人的三倍，這個參與率也超過之前以二十五美元爲誘因的七倍。研究人員估計，博得好信譽對個人的利益——至少對能源消費行爲來說——換算成金錢是一百七十四美元。[44]

豐田 Prius 的暢銷也是類似情形。關心環境的人或許會想減少開車時的氣體排放，但由於 Prius 比較貴，花錢讓自己「看起來環保」就有額外的好處。一項刊登在《紐約時報》的研究發現，絕大多數購買 Prius 的車主是這種心態，因爲這款車「說明他們是什麼樣的人」。[45] 一個人的 Prius 或許對全球暖化沒有多大影響，但對外界的觀感就有相當大的效果。經濟學家長久以來主張，如果環保產品的需求提高，廠商就必須使這些產品不那麼貴，消費者在購買環境友善的產品時，就不需要自我犧牲。

但根據卡爾森管理學院（Carlson School of Management）的知名學者瓦拉德·葛里斯維謝斯（Vlad Griskevicius）的研究，情況可能剛好相反，重點在自我犧牲的行爲能讓多少人知道。

葛里斯維謝斯的一項研究，請參與者選擇要一只環境友善的背包，還是比較有型且更多功能的背包。環保背包使用百分百的有機纖維，它的設計將製程製造的廢棄物降到最低，並且附上回收說明。非環保背包有一層防水塗布和八個儲物隔層。爲了引起各種不同的反應，研究人員請參與者想像他們在網路上購買，或者在零售店公開購買。他們也請參與者在選擇之前先讀一篇小故事，其中一個版本有個關於名聲的訊息，另一個版本沒有。結果顯示那些隨時想到自己名聲的人，在網上購買時會偏好奢華的非環保產品，但是在大庭廣眾下購買時，則偏好環境友善的環保產品。保護地球和購買環保商品的動機，有部分似乎取決於一個人購買時會得到多少社會的讚許。[46]

人不僅會聽從擁有地位的傳訊者，也會尊敬那些透過正向態度、同情心和謙卑來展現親和力的人。看來這些人格特質，是使陪審團在一百零五億的訴訟案中轉向原告的原因。

傑利尼克被認爲是個溫暖的人，因此被票選爲美國最讓人喜愛的執行長。有親和力的傳訊者能發揮影響力，因爲大家會覺得有他們相伴本身就是件好事。在這樣的背景下，很清楚爲何這種軟性傳訊者效應能對群眾產生巨大影響，也很清楚爲何人會努力助人，讓自己成爲他人心目中溫暖的人，這是在決定是否該認識某人並與之合作、從而接受他們意見時的重要考量。

不過，親和力不是唯一增進關係的方法。冒險讓他人進入我們的世界，也可以使我們與接收訊息的人連結起來。但是這麼做必須暗示我們的脆弱面。

|第 六 章|

自曝弱點

自揭瘡疤，讓人知道自己是受害者，敞開心胸同時開啟對方封閉的心靈

來自南印度杜蒂戈林（Tuticorin）的科技創業家阿查娜・帕奇拉揚（Archana Patchirajan）成立過多家新創企業，她與合夥人庫西爾・裘柯西（Kushal Choksi）成立的呼博（Hubbl），透過手機應用程式提供企業對企業網路廣告，經營得相當成功。二〇一三年末她以一千四百多萬美元將這家公司售出。但原先結果可能大不相同。就在帕奇拉揚把公司賣掉前幾年，她被迫做出會讓任何一位快速成長的創業家害怕的事，她把二十五位受過良好訓練的工程師叫到跟前，宣布種子資金已經用盡，只能請他們捲鋪蓋。

這群工程師的反應令人驚訝。他們拒絕離開公司，主動提議大幅減薪，有些人甚至願意無償加班。[1]

你願意爲你的老闆這麼做嗎？

金錢、職涯和技能開發，對多數受雇者來說當然重要，但還有一件同樣重要的事，那就是他們對工作和公司的感情。感情創造忠誠，是大家除了金錢報酬外，每天上班的理由，能鼓勵大家拿出最好的表現。一份針對五千位丹麥醫療從業人員的研究發現，對工作的地方有感情的人，除了對待雇主和同事比較投入以外，也有較高的幸福感。[2]正是因爲那份感情，促使帕奇拉揚的同事承諾即使在艱困時期依然不離不棄。

雇主如何使員工產生如此深厚的感情？休士頓大學社會工作教授布芮尼・布朗（Brené Brown），著有多本關於眞實性與社交關聯的佳作，她認爲社交關聯的核心是某種脆弱性，社交關聯需要脫去自我保護的面具，敞開心胸做個眞誠的人。換言之，卸下心防，接受自己的弱點。她寫道：「我們希望別人眞誠無保留對待自己，但卻不敢用同樣方式對待他人。」[3]

這番話實在令人心有戚戚焉。布朗在TED的演講〈脆弱的力量〉（The Power of Vulnerability）大受歡迎，也說明爲何帕奇拉揚的公司熬得過財務風暴。她的員工不費吹灰之力就可以另謀他就，二〇一三年南印度的電腦工程師相當搶手，金錢考量原本會使這群人離開公司，但卻因爲一份感情使他們留了下來。帕奇拉揚的電腦工程師認爲她是眞誠且不吝表達感情的人，他們相信誠實的她既會報喜也會報憂，而且願意說出她的夢想和擔憂、強項與弱點。帕奇拉揚並不是典型的強硬領導者——也就是西裝革履的高個子中年男人，而是心胸開闊、實話實說、願意曝露內心的不安或脆弱，而這是大家喜歡的。因爲正如布朗一針見血所說的，自曝弱點才有人味。

自曝弱點，包括承認自己也會判斷錯誤、坦承對某人動心，或者暗示自己需要幫助，這些多少都需要勇氣。緊閉心門（和嘴脣）比較容易保護自己，而表露眞正的感覺、需求和欲望，採取自曝弱點的立場，則困難許多。

其中一個理由在於，如果對他人開誠布公，有可能遭到拒絕。在曝露自己不風光的事情後收到負面回應會傷心，還不如一開始就把自己包緊緊。然而事實上，這種悲觀的預測往往缺乏根據，凡妮莎·邦斯（Vanessa Bohns）和法蘭克·弗林（Frank Flynn）的研究顯示，人在求助的時候經常會低估即將獲得的幫助，因爲他們忘記「拒絕」帶來的社會成本，儘管這個成本會因爲要求的性質以及雙方交情而異，例如拒絕借朋友一千英鎊，會比拒絕借十英鎊來得容易，或者拒絕陌生人會比拒絕上司容易。但是成本還是會發生，而且使拒絕的人給別人不好的觀感，可能讓人覺得是個冷漠、疏離、無理甚至是冷酷的人，他們或許自己會察覺到而有愧疚感。相反地，接受對方要求，會讓人感到比較正向且內心充實，當一個人答應提供幫助而使對方快樂，自己也會感到正向積極，他們沉浸在彼此的喜悅中，對於做出善行義舉的自己感到特別美好。同意與對方合作也能增進兩人的情誼，因此人通常會比我們預測的更有可能同意對方要求。邦斯和弗林表示，人通常會低估五〇%正向回應的可能性而錯失良機，錯過友誼、顧客和可能的交往對象，浪費了好的緣分。[4]

對自曝弱點感到不安的另一個理由，在於人往往會鑽牛角尖，擔心如果承認錯誤可能會丟掉工作，或者試圖尋求幫助時會遭到拒絕或羞辱，而失去地位和自尊。這種悲觀主義的糟糕結果是，當我們感到苦惱、最需要幫助的時候，卻最不可能去求助。例如，即使美國有近九成被霸凌的學童，對於用來幫助他們的同儕支持計畫給予正面評價，但實際上只有八%的受害者眞正使用[5]，結果那些沒有勇氣求助的受害者遭受無謂痛苦，更糟的是使得負責設置這類計畫的執法者和政策制定者，誤以爲低度使用率代表對這類需求不大而刪減經費。承認脆弱所帶來的難堪和對地位的傷害需要很大勇氣，矛盾的是，帕奇拉揚表現脆弱的一面，卻被解釋爲開放和自信的象徵。[6]

或許這也是爲什麼愈來愈多管理學院和商學院提倡領導者應該學會自在表達弱點和短處。當傳訊者向他人展露不安全感或弱點時，反而能增進社交互動的和諧，建立更緊密的感情。如果你把自己的想法、經驗、感受和特點告訴對方，對方會從中發現你們的共通點（「你這點就跟我一樣」），或者對你這個人的「眉角」有更深的認識，總之他們會更了解你，並增進彼此的關係。

英國前首相梅伊的例子說明，高知名度領導者甘冒風險，在短時間內成功把弱點轉爲強項。梅伊被廣大民衆視爲冷漠、缺乏感情的人，尤其不擅長和選民博感情。二〇一八年夏天，梅伊爲了拓展貿易前往非洲訪問的第一天，被說服去跟一群學童跳舞，結果衆人嘲笑不善舞蹈的梅伊，跳起舞來活像「木頭」、「令人難堪」。推特用戶嘲笑「機器人梅伊在跳舞」，還說「有人忘記給她上油了」。因此幾個月後的保守黨大會，她在舞台上跟著阿巴合唱團的歌曲〈舞蹈皇后〉（Dancing Queen）起舞時，著實令人大吃一驚。這個大膽的舉動原本可能招來更大的羞辱和無情的嘲笑，當然也會在網路上掀起另一波「機器人梅伊」的哏圖浪潮，但整體來說，她那自我解嘲式的木頭人舞卻獲得好評，就連阿巴合唱團的掛名負責人，也是〈舞蹈皇后〉的共同作曲人比約恩·奧瓦爾斯（Björn Ulvaeus）都鼓勵她。「我認爲她這麼做非常勇敢，這麼一位沒有節奏感的女士……其實我有點感動。」[7] 梅伊欣然接受自己的缺點，跟大家一起開自己玩笑，而不是任由自己成爲被嘲弄的對象。她建立起某種程度的情感，至少暫時化解民衆過去針對她的嚴厲態度，就在大家嘲笑她走上講台的樣子不久之後，她的黨大會演說被讚譽爲她最精采的演說。連批評梅伊不遺餘力的人，似乎都被她感動。《旁觀者》（*The Spectator*）週刊的政治線副總編凱蒂．伯斯（Katy Balls）宣稱：「首相自就任以來，表現數一數二的演講。」《衛報》（*Guardian*）編輯認爲「這是梅伊擔任首相期間，最勵志、大概也是最成功的一次演講」。[8]「機器人梅伊」（暫時）將她提升爲一位傳訊者，不是透過改變說話的內容，而是藉由曝露自己的缺點。

自曝弱點的好處，不限於帕奇拉揚和梅伊這種有身分地位的企業和政治傳訊者。辯護律師在法庭上經常把委託人塑造成弱者，例如被制度放棄、身世坎坷、缺乏能力應付眼前的困境等，試圖取得法官和陪審員的支持以獲得些許寬貸。厲害的律師知道，扮演受害者通常有好處[9]，選秀節目的參賽者也經常發現，有個「弱勢」或不幸的身世，就能跟競爭者有所區隔而占便宜，之前英國知名的娛樂節目《英國達人秀》（*Britain's Got Talent*）中有幾位贏家就是。二〇一七年那一季的節目中，最終的冠軍鋼琴家托奇奧．梅爾斯（Tokio Myers）在十歲時目睹老師被刺殺，這個痛苦的經驗得到廣泛報導。二〇一八年暱稱爲「失去聲音的男人」的喜劇演員李．里德雷（Lee Ridley），年紀輕輕就身患殘疾而無法說話，最後他透過聲音合成器說出充滿機智的一行笑話而獲勝。此處的重點不是他們不配成爲贏家，而是願意曝露自己的弱點，不但不會因此喪失機會，反而使機會大增。電視的實境競賽需要一個讓人感動的小故事，這件事也引起一些人的批評。著名的心理學家葛林．威爾森（Glenn Wilson）甚至表示：「競賽者的缺陷和短絀，跟他們的才藝同樣重要。」10

自曝弱點當然不是都需要這麼戲劇性的自我揭露，光是表示願意公開談論自己，就已經相當有用。從「互相認識」開始的談判，讓雙方有機會展現自己而拉近距離，最後較有機會達成共識。從交換個人資訊開始的議價過程，較少以僵局收場，也較可能有好的結果——對雙方而言都是。自我揭露也可能使談判較容易切中要點，或增進伴侶之間的感情。甚至有證據顯示警察以較私人的方式詢問目擊者時，取得的資訊質量都能因此提升。看來套過交情的目擊者，會成爲稱職的目擊者。11

當然，揭露太多也不是好事。傳訊者與他人分享的事應該視情況而異，也要適合關係的遠近深淺，否則可能使人愈來愈不自在且尷尬。不適合的揭露可能變成一廂情願，會引來負面觀感，反而讓對方想：「天哪！也說太多了吧！」但是如前面提到的，走到另一個極端，也就是完全掩蓋自己的弱點，將失去所有可能的好處。帕奇拉揚願意展現脆弱的一面，使她在最無助的黑暗時刻，贏得團隊的忠誠和支持；梅伊則是因爲來自民衆的壓力降低，而度過幾個愉快的星期；其他人可能因爲增進了解和洞察而作成更好的決策。自曝弱點可能贏得同事的理解或原諒，使工作得以順利進行下去，甚至從此成爲終生的夥伴。

援手

向需要幫助的人伸出援手，是一股強大的動力。這種自發的情緒反應，和書中描述的其他各種傳訊者效應一樣，在年紀很小的時候就形成❶[12]，而且不光人類會這

❶ 想看孩童助人行為的（可愛版）影片，請上 YouTube 網站，輸入「Toddler altruism」（幼兒利他主義）。

樣，就連動物也是。老鼠會幫助籠內的老鼠脫困，而且經常是先幫助完後，才去吃研究人員刻意擺的巧克力脆片（老鼠愛吃的食物）。由於援助的老鼠選擇先幫助別的老鼠後才去吃美味的點心，而且在受困的同伴被放出來後，也讓牠們享用餅乾，可見助人的動機顯然是利他的。13

即使沒有被明白要求幫忙，還是會伸出援手。在一項倫敦大學學院的莫莉．克羅克特（Molly Crockett）等人的實驗中，幾組參加者被接上電擊機器，然後被要求做出一系列選擇，參加者可以選擇多次遭受電擊以多賺點錢，或者少接受幾次電擊但是少賺點錢，不過這項實驗有個詭計。雖然參加者總是拿得到錢，但電擊有時是針對他們，有時是針對（匿名的）夥伴，換言之，讓夥伴挨電擊可以換來自己的好處，結果很少人這麼做。如果拿了錢會讓別人痛苦，大部分的參加者寧可少拿一點錢。14同情和罪惡感是強大的動力，因此人經常會設法避免傷害陌生人，而這也是爲何看似脆弱且身分地位不高的傳訊者，依然有辦法讓大家聽他的話。

事實上，喚起大家關注弱者的需求會極具說服力，一份名爲「不光是爲我」的研究中發現，讓醫療團隊明白他們的行動對病弱者可能的影響，相較於使他們關注自身利益，更能說服他們遵守感染控制的措施。醫院的給皀器上方有個牌子寫著：「手部衛生預防感染疾病」，這幾乎無法說服醫療人員在檢查病人之前清潔雙手，但是把關注導向病人：「手部衛生能防止病人感染疾病」，結果診間的肥皀和乾洗手的使用量增加四五％。[15]

當然，我們可以辯稱，醫療工作者本來就比大多數人更應該幫助他人，不過即使不是醫療工作者，人還是願意助人。哈佛經濟學家菲利斯．歐伯荷茲季（Felix Oberholzer-Gee）的實驗充分證明這點，他們在一處繁忙的火車站請求協助，大排長龍的隊伍、疲憊的乘客和不耐煩的工作人員，火車站不是個寧靜祥和避風港的第一首選，事實上剛好相反。俗話說「人不爲己，天誅地滅」，很難想像火車站是個能夠激發人類善念的地方，儘管如此，歐伯荷茲季設法說服在長長隊伍中排隊的人讓出位置給另一位乘客，最簡單的方法——一定會讓他的內在經濟學家感到開心——應該在意料之中，那就是給錢。

但事情並非表面上那樣。歐伯荷茲季安排了幾位密探，扮演可能搭不上車而到處拜託人的旅客，願意用錢跟排在他前面買票的乘客換取插隊，許多人樂意接受，而且出的錢愈多，就有愈多陌生人被說服放棄自己在隊伍裡的位置。

目前為止情況很清楚，出價愈高，人們就愈願意把位置讓出來。但是歐伯荷茲季發現，讓出位置的乘客很少眞的收下錢。看來金錢不是重點，而是金錢代表這個人的絕望程度，出的錢愈多，代表愈絕望，被要求讓出位置的人多半不是想著「如果你願意付十美元插隊，那你一定很有錢」，而是「如果你願意付十美元插隊，那你一定很需要插隊」。金錢在此代表他的需求，於是大家就提供（免費）協助，來滿足那個需求。16

助人的義務

此處看似有個矛盾。前面描述的實驗表示，人傾向幫助有需要的人，但日常生活的經驗告訴我們並非都是如此，前面提到（詳78頁）米爾格蘭的電擊研究指出，許多人願意讓弱者受苦。究竟是什麼因素促使人在某些情況下慈悲，某些情況下冷漠甚至更糟？

從米爾格蘭的實驗看來，我們往往單從地位來回答這個問題，換言之，人會同情一個弱勢的傳訊者，這個人可能是低地位（至少是暫時），除非一位高地位的傳訊者（而且是個權威人士）叫我們不這麼做。但情況不光是這樣。各種因素都會影響我們對他人脆弱的反應程度。

其中一個重要因素是身處的背景環境，特別是收到訊息的人和傳送訊息的人之間的距離。米爾格蘭在一項實驗中發現，如果參與者之前沒有見過受害者本人或聽過受害者的聲音，每個人都願意執行可能致命的四五〇伏特電擊，但是當他改變實驗設計，請參與者親自把受害者的手放在電極板上，只有三〇%的人會通電。當可能伸出援手的人距離脆弱的人愈遠，就愈容易忽視他們，或者以米爾格蘭的實驗為例，對他們施以電擊。[17]

聰明的讀者或許會問，如果是眞的，那爲什麼克羅克特研究的參與者無視金錢的誘因，不願對匿名的夥伴施以電擊？理由有二：第一，人通常會把單純的損人利己解釋成不道德的行爲，就以上實驗而言是個人的財務利益。[18]第二，雖然在米爾格蘭的實驗中，參與者可以推卸責任，表示只是執行指令，但在克羅克特的研究發現，參與者認爲必須對自己的決定負責。換言之，造成他人痛苦的責任全然在自己肩頭上。

救世軍（Salvation Army）的紅水壺運動（Red Kettle Campaign），是美國極知名也是最大規模的街頭募款活動，此活動說明用簡單的話語激發個人責任感，能影響我們對柔弱傳訊者的反應。在聖誕節前幾個禮拜，神情快活的志工身穿鮮豔的大紅圍裙和聖誕老人帽，搖著鈴鐺請路人捐款，把錢拿去購買食物、玩具和衣服給眾多貧困的人。三不五時會有路人捐獻，但有趣的在於募得的金額，會因爲志工單純只是搖鈴鐺，還是用某種方式接近上街購物的人而有所不同。在購物者進出店家之際搖鈴鐺，平均每三分鐘會招來一筆捐款，但如果多說一句「聖誕快樂，請捐款」，就會使捐款人數增加五五%，總捐款金額增加六九%。[19] 一句簡單的提示，讓路人處在進退兩難的局面，證明無比有用。❷

英格蘭西北部利物浦的西恩．歐布萊恩（Sean O'Brien）的例子，清楚證明在面對一個明顯的受害者時，同情是多麼強大的動機。二○一五年某天深夜歐布萊恩在一間酒吧跳完老爹舞（dad-dance）後聲名大噪。一群人站在離他一小段距離外，一眼瞧見有個大胖子正在自得其樂，於是拿出手機拍了幾張照片，放在社群網站 4chan 上，附帶一句：「幾個禮拜前我看到這個怪咖使了勁在跳舞，他看我們在笑就停了。」最後一張相片顯示歐布萊恩得知被一群陌生人嘲笑，可憐兮兮盯著地上看。

這篇貼文爆紅，引來一堆人在網路上大肆嘲笑歐布萊恩，但是住在洛杉磯的政治活動家，也是 The Gateway Pundit 網站的記者卡珊卓・菲爾班克絲（Cassandra Fairbanks），對蜂擁而至的霸凌感到驚恐萬分，於是她在推特上（她宣稱推特曾經幫她尋回走失的狗）貼了一張歐布萊恩的相片，問：「有誰認識這個人，或者知道是誰貼文的嗎？有一大群洛杉磯女生想做件特別的事……我們想請他飛來洛杉磯，以VIP身分跟洛城最酷、最棒的女生共舞，請幫忙。」接著她在推特文標注 #FindDancingMan（#尋找舞男）。社群媒體的反應相當驚人。兩天後，因肥胖感到羞愧的「舞男」歐布萊恩搭上線了。

❷ 募款人主動要求大家捐款的缺點，就是許多人會繞路避開他們。

接著事情像滾雪球般。衆多好心人同情歐布萊恩的遭遇，對霸凌者憤慨不已。歐布萊恩先是被請去紐約，在洛克斐勒廣場（Rockefeller Plaza）與創作歌手梅根・崔娜（Meghan Trainor）在電視實況轉播中共舞，接著來到洛杉磯，菲爾班克絲實現承諾，替他開了一場盛大的派對。除了菲爾班克絲等一大群女生之外，甚至有幾位洛城的社交名流突然來到現場致意，魔比（Moby）順道過來當DJ。派對之後，歐布萊恩以為他短暫的名氣即將結束，但並非如此。第二天他被邀請為洛杉磯道奇隊出戰聖地牙哥隊的賽事投第一球，同時多位名人站出來，抨擊網路羞辱和霸凌。這項由菲爾班克絲的推文「#尋找舞男」發起的運動大為成功，共募得七萬美元作為反霸凌的慈善基金。[20]

當網路霸凌往往沒有受到注意和質疑之際，歐布萊恩這位利物浦舞男的遭遇，為何會引來衆多的善意和高額的反霸凌捐款？答案在於人通常覺得自己應該幫助一位像「舞男」這種明顯、可辨識的受害者，而不是一群抽象的團體。一群人沒有名字，但一個人就是獨立個體，於是我們不太容易同情一群受害者，卻比較容易同情個人。蘇維埃的獨裁者史達林（Joseph Stalin）有句名言：「死一位俄羅斯士兵是悲劇。死一百萬人是統計數字。」[21]

我們對新聞報導的反應，正說明這點。人類的苦難故事往往激不起太多火花，但聚焦在個人故事上就能引起較大反應，舉例來說，西方媒體對沙烏地阿拉伯的報導往往非常嚴苛，特別是該國軍方介入葉門，數千人在沙烏地的空襲中喪生；然而引起更大憤怒的，卻是沙烏地記者賈邁勒・卡舒吉（Jamal Khashoggi）被謀殺一事，而且影響西方世界對這個國家的觀感最深。卡舒吉的案子是典型「可辨識的受害者效應」，也就是震撼人心的單一悲劇事件，但如果沒有清楚可辨識的核心人物，一般人對於涉及多位傳訊者的事件，卻是相對冷漠。[22]

這種天性是如此強烈，甚至延伸到虛構人物，例如一九九五年的電影《我不笨，所以我有話說》（*Babe*）的主角，對大家而言那是個虛構的角色，而且甚至不是人。電影的劇情是一隻會說話的豬「寶貝」，在農場裡幫忙管理雞隻和牧羊，甚至參加牧羊比賽，跟受過訓練的牧羊犬一較高下。然而當他得知人類吃豬這件恐怖的事，便逃跑了。幸好這部片以喜劇收場，但當時的觀眾對於寶貝可能的命運依然產生強烈反應。根據一篇《素食時代》（*Vegetarian Times*）的文章，美國農業部報導，在這部電影公開放映後，豬肉及 Spam 等相關罐頭食品的消費量掉到五年來的最低水準，以年輕女孩爲主的衆多觀衆成爲「寶貝素食者」，就連片中扮演農夫的演員詹姆斯．克隆威爾（James Cromwell）都成爲全素食者。23

其實不難理解人對於活生生的豬，爲何會比對超市冰箱的培根更有感情。豬是情感細膩的動物，小豬就像狗，只需兩三個禮拜就知道自己的名字，在被叫喚的時候會有反應。豬也是天生的群居動物，牠們集體生活，看見朋友時會打招呼，摩擦彼此的鼻子，替彼此梳理身上的毛。豬和人類一樣，知道群體中誰好鬥強勢，誰比較溫和（說白了就是硬性和軟性的傳訊豬效應）。但是就「寶貝素食者」來說，寶貝還多了一顆像人一樣的心，會說英語，能表達自己的經驗、感受、欲望和意念。

電影觀衆對一隻擬人的豬竟然有如此強烈的反應，給了推動素食的團體一個大啟示。近來成功的素食運動確實巧妙運用了「可辨識的受害者」觀念，其中「一月吃純素運動」（Veganuary）正是。該運動向群衆小額募得三萬英鎊，製作海報貼在倫敦地鐵車廂內，敦促大家在每年一月嘗試吃全素。這些海報並不依循過去用事實和統計數字來說理的素食運動，而是動之以情，以可愛的動物作爲傳訊者，還替牠們起了人類的名字。這些弱勢的傳訊者帶來了影響，據說該運動鼓勵了近二十萬人嘗試吃全素（至少）一個月。[24]

我們可以主張，在這愈來愈分裂的世界中，鼓勵大家對彼此有點同情心是有益社會的。但是耶魯大學心理學家保羅・布魯姆（Paul Bloom）說，仰賴大家的同理心的問題在於，同理心不懂科學。人不太容易認同一個「統計學上」的受害者[25]，或者就如諾貝爾獎得主美國經濟學家湯瑪斯・謝林（Thomas Schelling）在一九六八年所說：

> 個人的生命和統計學上的生命是有區別的。一位棕髮的六歲女孩需要幾千美元開

倫敦地鐵車廂內的一月素食運動廣告。

刀，好讓生命延續到聖誕節，爲了救她，郵局被淹沒在五分一毛的硬幣中。另一方面，據可靠來源報導，沒有銷售稅收的話，麻薩諸塞州的醫院將逐漸老朽，結果導致可預防的死亡案例幾乎難以覺察地提高了，這時沒有多少人會掉一滴眼淚，或者伸手去拿支票本。26

許多時候很難、甚至不可能分辨誰比較弱勢，因爲這些人往往淹沒在廣大群衆中。因此同理心驅使我們幫助在聚光燈下的柔弱傳訊者，但他們未必是最窮困的人。事實上，對於可辨識受苦者的同理心，反而可能使我們做出不道德的決定，例如選擇幫助某位正在受苦的特定孩子，而不是八位不知其姓名的受苦孩童，或者醫療專業人士由於和某特定病人有較密切的接觸，可能會讓那個人在等待治療的名單上插隊，提前到一群不知名但等待時間更久的病人之前。27

忽略衆多統計學上的生命，比忽視一位特定受害者容易，因此有些人擔心，國家領導人可能無法正確思考發動戰爭會使人類付出多大的成本。基於爲數衆多的人民是個抽象概念，因此美國總統會擔心核武攻擊可能讓某位有名有姓的受害者受苦，但卻可以心安理得對敵國發射相當於一座兵工廠的核武。已故的哈佛法學教授羅伯特・費雪（Robert Fisher）針對這方面的擔憂，建議以一種具爭議性的方式，來改變發動核子攻擊的通用協定。費雪提議，無論總統到哪裡，必須要有一位年輕人隨行在側，姑且假設這位年輕人叫羅伯特，二十歲，長得很高，有一頭烏黑的鬈髮。羅伯特負責拎一只公事包，裡面放的不是啟動核彈的密碼，而是一把大菜刀。核彈的啟動密碼在一個小小的膠囊中，植入羅伯特的胸膛，接近他心臟的位置。萬一總統要下令發射核彈，他首先需要親手從羅伯特的公事包拿出菜刀，在他胸膛砍一刀，取出裡面裝了核武密碼的那個血淋淋膠囊。

換言之，在領導者發動攻擊殺死數十萬不知名的受害者之前，必須先實實在在、掏心掏肺殺死一位有名有姓的受害者。當提出這個想法的費雪聯繫五角大廈時，他表示受到不同程度的驚訝。其中一位高階官員的反應是：「天哪，太恐怖了，必須殺人這件事會扭曲總統的決策，他可能永遠不會按下按鈕。」[28]

示弱的極限

當然，這不表示人會出於同情，而毫無例外地對可辨識身分的柔弱傳訊者抱持好感，或者關心、傾聽並回應他們。大部分的人在街上經過流浪漢卻渾然不覺，看到爲了解救某位孩子的苦難而發起的慈善活動卻無動於衷。不是每個人都會停下腳步，幫助某個顯然身處絕望的人。

理解這件事的一種方式，並非把針對弱者的情感反應視爲固定的個體，而是在一條連續的直線上，正向的那一端是慈悲和同理，促使人伸出援手，另一端則是憤怒、厭惡和輕蔑，使人漠不關心甚至有敵意。一位傳訊者可能引起一種或兩種極端情緒，也可能是介於其間的情緒，例如跳老爹舞的歐布萊恩，就引來了輕蔑和厭惡、慈悲和同理兩種極端的情緒。

我們站在尺標的哪個位置，取決於當時情況與個人直覺。有時看到別人失敗竟然會是件愉快的事，特別是當我們把那些人視爲自己的對手時。[29]例如二〇一八年六月二十七日，知名的英國八卦小報《太陽報》（*The Sun*），以開心的語氣報導德國足球隊從世足賽歐洲冠軍聯賽分組賽中被除名（當年在俄羅斯舉行），該報體育記者歡欣鼓舞地寫道：「這是所有英國球迷從一九六六年以來就在等待的神奇時刻。」對於把德國隊視為英國大敵的民眾來說，這句話說到了他們的心坎裡。[30]同樣情況，在網路上嘲笑羞辱歐布萊恩的人，想必是產生一種優越感和不屑，才使他們的反應非但不是同情，甚至是病態的殘忍。

有時人似乎能約束自己的同理心，導致原本對他人受苦會產生的正向情緒反應變得遲鈍。無法感同身受，會使人較容易違背道德準則與助人的行為規範，言外之意或許是人會積極做一些有違人性的事，就像那些使歐布萊恩感到痛苦的人所做的，或者就只是擦身而過，忽視傳訊者的求助。

只要把不伸出援手合理化，就能輕易忽視柔弱傳訊者所受的苦，這件事真令人不開心。假設富人貝琳達在上班途中，經過一位無家可歸的人，這個衣衫襤褸的人一看就知道飢腸轆轆又沮喪，他舉著牌子請大家給點零錢。貝琳達可以讓與生俱來的同理心指引她停下腳步放幾個硬幣，也可以用理性來壓抑這些感情，例如告訴自己，她不可能給每一位無家可歸的人錢，這個人可能把錢花在酒精和毒品上，她的捐款無法解決問題，反而鼓勵這個人繼續乞討，捐給街友慈善團體或許比較合理。這些反對意見是否具正當性另當別論，重點是當這些反對意見容許她不去同理和幫助時，也使她對自己的決定感到心安理得。31

爲了限制自己不對脆弱的人表現同理心，有個認知的對策是無視他們具備的人性特質。普林斯頓大學的近期研究顯示，當我們看到不堪的人，例如街友或吸毒上癮者，腦部負責理解他人的部位會變得不活躍，換言之，我們認爲這些人較不具人性特質，他們的道德價值在他人眼中大幅降低，於是我們不表現憐憫或慈悲，對這些人的感情降到最低點。32

去人性化在人類行爲中扮演重要角色，在某些情況下是我們自身的幸福感甚至生存的關鍵。例如士兵對於朝自己開火的敵人有同理心，或者受害者對攻擊自己的人立刻產生慈悲心都不是好事。同樣地，當一位體重二五〇磅、高頭大馬的後衛球員進攻將對手球員狠狠擊潰時，如果他能體會對方的痛苦，將大大減弱其戰力。如果我們察覺到某人的威脅，將他們去人性化，就能使我們採取更有效的防守或攻擊行動。33

有時稍稍去人性化也有心理學上的重要好處。這聽起來是缺乏同情心，但其實做個有同理心的人，身心都要付出代價。研究已知，長時間和情緒沮喪的人在一起，自己也會開始沮喪[34]，尤其是交情深的人。同理可能是雙面刃，對社交團體的日常互動來說非常重要，但由於同理他人會有情感被勒索之虞，在某些情況下被證實不具建設性。醫師等醫療工作者在跟沮喪的病人互動時感受對方的痛苦，可能產生情緒耗竭，導致無法應付工作需求[35]，相反地，設法避免對病人產生親密的情感連結（例如不去思考某位病人的情緒，如希望、憐憫和悲觀），較少有身心俱疲的症狀發生。

這不僅對醫療專業人員來說是件好事，對病人也是。有些研究發現，當醫療人員將病人的照片附在他們的筆記本時，比較會關懷病人並努力工作。[36]但是荷蘭的研究人員尤里斯·拉馬斯（Joris Lammers）和戴德里克·史戴普（Deiderik Stapel）表示，忽視患者人性特質的醫師，比較容易推薦痛苦但較有療效的治療法，而不是較不難受的替代方案。[37]這個兩難具體說明地位導向與感情導向的傳訊者之間的矛盾。如果你是病人，會比較喜歡一位低估你的人性面，卻提出一個較有效但較痛苦的治療方式，還是一位感情較豐富的醫療人員，同理你的感受，因此做出一個較體貼、但可能較沒有效的治療計畫？我們猜大部分的人是兩者的好處都要，但兩者的缺點都不要！

柔弱傳訊者對目前面臨的困境該負多大責任或該不該受苦，會影響大家對這個傳訊者去人性化的程度。如果一位弱勢傳訊者要爲自己的處境負唯一且全盤的責任，他的所作所爲幾乎可以保證一定會失敗而受苦，就不宜太同情這樣的人。懲罰和痛苦是爲了防止一些人做出愚蠢、災難性且自我毀滅的舉動，也難怪如果突然發現柔弱傳訊者受的苦難是咎由自取，會立刻使人不願報以感情和關懷。

凱．費謝（Kai Fehse）領軍的神經科學研究，對於當人認爲某人受苦是罪有應得時的心智歷程，提供非常有趣的深入觀察。[38] 參與者被要求閱讀一篇交通事故報導的兩個版本，兩個版本都寫著「有名男子在高速公路的車禍中喪生……」，但一個版本接著寫「他在彎道超車時不愼」，另一個版本寫他「是四個孩子的父親」。讀了第一個版本的人，會認爲他要對自己的命運負責，因此不値得憐憫。有趣的是，研究人員收集到的神經學資料表示，當人認定受害者是咎由自取時，腦部負責啟動悲憫反應的區域（左島、內側前額葉皮質和前扣帶迴），就被腦部的另一個區域（背外側前額葉）抑制。儘管這麼說有過度簡化之虞，但人腦顯然非常善於歸罪，會抑制想付出感情和同理犯錯者的衝動。

這項研究有個言外之意，那就是人類可能會出於本能去找一些證據，來證明脆弱無助的人受苦是自作自受，強暴的受害者爲這種心智過程提供清楚且令人難忘的例子。許多紀錄顯示，遭受性攻擊者往往被忽視，有時被迫承受部分的過錯。「大半夜的獨自行走，不被強暴才怪。」「看她穿得多誘人。」「她一看就知道喝了酒，誰曉得還服用了什麼東西？」「是她引導對方的，不然她以爲會如何？」用這種方式責怪受害者，忽視他們的沮喪以及需要的安慰和補償，將自己缺乏同理心的行爲正當化，避免因爲感同身受的痛苦而哀傷。[39]基本上，腦部似乎會積極尋找不該付出同理心的理由，以避免因爲同理一位脆弱無助者的訊息而造成情緒耗損。

去人性化的傳訊者，也可能是因爲同理要付出很大的物質成本（相對於心理成本）。二〇一四年《神經科學期刊》（*Journal of Neuroscience*）中有一篇論文，發現當參與者被指定扮演在勞動市場的管理者，並且被要求出錢聘請某些員工時，他們對自己花錢雇來的人，比較容易用去人性化的方式來看待，一旦付了錢，腦部負責替他人設想並尋求了解他人想法的區域的神經活動就會降低。[40]這些發現給予我們工作的世界許多暗示，根據這個研究，如果雇主經常把注意力放在員工的經濟屬性，就會把員工視爲商品，而不是同伴。如果基於某種理由，員工不再如老闆所願，這時員工會發現原本支持他們的同理心也隨之消失。

保持對人的關心

柔弱傳訊者的苦難可能令人擔心，特別是那些因爲某些理由，而被原本可以伸出援手的人去人性化。但是，有幾種方法，可以讓那些沒有自動引起他人同情的柔弱傳訊者贏得些許關心。

其中一種方法，是第二部前言中提到的，強調我們與他人的共同之處，也就是建立感情。有證據顯示，當旁觀者感覺與弱勢的意外事件受害者有些共同點，例如國籍，就比較願意伸出援手。[41]察覺差異點可能造成團體之間的敵意，而相對微小的相似點則可能有強大的正面效果。一群支持曼徹斯特聯隊的英國足球隊球迷，剛剛做完一份問卷，問他們喜歡球隊的哪些地方，然後被要求從一棟建築物走到另一棟，這時他們看到一位擦身而過的慢跑者跌倒，事實上這位慢跑者是蘭卡斯特大學研究團隊的一員，而且是假裝受傷。在第一個情況中，他穿一件白色素面上衣，第二個情況是一件曼聯足球隊的上衣，第三個情況是穿一件曼聯隊的死對頭利物浦隊的上衣。八五％的情況中，當慢跑者身穿曼聯隊上衣時，這群支持者會自願停下腳步協助，但是當他穿著中性或死對頭的上衣時，只有三〇％的人願意協助。每個情況的訊息都一樣：「我跌倒了，請幫幫忙。」不同的是人對於這個有難的人是否有某種感情。

如果這份研究證明大部分的人本能上已經知道的——強調敵對和差異性必定能激起團體間的敵意——接下來的研究則強調如何降低敵意。在一份後續的研究中，曼聯球迷被問到作爲足球迷對他們來說有哪些好處，而不是問他們喜歡球隊的哪些地方，在後來遇到受傷的慢跑者時，這群之前思考過爲何喜歡足球運動的球迷，會把注意力聚焦在身分認同的共同面而非敵對面，因而較願意停下腳步，幫助需要幫助的敵人。42

另一種增進感情的方法，當然是降低去人性化的抵消力量，方法是邀請大家彼此互動，或者想像屬於另一隊伍的情況。研究顯示不同團體間經常愉快互動，能提高信賴度、同理心和寬恕心，即使他們來自迥然不同的社群，例如北愛爾蘭和義大利的敵對區域。[43]即使請四年級學童想像自己和年齡相仿的移民兒童互動的情形，或者叫青少年閱讀以文化交流爲主題的書籍，都顯示能降低去人性化的現象，使人較願意和不認識的移民兒童交朋友，這群以往被「圈內人」忽視或拒絕的人。[44]

鼓勵大家聚焦在柔弱傳訊者的人性面，也可能降低去人性化。當拉撒那・哈利斯（Lasana Harris）和蘇珊・費斯克（Susan Fiske）等研究人員，向研究參與者出示街友和毒癮者的相片，典型的反應是厭惡。掃描參與者的腦部發現，他們的神經中樞區域較不活躍，這個區域通常是人在思忖他人內心時會活動的。簡單來說，參與者將他們去人性化。然而當參與者在看照片時被問：「這個人喜歡吃紅蘿蔔嗎？」腦部掃描的神經中樞資料表示現在這些區域動了起來，換言之，參與者正在將這位先前厭惡的傳訊者加以人性化。[45]當參與者開始思索柔弱傳訊者，傳訊者也變得比較有「人味」。這也說明慈善團體等弱勢者的中介，最好不要光是談論實際的援助措施，也要強調與我們共有的人性面。

因此，表現脆弱的一面能激發對傳訊者的感情，因爲它能喚起慈悲、罪惡或同胞愛。這些特質單獨或聯合起來驅使人參與慈善活動，或幫助類似舞男歐布萊恩之類處於劣勢的人。情感連結使人一旦明白自己的行爲會傷害其他生靈時，就不再去做，例如電影《我不笨》的全素食演員克隆威爾。這還能使員工自願減薪，讓老闆的事業轉危爲安；使參賽者在選秀節目中獲得支持；軟化政敵，使他們願意接受首相的演講；甚至使人願意讓陌生人插隊。

但是示弱也有壞處。在示弱時，一方是幫助者，另一方是請求者，本章的焦點在提出請求的一方，下一章將聚焦在伸出援手的一方，也是使我們最有可能曝露自己弱點的對象。

信賴。

|第七章|

信賴

核心原則、利益衝突，以及忠於選擇的人

一九六一年夏天，話題人士史蒂芬．沃爾德（Stephen Ward），也是專治有錢人和名人的整骨醫師，來到克里維敦宅邸（Cliveden House）參加週末派對，這是貴族阿斯特（Lord Astor）位在柏克夏的祖宅。和沃爾德同行的還有克莉絲汀．綺樂（Christine Keeler），一位自稱是未來模特兒的上空歌舞女郎，她前陣子搬進沃爾德在倫敦的房子，根據多方報導，是要跟沃爾德建立一段柏拉圖式的關係。同樣來到派對的還有英國戰爭大臣約翰．普羅富莫（John Profumo），或許是瞄到綺樂正在裸泳吧，普羅富莫立刻迷上了她，開始了短暫的男女關係。然而普羅富莫不知道的是，當時綺樂正在跟沃爾德介紹的另外幾個男人交往，包括蘇聯大使館助理海軍武官伊凡諾夫．葉夫根尼（Ivanov Yevgeny），據說他跟蘇聯國家安全委員會（KGB）有關。在冷戰最高峰期，英國的戰爭大臣跟一名十九歲上空舞女搞外遇，而且這名女子又跟一位蘇聯間諜有染！

兩年後，就在普羅富莫早就不再和綺樂來往後，有關他們私情的謠言開始傳了開來，而且還加油添醋，暗示是和某個蘇聯人有關。這下子顯然該想個辦法停止謠言散播，於是在國會大黨鞭的建議下，普羅富莫同意在英國下議院發表個人聲明以正視聽。一九六三年三月二十二日，他站在議堂上宣布：「我和綺樂小姐之間沒有任何不當的行爲。」[1]

事情本來應該到此爲止。根據已故的政治記者韋藍德．楊（Wayland Young）所說，傳統上，閣員的個人聲明從不曾被質疑，以表示對他們的信賴，普羅富莫當然也這麼認爲。就在他表明自己的清白後，立即起身離開下議院，前往山登公園（Sandown Park）觀賞下午的賽馬，伊莉莎白王太后也會到場。

普羅富莫還眞衰，當時警察開始調查沃爾德的事業以及他和蘇聯的關係，就在調查過程中，警方從綺樂那裡得知她確實曾經和戰爭大臣發生過外遇。官員也約談了綺樂的室友曼蒂．萊斯戴維斯（Mandy Rice-Davies），她也自稱將成爲模特兒且熟知沃爾德，萊斯戴維斯證實綺樂的說法。就在事實公諸於世後，普羅富莫只能向妻子和盤托出，辭職下台。

這樁醜聞不僅使保守黨大臣失去大位，顏面盡失，最終甚至造成政府垮台。反對的工黨指控保守黨首相哈羅德．麥米倫（Harold Macmillan）基於政治理由，不公開沃爾德商業交易的調查細節，「首相想要賭一把，看這件事會不會永不見天日。」[2]新聞報紙也無情撻伐，有人表示，「首相陷入難堪的兩難中，脫離困境的方法，要嘛是證明對此事無所知悉，不然就是無能或欺騙大眾，也可能以上皆是」。[3]幾個月後，就在保守黨大會前夕，麥米倫宣稱因健康因素而下台，一年後，保守黨失去政權。

最終毀掉普羅富莫的不是他和綺樂的緋聞，而是對下議院撒謊。同樣地，麥米倫失去大位也不是因為其中一位閣員行為不檢，而是他誤判大眾的信賴。信賴對所有人際關係來說都是極為重要的，影響大眾對傳訊者的觀感，以及人際關係的穩固性。信賴也是人際往來的基礎，沒有了信賴，很難有成功的愛情關係，也難打造有生產力的職場合作關係、營造繁榮的經濟交易。人對於他人的信賴，直接影響他們能不能共創好處，單靠一方是很難的。[4]

普羅富莫的例子證明，團體之間、人與人之間都需要信賴，人民要信賴領導者；國家要彼此信賴，相信另一個國家不會違背買賣合約，或者在氣候變遷等全球問題的承諾上出爾反爾。信賴對所有夥伴關係都極為重要，只有信賴以及因信賴而促成的合作，才能使個人、團體、社群、社會和國家，完成單靠個人所辦不到的豐功偉業。

究竟什麼是信賴？

信賴對每個人的意義都不同。我們信賴丹尼爾，是因爲他的誘因跟我們的誘因一致；我們信賴愛莉克斯是因爲根據過往經驗，她是個忠誠的人；我們信賴艾兒，因爲她從以前就是個品行端正的人；我們信賴威廉是因爲他做事光明磊落；我們信賴莎曼珊是因爲她會履行合約。最重要的是，信賴反映我們對他人行爲和意圖的期望，信賴是預測他們未來言出必行。

信賴有兩大形式，一是建立在能力上的信賴，二是建立在紀律上的信賴。[5]以能力爲基礎的信賴，是基於傳訊者過去的表現而相信他們的能力，也就是假設從過往表現能夠對未來行爲有相當程度的了解，好比在板球和英式橄欖球中，我們把過去每次都接得到球的球員稱爲「一雙安全的手」。相較之下，建立在紀律基礎的信賴，是相信傳訊者即使受到誘惑，依然會遵守正直的社會規範和準則，也就是假設傳訊者會遵守一套公認可以接受的原則。

前一章敘述柔弱傳訊者必須冒著社會風險好讓自己被聽見，但是憑藉他人信賴的傳訊者則是請別人在他們身上賭一把。如果事後大家感到失望或發現自己遭到背叛，就像普羅富莫那樣，可能造成深遠的影響甚至災難。

信賴遊戲

如果社群團體要合作且繁榮，務必要信賴[6]，而信賴遊戲證明了這個眞理。信賴遊戲一如其名，是由行爲科學家設計的實驗性範例，其中一位玩家必須決定要給第二位玩家多少錢，他知道給出去的錢會增加兩倍，但無法確知對方會還多少錢。顯然第一位玩家必須判斷另一位參與者的可信度，或許是根據那個人的說服力，而更常見的是根據對他的了解或者能蒐集到的資料（或者怎麼樣都蒐集不到）。[7]缺乏信賴會導致一位玩家輸掉比賽，但如果彼此信賴，兩人都會受益。

同樣原理適用於日常生活。當你爲同事做一件事，照理說他們會適時回報而使雙方受益；如果你借錢給朋友，他一有能力就會還你，否則可能會損及你們的友誼，以後不會再借錢給他；如果他還了錢，你們還會是朋友，未來雙方都會借錢給對方。少了信賴，社交往來和關係將會崩壞。

整體信賴度會因爲指令式規範（injunctive norm）❶而下降，指令式規範意謂人通常應該隨時準備好信賴他人。公開對著陌生人做出不信賴的樣子可能危害社交關係，因此當深夜班機降落在一個陌生國度，在坐進計程車時對司機露出懷疑的神情，雖說情有可原，但應該不會有太好的結果。這麼做會被視爲侮辱，可能使你更不安全，甚至有人認爲一個不相信陌生人的人，本身就不被視爲什麼好人。因此人一般會認爲應該信賴他人，如此他人通常會在道德上給予自己好的評價。[8]

調查顯示，在被問到：「你跟人相處時，通常會認爲大部分的人可以信賴，還是愈小心愈好？」回答「可以信賴」的國民，比較容易跟周遭的人合作，也願意擔任志工，他們的思考方式較民主，主觀上也較有幸福感。[9]當人相信自己能信賴周遭的人，他們比較容易結成同盟，與他人合作共事。其中最明顯的是北歐國家，在近期的世界價值觀調查中，有高達六〇%表示人通常是可以被信賴的。至於哥倫比亞、巴西、厄瓜多和秘魯等南美國家，信賴度則掉到僅有一〇%。[10]

❶ 指令式規範描述大部分的人所認定為妥當的思維和行動方式。

這類發現表示影響信賴度的不光是人與人之間的互動，也包括整體社會。信賴度普遍較高的社會彼此合作，較不擔心被利用或背叛，因爲他們假設周遭的人言行若一。同樣地，如果某個醜聞或爭議動搖了人的信心——無論是水門事件、安隆（Enron）破產、導致二〇〇三年進軍伊拉克的當下情況，或是二〇〇七至二〇〇八年間的金融危機——整體信賴度往往會因此下降。[11]總體而言，比較信賴他人的群眾和社會多半願意彼此合作，這對任何傳訊者來說，代表一個重要的結果。不管傳訊者的身分地位如何，也無論彼此的情感和訊息眞正的內容，影響成功的因素，往往在於群眾對他人的整體信賴度。經過幾次醜聞後，人往往會推論商人或政治人物必定都是腐敗的、受貪念驅使，不惜泯滅道德良知也要達到目的。信賴是社會平順運作所不可或缺的，但破壞信賴也在一夕之間。

普遍的信賴感可能會因爲一場醜聞而蕩然無存，二〇〇九年老虎伍茲（Tiger Woods）人氣盡失是很好的例子。當時伍茲擁有高名氣和高人氣，使他在開始替耐吉的高爾夫球代言後一年半間，耐吉的市占率從一・五%上漲到六・六%。據推測，伍茲替耐吉代言的十年期間，這家公司多賣了一千萬顆高爾夫球。他和品牌之間的高度連結，導致當外界得知伍茲的婚外情後，耐吉的銷售也一落千丈。不到一個月，兩位加州大學的經濟學家估計，伍茲的性慾讓耐吉以及與他相關的其他品牌股東，付出高達五十億美元的代價。[12]但是醜聞的影響還不僅限贊助廠商，接下來幾個月，其他品牌的高爾夫球銷售也下滑，即使這些品牌跟老虎伍茲毫無關係。這不是單一現象，當類似這樣的醜聞爆發時，損失的不光是傳訊者的贊助廠商，整個產業都會遭殃。[13]據顯示，二〇〇七至二〇〇八年金融危機期間，「幾家」銀行做出不智或不道德的行爲，但幾乎所有銀行的名譽都受損。失去信賴時，造成的陰影確實會很大。

信賴矩陣

哪些因素決定該信賴誰？有些人認爲信賴單純是一種社會風險的承擔，類似對某人未來的行爲下賭注，或者像許多學者說的，純粹是一種風險報酬的計算。[14]在這種情況下的信賴是由賽局理論爲基礎的信賴遊戲所決定，其中涉及幾個變數，只是每個變數可能很複雜且難以估計。首先是估計信賴或不信賴的可能利益和損失，再計算他們在目前狀況下，可信賴或不可信賴對其本身的利益和損失，試著評估對方目前的可信度，然後⑴將雙方彼此信賴的機率，乘以我們從合作中獲得的利益；⑵將對方背叛我們的機率，乘以我們承受的損失；⑶計算信賴的整體期望值，與不信賴的期望值相比較。

	對方確實值得信賴	對方辜負我們的信賴
信賴	利益×彼此信賴的機率	損失×對方背叛我們的機率
不信賴	如果選擇不相信對方的期望值	

＊信賴矩陣：決定是否信賴，可以算出每種結果的期望值。

其中一種解釋的方式，是思考喬治・馬丁（George R. R. Martin）的史詩級著作改編的電視連續劇《權力遊戲》（*Game of Thrones*）的一個情節。想像你是艾德・史塔克（Eddard 'Ned' Stark），對國王勞勃・拜拉席恩（Robert Baratheon）絕對忠誠，被叫去首都擔任國王的左右手。你往南來到首都，調查一起可疑的謀殺案，協助你的是綽號「小指頭」的培提爾·貝里席（Petyr Baelish），他是王國的財務大臣（等於是大掌櫃或財務長），但你不太信賴他，因爲他曾向你的妻子示愛。

在調查過程中，你逐漸發現皇后對國王不忠，她的孩子並非和勞勃·拜拉席恩所生，而是跟她的雙胞胎兄弟。換言之，她的兒子不再有王位繼承權，現在國王的弟弟史坦尼斯·拜拉席恩（Stannis Baratheon）才是合法繼承人。然而就在你向國王透露這個訊息之前，國王因捲入一起「神祕」的狩獵意外而死亡，於是王國淪落到皇后非法生下的大兒子手中（一旦他到達法定年齡），除非你挺身聲張正義。你策劃了一個計畫，要網羅國王的執法單位都城守備隊，來擊敗瑟曦皇后（Queen Cersei）的守衛者，監禁她和她的孩子，但你必須先說服小指頭向都城守備隊行賄，使他們聽從你而不是皇后的話。你面臨的兩難是，究竟該信賴小指頭履行這項任務，或者認爲根據他過去不可靠的紀錄，這次很可能會背叛你。

你要怎麼做？來看看你在信賴矩陣中的變數。首先是信賴小指頭的可能結果：

1. 小指頭可能遵照你的要求，乖乖把錢給都城守備隊，一起逮捕瑟曦皇后和她的孩子。
2. 小指頭可能背叛你，向瑟曦皇后倒戈。
3. 兩者皆非，可能發生難以預測的情況。

現在思考如果不信賴小指頭，可能有哪些結果：

1. 你可能略過小指頭，親自去說服都城守備隊。
2. 你可能逃跑，北返到女兒和人民那裡，投效合法的國王史坦尼斯．拜拉席恩麾下。
3. 你可能對皇后的大兒子宣誓效忠，儘管知道他的繼承權是有問題的。

有些選項比較吸引你，因此你可能會重視這些選項，但是有件事很清楚，那就是信賴小指頭可能的成本和利益很高，因此你需要進入賽局理論家的信賴矩陣第二步，估計彼此互信的機率。

繼續《權力遊戲》的例子，小指頭履行承諾的機率有多大？他辜負你的機率有多大？爲了找出答案，你要思考小指頭的信賴矩陣，這需要懂得讀心才行。小指頭想要什麼？如果他跟你合作，會得到什麼好處，產生什麼損失？如果背叛你，會得到什麼好處，產生什麼損失？

此處的問題是，評估別人的誘因，不像評估你自己的那麼容易，你不知道小指頭會不會跟你一樣，一心想恢復王權正統，但既然小指頭早就勸你不要採取這個行動，因此你會懷疑他沒有你那麼熱中。你也不知道小指頭是否會實踐諾言，他似乎並不排斥說謊，你認爲他缺乏榮譽感。你也知道小指頭若是背叛你，會得到好處，因爲如果瑟曦皇后跟她的兒子掌權，他們就欠小指頭一個大人情，到時候既然你已經被排除在外，小指頭甚至可能把你的老婆，也就是他的舊愛搶過來，娶她爲妻。

事實上，艾德．史塔克最後做的，是因爲幾次算計錯誤所造成。他誤以爲每個人都跟他一樣重視榮譽、正直和法律，他誤以爲小指頭會合作，而且會遵守當地法律，因爲那才是對的。他也誤判小指頭跟他之間的交情，於是他採取的行動終究導致他的死亡。他因爲信賴一個不可信的傳訊者，而付出最高代價。

「曼蒂．萊斯戴維斯適用」

各種因素的組合，使人在特定情況下更值得或更不值得信賴。性是很強大的動力，性衝動和性慾明顯影響判斷和決策，人會冒著非自願懷孕的風險、讓自己曝露在染上性病的危險中，甚至違背道德規範以獲得性的愉悅。[15]野心也是個強大的動力，就在英國對脫歐進行激辯之際，有些人認爲脫歐運動的名義領袖鮑里斯．強森（Boris Johnson）是個虛僞、不可信賴的人，他的眞正目的是滿足成爲英國首相的野心，而不是爲國家著想。「強森唯一在意的，只有他自己。」一位資深政府官員表示。[16]

爲了避免家醜外揚，也可能使人變得不可信賴。普羅富莫說謊，是擔心外遇曝光會導致羞辱與官位不保，在沃爾德因爲不法商業利益受審之際，綺樂的室友萊斯戴維斯宣稱，她跟克里維敦宅邸的屋主阿斯特爵士有婚外情，知名的池邊派對就是在這裡舉行的。沃爾德的辯護律師嗤之以鼻，向庭上表示阿斯特爵士堅決否認跟她有染，甚至根本沒見過她。萊斯戴維斯站在馬里波恩（Marylebone）的皇室法院（Crown Court）證人席上噗哧一笑，說出這句歷史名言：「哈！他當然會這麼說，不是嗎？」

她的回答成爲千古名言，後來「曼蒂·萊斯戴維斯適用」（或簡稱爲M.R.D.A）被用來測試人

一九六〇年代知名的普羅富莫事件的關鍵人物萊斯戴維斯（左）和綺樂（右）。前者在庭上針對疑似婚外情的否認，做出回答：「哈！他當然會這麼說，不是嗎？」現今，在質疑某個人的可信度時，常引用這句話使大家注意到傳訊者的動機。

在特定狀況下是否會說謊以逃避眼前的困境。在 Reddit（甚至登上《牛津辭典名人語錄》）之類的網站上，將「曼蒂．萊斯戴維斯適用」作爲形同事實的回答，將關注焦點導向傳訊者自稱的行爲與其眞實誘因之間的衝突。[17]

至於其他人的問題，則是從一開始就準確看出並且評估這樣的衝突。當人察覺到這些衝突，他們會採取應有的防備。第一章提到名人公開替產品背書可能適得其反，因爲消費者會認爲他們一定是拿了錢來替產品美言，導致他們的背書比較不可信。但是聰明的廣告商知道，自利的動機是可以被掩蓋的，付錢請名人使用產品，而不是公開替產品背書，前者的成功率高很多。[18] 動機不見得都是明確可見的，好比小指頭說：「沒有人會去懷疑一個沒有動機的人，一定要讓敵人搞不清楚你在想什麼。如果他們不知道你是誰或你想要什麼，就不知道你接下來打算做什麼。」

無法解讀一個人的動機而面臨難題，可以解釋爲什麼我們經常想評價他人，而不是設法將這些人在特定狀況下的可信賴度加以量化，我們可以問：「這個人有多少機率是值得信賴的？」但很多人選擇問一個更簡單的問題：「我對這個人的一般評價如何？」前者需要權衡證據，而證據不見得都是清楚明白的，後者讓我們快速判斷，也是每個人每天都在做的事。

基本上，此處我們會尋找三大類性格型態的其中一種。第一種是不會受誘惑而欺騙或背叛我們的人。第二種是有可能受誘惑，但可能因為道德良知或忠誠感和感情而陷入天人交戰，最終戰勝誘惑。第三種是脫口秀主持人克里斯．洛克（Chris Rock）曾經形容的，那些「忠誠度與選項數量成反比」的人。他所指的是背叛伴侶（如他自己）的人，但基本規則適用於一般人。第一、二類的人或許偶爾會令我們失望，但是第三類的人則最有可能辜負我們的信賴，他們不老實，缺乏任何內在動機對身邊的人保持忠誠，只要價錢滿意，搞不好連親阿嬤都給賣掉。

如果「忠誠度與選項數量成反比」的傳訊者被列為最不值得信賴，那麼另外兩類的哪一種比較可靠？是克服誘惑的傳訊者，還是從沒受過誘惑的？答案是沒受過誘惑的傳訊者被認為比較值得信賴，理由很簡單：他們的心很單純，他們無須拒絕替代選項，因為沒有選項比現在的更好。問題是，如果面臨強大誘因，要他們做出不忠誠的事，我們幾乎不知道他們會怎麼反應。耶魯大學的心理學家克莉絲汀娜．史塔曼絲（Christina Starmans）和保羅．布魯姆發現，有過天人交戰經驗而後克服的人，被認為較有道德勇氣。[19]但是情況並沒有那麼單純，舉例來說，在人際關係中顯示，最值得信賴的男人不是努力克服誘惑的男人，而是從來沒遇過誘惑的人，後者與伴侶的感情使他們自動與那些誘惑絕緣，因此相較那些眼睛亂瞄、受誘惑的人而言，發生婚外情的機率低了近五成。[20]名人抗拒衝動，拒絕與性感貌美的粉絲上床，被外界認為是通過道德的測試，但其實「必須抗拒衝動」這件事，正代表他們終究是比較不值得信賴的。

核心原則和性格不一致

評估一個人的可信賴度時不採用賽局理論的法則，而是對這個人的性格做出一般性的假設，對於詮釋造成三大類可信賴傳訊者的因素時，有重大的意義。理論上，我們應該找出他人與我們合作的外部及內部誘因，權衡這些誘因跟我們自己的誘因，然後決定是否信賴對方。現實生活中，由於我們的判斷會受到我們對某人整體印象的影響，因此做決定的時候考慮並沒有那麼周延。認爲某人誠實與值得信賴並不是同一回事。誠實是建立在事實基礎上，需要權衡各種證據和機率；信賴是建立在關係的基礎上，靠的是比較廣泛模糊的評價。

在某些情況下，被認爲可信賴比被認爲誠實更加重要。

民衆對川普的態度說明以上論點。川普當然屬於「忠誠度與選項數量成反比」類的傳訊者，他曾經拒絕公布報稅資料，儘管在他之前的每一任總統都這麼做。他曾經被指控有過數次婚外情（被他否認），並且付錢給私人律師麥可・柯恩（Michael Cohen），讓前《花花公子》的兔女郎凱倫・麥克道戈（Karen McDougal）絕口不談跟川普之間似有若無的關係（他也否認了）。二〇一九年中，《華盛頓郵報》的審核員表示，川普擔任總統期間對外宣稱的內容，有九千多次錯誤或誤導。[21]

但是川普的鐵粉認爲，他是個可以信賴的人。

理由有二。第一，他沒有違背核心原則。他在競選期間，表示會禁止某些國家的穆斯林進入美國，會在南邊國界建一座高牆，會減稅並且讓美國脫離國際氣候變遷合約的束縛。這些作爲是否令人讚賞是另一回事，重點在他履行或努力去履行所有的重要承諾。[22]川普說他會引進旅遊禁令，結果他引進至少三項；他說會在墨西哥邊境建立一個實體障礙，於是他發布國家緊急狀態試圖這麼做；他說會減稅，結果真的減了；他說要讓美國退出巴黎氣候變遷公約，他也實現了。

此外，儘管川普的政敵將他貶爲一個忠誠度與選項數量成反比的人，他的支持者卻認爲這些選項符合他們自己的原則和世界觀。他們想要一個宣稱自己是門外漢的人，而不是滑頭的華盛頓政客，他們欽佩他事在人爲的態度，以及他完全不在乎行爲、合作、妥協準則和規範與所謂的政治正確。儘管川普的對手說他是個我行我素又衝動的人，但鐵粉相當讚賞他的「有話直說」，他們知道川普代表什麼，而他所代表的，正是他們深信不疑的。

研究顯示，一貫遵守集體規範的人，將贏得「團體信用」，這些信用可以被用來彌補偶爾犯錯所付出的代價。如果儲存夠多的信用，甚至能用來掩蓋重大的政策變動或改變心意，儘管這背離了這個人一開始受到歡迎的原因。[23]也難怪根據心理學家布莉歐妮．斯威爾湯森（Briony Swire-Thomson）的研究，即使川普的支持者得知他說謊或提供虛偽的資訊，他們依然鐵了心要把票投給他。[24]包括蓋洛普（Gallup）在內的民調表示，雖然從二〇一八年二月到四月認爲總統是「誠實且值得信賴」的美國公民減少一〇％之多，但川普的整體支持率卻絲毫不受影響。[25]相反地，未能累積「團體信用」的人會迅速失寵，法國總統馬克宏就是個好例子，他在政治上既不偏左也不偏右，剛開始被視爲是高明的做法，然而當左右群起而攻的時候，就立刻成爲問題。因爲難以界定他隸屬哪一方，就很難累積團體信用，馬克宏在宣誓就任時，支持率高達五五％。一年後暴跌到空前的三五％。[26]

還有一個因素。先前提到破壞信賴可能導致人們對某個部門、機構和政府普遍失去信心，但是當一個人能夠保住信賴的連結，竟然能使大家逐漸認爲這是可接受的行爲。近來一份PRRI／布魯金斯（Brookings）的民調發現，美國福音教派的白人強烈支持川普與共和黨，他們原本是堅信社會應該特別強調道德價值的一群人，後來卻在這個議題上改變了觀點。二〇一一年，七〇％的福音教派白人相信，民選官員如果在私生活做出不道德的事，就不該相信他們會合乎道德倫理，以及履行公共和專業上的責任。到了二〇一六年總統選舉，這個數字卻掉到三〇％。[27]看來選民似乎會根據候選人的本質和受歡迎的程度，調整個人操守的重要性。羅馬作家普布里烏斯・西魯斯（Publilius Syrus）曾說：「信賴如靈魂，一旦失去就回不來。」但信賴可以是有彈性的。哈佛研究學者麥斯·貝澤曼（Max Bazerman）和法蘭西絲卡·吉諾證明，對於他人不道德行爲的批判，會隨著過失愈來愈趨於常態而逐漸下降，一旦批評的聲音不再，沉默就可以輕易被詮釋成默許，鼓勵進一步的不道德行爲。[28]

只要看看艾略特·史必哲（Eliot Spitzer）和基斯·瓦茲（Keith Vaz）截然不同的政治命運，就知道堅守核心原則能帶來多大力量。史必哲畢業於哈佛和普林斯頓，擔任過檢察總長與紐約州州長；瓦茲長年在英國國會任職，曾任內政事務專責委員會主席（Home Affairs Select Committee）。兩個人的性醜聞都被逮到，史必哲是在二〇〇八年被竊聽到打算在華盛頓的旅館裡見一位應召女郎，瓦茲則是在二〇一六年付錢給兩位牛郎來交換性服務。[29]史必哲被迫辭職，瓦茲繼續在位，之後還被任命到司法專責委員會。類似情況卻有大不同的結果，難免讓人問：爲什麼？

顯然其中涉及一些地方民情因素，但要強調的是兩人的共同點：兩個人都身居要職、已婚，他們的社會傳統上都不贊同政治人物與性工作者有所牽扯，兩人也都非常公開道歉。但他們之間有個明顯的差異：他們之前對召妓採取非常不同的立場。史必哲說過一句嚴厲的話而受到媒體歡迎：「我不在乎動機，我只在乎信用。」在他擔任檢察總長期間曾經起訴多所妓院，瓦茲則是公開贊成性工作除罪化，並主張用錢買性者不應該被起訴。我們可以辯稱，瓦茲身爲內政事務專責委員會主席，卻讓自己曝露在利益衝突的指控下，因爲他一直在主導調查性服務的買家是否該面臨犯罪制裁，然而他對性工作者的態度言行一致，因此後來的結果對他有利，反觀史必哲則被認爲是僞君子而遭到人民背棄。

說詞一致的強大好處，也同樣應用在沒有明顯的過失證據時，心理學家丹尼爾·艾弗隆（Daniel Effron）和貝奈特·蒙寧（Benoît Monin）請大家思考一個虛構的案例，一位名叫赫欽森的管理者被控性騷擾。[30]據說赫欽森邀請一位女性同事共進晚餐，談論她可能的升遷，根據這位女同事表示，赫欽森暗示跟他發生親密關係有助確保升遷，她拒絕這個引誘，於是赫欽森就升了別人。根據赫欽森本人的說法，晚餐只是個非正式但嚴守專業分寸的面試，是那位女士誤會了他的意思，他也透露曾經邀請過其他人選共進晚餐，最後提拔了他認爲最有實力的那位。但艾弗隆和蒙寧在這個故事中加入一個小插曲，在其中一個版本中，寫到赫欽森實施反騷擾政策，成功降低公司裡的性騷擾事件。另一個版本則略過這個資訊。

當研究參與者被問到他們的看法時，讀到赫欽森企圖減少公司裡性騷擾事件的人不相信他有罪，原因很簡單，故事的發展與他的爲人不符。沒有讀到這個插曲的人當中，判斷赫欽森有罪的人則多出很多。赫欽森不同於史必哲的地方，在於赫欽森過去防止性犯罪的努力成了對他有利的事，由於證據不足，人會在他的說詞和個性之間尋找一致性，而不是去尋找對他的指控與之前立場的不一致。

這也說明爲何性犯罪的案例要花這麼多時間才浮上水面。其中一個例子是外號「奧運醫師」的賴瑞．納薩爾（Larry Nassar），二十多年來擔任美國體操代表隊的骨科醫師，納薩爾受到高度信賴，因此即使一位前體操選手和第二位匿名者的指控被《印第安納波利斯星報》（*Indianapolis Star*）公開，還是幾乎沒有人相信納薩爾犯下性侵罪，包括多位納薩爾曾經侵犯過的女孩們的父母在內。[31]他在同事和求診者的心目中建立起許多傳訊者的信用，受到眾人信賴。接受奧運選手培訓的女孩們的父母聽說他是業界第一把交椅，而當病人描述症狀時，他也似乎都知道問題出在哪裡，以及該怎麼做來幫助療傷。他治療的這些女孩將這個本事稱爲「賴瑞的魔術」。

納薩爾不僅能力受人信賴，操守也是。他把自己塑造成一個「把他人需要放第一」的人。他告訴女孩們的父母親：「任何時候只要打電話給我，就能讓她獲得治療。」而他確實如此，每當納薩爾的朋友遇到問題，他就會跑去幫忙，他是那種冬天會幫朋友剷雪，朋友生病時會帶他們去看病的人。

此外，他還懂得用醫學專業來掩護性侵的事實，納薩爾採取異常的治療方式，包括一種叫做「結膜韌帶釋放」（sacrotuberous-ligament release）的做法，將他的手指放在女性患者的大腿之間，靠近外陰部加壓。這是物理治療師可能用來緩解背部及臀部疼痛的合法治療方式，也因此替他的意圖增添了某種模糊性，毫無疑問，他曾經碰觸年輕女孩的敏感部位，問題是這樣的行爲是否恰當。

因此當第一批指控出現時，納薩爾的同事全都不相信，因爲指控的內容和他們對這個人的看法完全不一致，直到警察在納薩爾的硬碟中發現孩童的圖片，大家才總算開始相信確有其事。他過去的所有行爲建立了可信賴的強烈印象，因此需要無可辯駁的證據，才能撼動大家的想法和信念。

建立信賴感

一致性為何成為判斷可信賴與否的核心，是因為它幫我們預測某人未來會怎麼做。川普當然是個奇妙的例子，在多數情況下，這個論點是以更直接的方式呈現的。如果我們與他人的互動總是一致且正向，就推斷是可信賴的。[32]

史丹佛商學院的法蘭克．弗林觀察到這點。他檢視某家電信公司一百六十一位工程師社交互動的影響[33]，弗林透過調查和績效紀錄，發現與同事互動保持平等互惠的人，不僅最有生產力，而且被認為最值得信賴。當這種互惠的頻率提高，各種有形無形的好處也紛紛顯現，包括互助合作、績效和信賴。弗林表示，過去證明是可信賴的同事，未來也獲得較多寬容，因為大家相信他們未來的行為也會是童叟無欺。較多人會把他們的話當一回事，並且願意幫助他們。

網路交易平台和網路商城的推薦，正是利用這個原理。證實過去的互動品質，等於是對未來的表現發出訊息。曾經看過 eBay 交易紀錄的人（據宣稱有高達六成買家在購買後提供有關賣家的回饋意見）認爲獲得好評有兩層好處[34]，第一是客人比較可能在這個店家下單。第二是信譽好的賣家可以開的價錢較高。

研究顯示，獲得的好評數爲同業兩倍的網路零售商，可以將二手手機的定價多標〇．三五％、新手機多標價〇．五五％、DVD多標價三．七％。差異看似不大，但這是廣大賣家平均的結果，從大企業到一人業者。這些數字說明當我們收到大同小異的訊息時（你想買手機嗎？），我們不僅受價格影響，也受信賴度影響（這位零售業者看起來是正派經營，還是疑似在賣贓物或山寨手機？）。因此，爲數眾多的好評就代表金錢的價值。難怪網路信譽制確實多數時間是有用的，促使傳訊者言出必行。

此外，並不是所有評論都是等值。舉例來說，有六則五顆星、兩則四顆星和兩則一顆星的零售業者，平均下來獲得信譽良好的四顆星，但兩則一顆星的評論在潛在顧客心中較容易放大，原因很簡單，負評的影響大於好評。大部分的人曾經在讀到一則負評後，就輕易打消網購的念頭，即使這則負評後面跟著幾十則好評。這種現象顯然證實一個長久以來的看法，那就是信用要花很久時間建立，但卻像脆弱的花瓶，會因爲無心之過而毀於一旦。[35]

人際關係也是如此。辜負他人信賴的傳訊者可能引發強烈的負面情緒，使對方產生深刻的嫌隙，導致關係永遠無法恢復。人會展現「被背叛的反感」，把遭到背叛的損失，比偶爾發生的損失看得更重[36]，指令式規範使人感覺必須相信他人，即使那麼做不符合他們的利益，但恐懼被背叛卻發揮強大的反向力量，使人變得多疑，也是兩個陌生人之間一直無法產生信賴感的障礙。[37]

信賴未知

根據一個人過去的紀錄來斷定未來是否可以信賴，大前提是要能取得紀錄。公眾人物、朋友、同事和網路零售業者的紀錄是可能取得的。但是如何判斷初次見面的人是否可以信賴呢？答案是仰賴粗略現成的暗示。

其中一個基本的暗示，就是接觸。幾十年來的研究顯示，如果在提出要求或採取行動前開啟溝通管道，會大幅提高陌生人與你合作的機率（高達四成）。[38]從初次見到某人的那一刻起，我們就在尋找有關他們的蛛絲馬跡，他們看起來友善還是陰鬱？他們符合在我們心目中言出必行的人的形象嗎？不管後來我們證實或推翻最初的看法，如果能立刻蒐集到一些正向的資訊，我們比較會以正向的態度看待接下來的互動。多半時間光是和人打交道就會產生親切感，因爲我們感受到人情味；面對面溝通更好，據估計用說的比寫的有效二至三倍。[39]當我們親眼見到陌生人，他們就不再是抽象的名字，而是眞實的人。捨棄電郵，拿起電話，更有助了解一個人。[40]

面對面接觸時，會不自覺從對方的外表推測他的個性。有一種長相代表值得信賴，使我們通常能在幾毫秒內快速判斷。有心理學家根據信賴度評比來開發人臉的電腦模型，他們表示不值得信賴的臉，其表情與憤怒極爲近似，而值得信賴的臉看起來是快樂的。[41]即使面無表情也符合以上原則，有些人的臉在沒有表情的時候，看起來就是比別人快樂一點。如果你沒有表情的時候就是快樂的樣子，你可能會被別人認爲比較值得信賴；如果讓人感覺氣噗噗，就算再微弱也會被別人認爲比較不值得信賴。

人會做出這樣的聯想似乎相當奇怪，畢竟一個人平常看起來有多快樂，跟他們值不值得信賴根本沒有關係。但我們對人的反應，似乎在於對方看起來容不容易親近，如果他們看起來快樂，我們會放心跟對方打交道，因而比較信賴對方；如果他們一副生氣的樣子，我們會比較小心，也比較不信賴對方。在信賴遊戲中，研究人員發現扮演「信賴者」角色的人，通常會給看起來值得信賴的投資者較多錢。現實世界中顯示，長相看似比較靠得住的人，在P2P網路借貸（peer-to-peer lending）網站上比較可能借得到錢，即使有更多關於他們的信用紀錄、債務所得比、所得與雇用狀況的資訊可以取得。42

如果這件事過度簡化到令人警覺，確實是如此。整體而言，人比較喜歡容易理解的提示，我們很難甚至不可能弄清楚他人的眞正動機或意圖，根據長相快速評估一個人就容易許多，而且比較不費力。43畢竟我們在日常生活中就會察言觀色，大部分的人非常不善於掌握某人是否在說實話的提示，但我們還是會一再嘗試推測對方的可信度44，儘管推測的準確度也沒有進步。長相可靠和眞的可靠之間或許只存在非常微弱的關聯性，但我們還是會以貌取人。45

我們跟人相處的時間愈久，愈會開始仰賴直覺的其他提示來判斷對方的可信賴度，包括我們對他們的感覺。人的情緒反應似乎比表情的驚鴻一瞥更可靠，這點在一項研究中被清楚證實，該研究找來幾組最近才被介紹彼此認識的女性，請她們觀看原子彈轟炸廣島和長崎後的悲慘影片，然後請她們交換意見。但每一對當中有一位志願者不知道研究人員已經請另一位「在行爲舉止中，不要讓夥伴知道妳絲毫的感受」。影片放完後，觀察參與者的討論，發現了兩個明顯現象。第一是被要求壓抑眞實感覺的女性呈現血壓升高的現象，第二個是夥伴的血壓也上升，這不是因爲壓抑情緒，而是因爲她們本能就能夠分辨交談對象有所隱瞞，她們的身體對這明顯的缺乏可信度做出反應。46

每個人都曾經在觀察後，懷疑傳訊者的話語和情緒所傳送的暗示有些違和感，這時會感到「事有蹊蹺」。這群女性在看過廣島和長崎的影片後交談，出現身體和神經系統的表徵。在另一項研究中，參與者被放置在一台正子斷層掃描器內（PET），連接一台皮膚傳導記錄器，然後觀看一段影片，是演員以第一人稱講述一個悲傷或者不喜不悲的故事，其臉部表情是與所說的故事一致或者不一致。研究人員發現，當參與者目睹故事和演員表現的情緒不符合時，他們的皮膚傳導記錄反應上升，腦部負責處理社交衝突的區域較爲活躍，換言之，他們的腦和身體正在記錄「此處有蹊蹺」。

雖然不能作爲精確的測謊儀，但感知事情不太對勁的這種能力，在你我日常生活中似乎通常都能發揮良好的功用。[48]

缺點的優點

如果因爲一個人的長相，就立即斷定對方可不可信賴，那麼他們的言談方式（相對眞正的談話內容）也可能影響我們的看法。例如若有人在提出某個主張的優點之前，先讓我們注意到這個主張的潛在弱點，我們可能會認爲這個人是値得信賴的，因爲他們沒有說「這一定會很棒」、「這一定會是最棒的點子」、「空前絕後」、「沒人做得比這更好」，因此令我們卸下防備。就像先前提到的，專家承認不確定性，會讓人們認爲他們比較有信用；審判律師在對手律師指出之前先承認弱點，勝訴的案例比較多；發起政治運動的人在開始演說前先稱讚對手，往往能大幅提高在選民心目中的可信度；廣告業者指出產品或服務的小缺點，之後再強調其優點，結果業績反而大大提升。尤其是當群眾已經察覺到弱點（因此損害原本就已經造成），這種做法特別有效。[49]類似情況是：「我就實話實說吧……」、「我不想抱怨，可是……」、「我老實說好了……」，這在提高信賴度上可能發揮非常強大的效果。所謂「不討喜的記號」是先提出一點懷疑或負面，同時強調說者的誠意，於是他們依舊被認為是個讓人喜愛和值得信賴的人，甚至還能影響大家對他們的訊息的反應。舉例來說，包含這類語句在內的負評，相較於沒有將語氣軟化的負評，前者比較不會減低消費者花錢購買的意願。[50]

（重新）建立信賴

信賴度遭質疑的傳訊者有各種選擇。第一是川普在回應主流媒體質疑時經常用的，就是抵死否認。他經常說：「你看到的跟你讀到的並非事實。」[51]但這個策略有其風險。如果接著出現決定性的證據證明否認者在撒謊，他們會摔得比誰都慘，損害也會比誰都嚴重。

第二是尋求正當性和藉口。社會學家馬文·史考特（Marvin Scott）和史坦佛·李曼（Stanford Lyman）表示，正當性是一個人擔下某個負面結果的責任，但拒絕承認他們的行爲不道德，例如士兵在戰爭中殺死敵人。藉口則是承認自己的行爲不道德但拒絕爲此負責，就像士兵辯稱殺死平民純粹是遵照指示。[52]

最後是道歉。道歉通常被認爲當傳訊者該爲造成損害的行爲負責時，應該採取的合適、道德且成熟的舉動。道歉能緩和做錯事的負面反應，重建社交連結及合作，研究發現當企業承認爲錯誤負直接責任並表達悔意，顧客較願意原諒企業。道歉的個人或團體顯然存在風險，因爲道歉本身就是承認或確認自己的罪過，拚命道歉的人一方面會因爲坦誠而被讚賞，也會因爲發生的事受到批評。[53]但道歉依然是非常有威力的工具，只要遵守三個基本法則：要即時、要誠心、要表現懊悔並承諾不再犯。[54]

快速道歉能消除不確定性、憤怒和挫折感，凡是經歷過機場癱瘓時寂靜無聲的人都知道。不過快速道歉需要標準化，如果航空公司很快就發出延誤的信號、道歉並提供充分具體的理由（例如機件故障），解釋出了什麼問題、正在做什麼處理，道歉通常會被接受。倉促含糊的道歉是不夠的，儘管如此，在事情還沒有完全明朗之前「先發制人」地道歉，依然勝過什麼都不說。「各位，我們對延誤感到非常抱歉，此刻還不清楚原因，但請放心，我們正盡最大努力了解實情，讓大家及早登機，同時避免以後發生類似情況。」

二〇一四年臉書令人失望的表現，可用來研究不快速道歉的結果。這家社群網站巨擘在一個星期內操縱近七十萬用戶收到的新聞提要，分析當用戶讀到多半是正向或負面新聞時，會不會因此寫出較正向或負面的貼文，結果符合「情緒感染」的概念，並且被公布在某本頂級的科學期刊上。臉書認為此舉有助了解用戶，卻很快成為重大的公關困擾，大家發現遭到社群媒體平台操弄，而且是他們直到發現眞相前每天使用數次且信賴的社群媒體，於是紛紛提出嚴重抗議。

然而臉書執行長馬克．祖克柏花了將近一個星期才終於願意出面談論此事，而且只是輕描淡寫說這是「沒有溝通好」的研究。雪上加霜的是，臉書提出一份措辭嚴謹的聲明，表示用戶曾經簽定一份九千字的使用者合約，賦予臉書「推定同意」來做這件事。幾個月後，另一位臉書的發言人發表一篇不帶感情的聲明，表示「本公司對反應沒有做好準備」、「有一些事可以用不同的方式來完成」。完全找不到「抱歉」或「特此致歉」的字眼。

或許是臉書運氣好，這個事件很快就被遺忘。現代世界一日千里。但是這件事引起的公眾焦慮是個警訊，也是使用個人資料時的寶貴教訓，更教導大家「不要爲辜負衆人的信賴而辯解」。但健忘的不只是世人，臉書也是。不到四年後，便讓臉書付出龐大的代價。

二〇一八年，一位名叫克里斯多福．懷利（Christopher Wylie）的吹哨人向英國《觀察家報》（*The Observer*）通報，總部設在英國的政治顧問公司——劍橋分析公司（Cambridge Analytica），從五千萬筆臉書的個人資料中蒐集資訊。[55] 該公司是由保守派億萬富翁羅伯特．默瑟（Robert Mercer）和川普的主要顧問史蒂夫．班農（Steve Bannon）成立，令用戶心驚的是，懷利提到臉書曾經允許劍橋分析公司不光是蒐集同意接受調查者的資料，也蒐集他們的家人朋友的資料。劍橋分析公司透過一開始數十萬名同意自己的資料以「學術目的」被使用的用戶，就能建立一個精密的模型，從跟這些人有關的數百萬臉書用戶挖掘資料。接著這些資料疑似被賣給美國的政治人物泰德．克魯茲（Ted Cruz）和川普，以及英國的鼓吹脫歐者，企圖影響選舉和公投結果。❷懷利向《觀察家報》表示：「我們利用臉書蒐集上百萬人的基本資料，還建造模型來利用這些資料並攻其內心弱點，整間公司就是建立在這樣的基礎上。」[56]

快速道歉才是有誠意的道歉。但直到新聞刊出五天後，祖克柏才終於發表談話，看起來是因爲有大量證據加上群情激憤，而不是悔過。祖克柏寫到：「我們有責任保護大家的資料，如果做不到這點，就沒有資格服務大家。我已經設法了解眞實情況，以及如何確保不再發生。好消息是幾年前我們已經採取最重要的行動，來防止今天的事再度發生，但我們也犯了錯，還有努力的空間，而我們需要加把勁努力。」❸[57]

---

❷ 川普陣營之前曾經否認該項指控。https://www.theguardian.com/technology/2017/oct/26/cambridge-analytica-used-data-from-facebook-and-politico-to-help-trump.

❸ 公布書面聲明的決定也很有意思。書面聲明能夠快速被散播，但速度快也得付出代價，那就是缺乏人情味。演講比較容易藉由聲調和表情來表現誠意進而打動人心，但演講也是有缺點的，尤其是比較生硬、木訥的溝通者——正是祖克柏之前被貼上的標籤。

還是沒有道歉。也沒有具體解釋臉書爲何沒能保護用戶資料。很長一段時間，臉書甚至拒絕稱這個事件爲「資料外洩」，還再次請出四年前作爲擋箭牌的「推定同意」來辯解，臉書最後因爲資訊不透明且未能保護用戶資訊，被罰款五十萬英鎊，也是當時法律罰款的上限。英國資訊官伊莉莎白·鄧哈姆（Elizabeth Denham）表示：「臉書未能遵照資料保護法案（Data Protection Act）的要求提供保護。」這次臉書又逃過一劫，新的歐洲一般資料保護規範（European General Data Protection Regulation Act, GDPR Act）於二〇一八年四月實施，如果適用該法，罰金將高達臉書全球營業額的四%，也就是約十九億美元。但即使是那種規模的破天荒罰金，還是不足以跟他們的信用損失相提並論，二〇一八年七月臉書股價下跌一八%，約當損失市值一千一百九十億美元。[58]

在股市史上，這對任何公司來說都是最糟糕的一日。

在信賴醜聞的餘波當中，有意思的是臉書投入大筆金錢在「道歉廣告」上，另一個有趣點在於，這筆錢有一大部分花在社群媒體平台崛起的最大受害者——電視、報紙、雜誌、告示牌、巴士和電車廣告看板。從亞特蘭大到阿姆斯特丹、倫敦到洛杉磯、聖彼得堡到雪梨，訊息都是「臉書正在改變」。

廣告宣稱：「從現在起，臉書會更努力守護大家的安全，保護大家的隱私。」

他們當然會這麼說了，不是嗎？

人能改變嗎？

華頓商學院教授莫利斯·舒瓦茲（Maurice Schweitzer）偕同哥倫比亞大學的亞當·葛林斯基（Adam Galinsky）和哈佛商學院的艾莉森·伍德·布魯克斯（Alison Wood Brooks）主張，有效的道歉都具備一個重要特點，那就是「宣示會努力改變」。他們寫到：「道歉應該跟『舊我』之間拉開距離，並且建立一個『新我』，而且這個『新我』不會做出類似行爲。」[59] 諸如此類的承諾可能發揮極大力量且具說服力。但是，我們眞的能相信花豹身上的斑點會改變嗎？

舒瓦茲和伍德·布魯克斯所做的一份有趣研究表示，這多半仰賴在道歉和承諾改變「之前」，接受道歉者的心理狀態。兩位教授安排了一次信賴遊戲，讓參與者把錢交給一位投資者，希望能夠獲利，但不久就顯示這位投資人不可靠。第一回合結束時，本錢全都沒有回收。第二回合結束也沒有。不用說也知道，信賴感立即消耗殆盡。第二回合後，只有六%的參與者準備繼續把他們分配到的九美元交給這位投資者。

但是在第三回合後，他們接到這位投資人的訊息：「抱歉讓您吃虧了，我會改的。從現在起我會還您九美元。」從那時起，投資人言出必行，開始返還大筆金額，也重拾大家的信賴，但有趣的在於，並不是每位參與者對他的信賴度都一樣恢復。在玩信賴遊戲前，一組參與者拿到一篇文章，上面寫人的個性像石頭一樣冥頑不靈，另一組也被要求讀一篇關於人類行爲的文章，但上面寫人的個性並非固定不變，而是會隨著每個新的決定和經驗逐漸改變。在遊戲的最後一回合中，讀到「個性像石頭」文章的參與者，只有三八%會投資，讀到「個性能改變」文章的參與者，有五三%願意信賴之前不可靠的傳訊者。[60]

花豹的斑點能改變嗎？能。但只有當遭到背叛的人願意相信個性能夠改變，否則不太可能給他們機會。

當然在最極端的信賴破產情況中，光是一個道歉——即使同時承諾會改變——完全不管用，剩下的只能用人類建立關係的方式來重建信賴——緩慢而且透明。

其中最令人振奮的例子，是一九七〇和一九八〇年代末，巴西和阿根廷在核武造成敵意的時期努力和解。美國情報體系（US National Intelligence）相信，如果阿根廷建設核子設施，區域安全將永遠遭到破壞，並揣測巴西可能也設法建立自己的核武能力，以「保障自己的安全同時恢復民族自尊心」。巴西和阿根廷的關係本來就不好，核武讓兩國關係更糟。

但是兩國的領導者，巴西的若澤·薩爾內（José Sarney）和阿根廷的拉烏·阿方辛（Raúl Alfonsín）卻努力扭轉局勢。薩爾內於二〇一五年表示：「我們在兩國間建立互信的關係。現在我們看到伊朗的情勢極其艱難，身在南美洲的我們沒有透過國際調停就辦到了。」兩國慎重採取一系列穩健的步驟，最終成立了一個雙邊核子檢查計畫，該計畫提高透明度，也使雙方更緊密地合作。[61]

同時，兩人致力於改善私人的關係，阿方辛第一次見到薩爾內時，提到希望訪問伊泰普水壩（Itaipú Dam），這座水壩是近十年國際水爭議的核心，薩爾內默許。接著阿方辛也釋出善意，邀請薩爾內參觀阿根廷位在皮爾卡尼耶烏（Pilcaniyeu）的核子設施，雙方都展現信賴對方的姿態，帶來一種新的互惠精神。倫敦國王學院戰爭研究系的訪問學者法蘭切絲卡·葛蘭內利（Francesca Granelli）完整詳實記錄了這場危機，兩位領導人以個人名義承諾帶頭引導透明的「信心與安全建立措施」（Confidence and Security Building Measures），包括軍隊對軍隊的接觸、科技交流，以及成立聯合核子政策委員會。

這兩個南美國家的緊張氣氛竟然往好的方向發展，兩國領導人都感到自己國家的脆弱，也都願意表現自己的脆弱，因而展現誠意與永續的信賴。信賴感大到足以度過未來的風風雨雨。

|第　八　章|

個人魅力

願景、騰動性、魅力的祕密

約翰．馬克斯（John Marks）九十四歲，充滿個人魅力。他的父親在倫敦經營一家猶太酒館，當時生活艱難，大家工作辛苦，酒也喝得兇。他生動回憶起小時候看著父親管理酒吧，母親蘿絲負責操持家務。那是個人聲鼎沸的熱鬧酒吧，充滿著愛，裡面高朋滿座，外頭六畜興旺。狗、鵝、雞、兔，甚至山羊三三兩兩在園子裡漫步，這座園子很受當地兒童喜歡，他們衣衫襤褸，有時光著腳丫，經常被邀去跟這家人一起吃飯，大概也是他們一個禮拜當中最像樣的一餐。[1]

二次大戰期間，德軍連番的轟炸摧毀了大片的倫敦帶狀區域，城裡的孩子被聚集起來送到鄉下，中斷了馬克斯的教育。但是小小年紀的馬克斯就展現反叛的天性，他逃離鄉下的學校，回到倫敦的父母身邊。或許是小時候經常目睹父母對他人的關愛，使他決定研究醫學。一九四八年七月五日他取得資格，同一天英國革命性的全新（而且自由的）國民保健署（National Health Service）誕生。或許是因爲這種關愛他人的天性，加上天生具備不多不少的反骨個性，使他四十年醫學生涯的成就斐然、活躍且受人矚目。

馬克斯是英國皇家全科醫師學會（Royal College of General Practitioners）的創

始成員，是維持英國墮胎合法的重要人物，並且大力宣導乘車繫安全帶，拯救了上百甚至上千人的性命。當全世界的人因爲恐懼HIV而恐慌和歇斯底里之際，他主張尊重愛滋患者的隱私。一九八四年他成爲英國醫學會（British Medical Association, BMA）主席，後來因爲查爾斯王子暗指BMA是偏執（bigoted）、垂死（moribund）和無情（apathetic）三個字的縮寫，而與他起了衝突。要不是因爲他在醫療改革上採取與政府唱反調的立場，並且將內部市場引進醫療保健供應中，現在他應該會被冠上約翰．馬克斯「爵士」的頭銜。

他也是約瑟夫．馬克斯的爺爺。

當小馬克斯告訴老馬克斯，他正在寫一本關於現代傳訊者的書，祖父自然是驕傲又充滿興趣，「其中一章是關於個人魅力是吧，」這位魅力十足的九旬老人用嘲弄的語氣說道。「寫這沒必要吧，有沒有個人魅力一看就知道，但是不可能替它下定義。」他說得沒錯。很難確切說出是什麼因素使傳訊者充滿個人魅力，我們在談論個人魅力時通常用曖昧、抽象的語詞，這些語詞本身就需要定義。其中一個定義是：「令人心服口服的吸引力和魅惑力，使他人爲之傾心。」這讓人不禁要問，究竟令人心服口服的吸引力和魅惑力是什麼樣子？洛桑大學（University of Lausanne）的組織行爲研究學者約翰．安東納克斯（John Antonakis）直到二〇一六年還認爲，「個人魅力」是一種「定義不明、難以衡量的天賦」。[2]但並不表示個人魅力不存在，畢竟個人魅力就像老馬克斯說的，一眼就看得出。大部分的人對個人魅力的說法，就像美國最高法院法官波特．斯圖爾特（Potter Stewart）對硬調色情的名言：「看到就知道了！」[3]人往往會公認某位傳訊者有個人魅力，某位沒有。在性格調查中，對自己的個人魅力給予高度評價的人，也往往是別人認爲有個人魅力的人[4]，正所謂，看到就知道。

個人魅力經常跟「領導能力」成對出現。創造個人魅力認知的神祕特質，經常也會使人聽從並追隨某些領導者。因此我們也傾向把個人魅力與特定的某些人聯想在一起，而不是分析個人魅力這個特質本身。當我們說個人魅力時，會想到黛安娜王妃、歐普拉、歐巴馬或甘地，甚至希特勒。也難怪儘管廣大群衆和學術界想多了解這個概念，但研究者卻幾乎無一例外把個人魅力的研究侷限在領導能力上。最早期正式探討個人魅力的其中一人是德國哲學家馬克斯．韋伯（Max Weber），他直指個人魅力在領導能力扮演的核心角色：[5]

「個人魅力」一詞適用在某種個人特質上，由於大家認爲他與眾不同，而且他天生具備超自然、超人性或至少明顯的特殊力量或特質，是一般人所不具備的，因而被視爲天賦異稟或者堪稱楷模，於是這個人在這樣的基礎上被認爲是個「領導者」。

難怪這麼多現代的領導學理論賦予個人魅力如此高的重要性，以及具個人魅力的執行長是如此搶手而受到重金禮聘。近二十五年的資料所做的大規模研究顯示，具個人魅力的領導者不僅能激勵團隊達到前所未有的好表現，也使他們的內心更堅定[6]，特別是在危機或重大改變的時刻。第三章探討強勢的傳訊者在衝突或不確定的時期往往特別能發揮效能，有個人魅力的傳訊者在類似時刻也特別成功，因爲激勵人心的能力有強大說服力。[7]韋伯暗指兩者之間的關聯性，他提出具個人魅力的傳訊者往往站在社會改革和革命最前線，在類似時期，人們希望能在某人背後集結起來，那人代表他們的理念，爲他們發聲。

此處包含自我揀擇的要素在內。擁有個人魅力外顯特質的人，例如突出的表現欲、願意在公開場合暢所欲言、有別傳統的態度等，比較會想站出來扮演領導角色。[8]但是將個人魅力和領導能力單獨連結在一起卻是不對的，很多人都有個人魅力，我們在朋友、家人甚至陌生人身上都會看到個人魅力。

個人魅力的元素

個人魅力是各種個性聚集而成，包括自信心、表達能力、精力、對未來抱持樂觀、遣詞用字、不畏冒險、挑戰現況、創造力等。但由於每一位具個人魅力的人所具備的以上特質並沒有同樣多，或者可能根本不具備其中幾項，因此研究人員很難辨識與衡量關鍵的人格特質，不過還是有一些跡象，往往能說明誰比較可能被認爲具有個人魅力。

其中一種能力是清楚表達集體認同和願景。馬丁．路德．金恩二世支持平等、慈悲和愛，希特勒傳送一個國家的憤怒，邱吉爾代表國家的堅忍，裴隆夫人（Eva Perón）

支持受迫害者。這些人在其他方面都各不相同，但都能觸動團體的集體認同、提醒群衆一段共同的歷史或改變的需要、清楚表達未來的理想願景。他們都有化繁爲簡的本領，有時甚至簡化到二元選擇，例如自己人和外人、內含和除外、英雄和惡人，同時在追隨者之間激發凝聚力，不光是促成團結，而且是團結在共同的目標上，鼓勵群衆放下個人利益、勇往直前達成目標。於是群衆被轉化了，帶領他們的這位具個人魅力的傳訊者，被認爲有轉化的力量。[9]

這樣的能力也使遇到他們的人產生敬畏心。敬畏就像個人魅力，聽起來模糊籠統，但被認知成一種心理狀態，研究人員表示，消除個人的自我，更想和他人產生連結，因此敬畏能改變人的道德行爲。心理學家保羅．皮夫（Paul Piff）發現，當參與者被要求回想曾經心生敬畏或站在參天大樹下的時刻，他們不僅自我意識變淡，也更願意致力於有利社會的行爲。[10]換言之，敬畏使人將自己視爲團體的一份子，甚至把具有個人魅力的領導者，提升到類似邪教教主或英雄的地位，無論那位領導者是否符合他們的期待。

具個人魅力的領導者用各種方式清楚表達他們對未來理想世界的看法，而比喻是一種很有影響力的方式，根據亞里斯多德所說，比喻是不可或缺的修辭武器，也是很有效的工具，因爲即時且往往很容易想像。比喻能產生象徵性的意義、激發情緒反應，又不會眞的改變所要表達的意義。就拿柯林頓一九九三年就任演說爲例，他用季節做比喻，將美國人的注意力導向新的開始：「我的美國同胞們，你們努力使春天到來，現在我們必須做春天該做的事。」[11]又如一九六〇年代甘迺迪提倡太空競賽的演講中說的關鍵一句：「美國已經將帽子扔到太空的圍牆之外……」[12]比喻不見得要具原創性，只需切中要點並打動人心，所以才會有英國議員伊諾克．鮑威爾（Enoch Powell）在一九六八年的演說「血河」，直接引述古羅馬詩人維吉爾的史詩《艾尼亞斯紀》（*Aeneid*）中的一句，來警告大規模移民：「放眼前方之際，我的心中充滿預感，如羅馬人，我似乎看到『台伯河冒出大量的血泡沫』。」[13]

統計學的證據顯示，使用比喻能提高一個人在他人心目中的個人魅力。加州州立理工大學心理系教授傑佛瑞．史考特．米奧（Jeffery Scott Mio）曾仔細研究過去美國總統使用這種特殊的修辭手法，發現那些在西蒙頓（Simonton）的個人魅力排行❶上得分高的人，在就任演說中也大量使用比喻[14]，例如甘迺迪、羅斯福、詹森和雷根（他們的個人魅力排在歷任美國總統當中的前七十五百分位數），在第一任就任演說中平均使用二十個比喻。對比排在最後百分之二十五的克里夫蘭（Grover Cleveland）、海斯（Rutherford B. Hayes）、門羅（James Monroe）和塔夫特（William Taft），平均僅使用三次比喻。史考特．米奧也注意到這些在個人魅力排行上分數低的總統，最容易失掉連任而僅擔任一任總統。羅斯福是最有個人魅力的美國總統，他在短短三分三十八秒的就任演說中使用了二十一個比喻（等於是每十秒一個比喻），他擔任了四任美國總統。

除了比喻能激起立即的情緒反應，故事和趣聞也可以。故事還多了一個好處——讓人想起共同的經驗、背景和奮鬥過程，在說故事者和聽者之間建立情誼。薩迪克．汗（Sadiq Khan）在競選倫敦市長時，不時強調他出生於巴基斯坦的移民家庭，有七名兄弟姊妹，他在政見發表會上大聲說：「我爸是公車司機，我媽是裁縫。」[15]這是

---

❶ 加州大學戴維斯分校的心理學教授狄恩．西蒙頓（Dean Simonton），從五個關鍵參考點觀察美國總統，包括他們的人際關係、個人魅力、沉穩度、創造力和神經質程度。

個成功的策略。企業也會編織類似個人的神話故事，例如蘋果電腦是賈伯斯和沃茲尼克（Steve Wozniak）兩人大學中輟，在賈伯斯位於加州洛思阿圖斯（Los Altos）的老家車庫建立起早期原型，類似的幕後故事讓消費者或選民認同傳訊者的性格特徵。

至於哪一種幕後故事能引起最好的反應，要看傳訊者尋求的是地位還是感情。如果想激起憐憫和情感連結，人比較喜歡聽到弱者的故事，例如白手起家、出人頭地的政治人物；努力和隔壁大財團競爭的獨立小咖啡館。然而，當人們感到驕傲，就會比較喜歡身分地位高的人，或是具領導地位、知名或信譽卓著的品牌幕後故事。換言之，遇到有錢、有權、能幹和外表出眾的傳訊者時自慚形穢的人，聽到好的幕後故事會替弱者加油；有身分地位的人則比較喜歡人生勝利組的故事。[16]

騰動性

另一種經常跟個人魅力聯想在一起的是騰動性（surgency），這種氣質的典型是對未來抱持積極正向的態度、精力充沛且對成就感有高度欲望。這類人在他人眼中樂觀、擅長社交且容易親近，大部分的心理學家證明人有認眞、隨和、神經質、寬大、外向五種性格型態，而其中「外向」與騰動的關聯最緊密。[17]

騰動和情緒表達猶如連體嬰。具個人魅力的傳訊者較擅長情緒表達，能成功引動群衆正向（如金恩）或負面（如希特勒）的情緒。騰動性與正向情緒連結，較容易引人關注並與自己合作。由於情緒具感染性，因此會在人之間傳播[18]，簡單來說，傳訊者愈善於表達，群衆就愈容易「感染」他的熱情。

心理學家威廉．杜荷蒂（William Doherty）開發了情緒感染量表（Emotional Contagion Scale），衡量一個人感染他人情緒的傾向。[19]他認爲最容易被情緒感染的人很善於解讀情緒，他們非常專注，認爲自己和他人相互關聯而非彼此獨立，這些正是騰動性最必要的特質。情緒感染量表上排在前面的「模仿」，是騰動的另一個重要特點，或許正因如此，身體語言對個人魅力的傳訊者而言也非常重要，發自內心的微笑、多用視線接觸、生動的肢體語言，都能把具個人魅力的傳訊者所傳送的訊息放大，好比善用香料能做出一鍋好吃的咖哩。[20]

一系列研究清楚證明以上論點，這些研究拍攝人在演講的連續鏡頭，將聲源關閉，把演說者變成會動的假人。志願者被要求看這些變造過的影片（已經沒有語言的提示和臉部表情），然後針對特定性格特質對這些假人評分，包括信賴度、強勢與否、能力，以及認眞、隨和、神經質、寬大、外向等心理學上的五大性格特質。結果出現一個清楚的模式：被認爲精力充沛、熱情且善於表達（也就是有騰動性）的假人，整體而言手部動作較多，只有短暫時刻暫停靜止。

不只如此，在看過這些假人的身體動作後，志願者也預測原始的演說獲得的掌聲，他們（正確地）假設精力充沛且身體語言豐富，也就是騰動的人，得到較多喝采。[21]手部動作似乎是某種第二語言，形成一種方言，向聽衆發出提示和特徵，幫助他們判斷傳訊者的騰動性。這些手勢傳達了傳訊者的內在情緒，暗示對方他們內心對某個議題和情況的眞正想法，並確保聽衆注意、願意聆聽乃至準備採取行動。

如果假人實驗只是紙上談兵，網路的TED演說則證實以上通則。就拿幾場關於領導能力的演說爲例，其中之一是前倫敦證交所策略總監，現在主持國際社會企業領導者之探索（Leaders' Quest）的菲歐絲·威克幕林（Fields Wicker-Miurin），她述說三位了不起的領導者的故事，包括亞馬遜部落的酋長、印度非政府組織的主持人，以及中國西南部某地方性美術館的策展人。這是場精采的演說，清晰、事例充分、豐富的人物描述，充分說明即使沒有被商學院ＭＢＡ的課程做成模型和新奇的圖表，我們依然能從這些人和地方獲得有關領導的重要啟示。[22]

第二場ＴＥＤ演說是作家兼組織顧問賽門．西奈克（Simon Sinek），他也談論領導力，包括人和組織的領導，以及領導者如何啟發他人採取行動。西奈克的演說也相當精采，說理清晰、事例充分，喚起人物記憶，如金恩和萊特兄弟。[23]

不過，兩場演說的差異在於聽衆的反應。在撰寫本文之際，威克幕林的演說被線上觀看一百多萬次，西奈克的演說被觀看超過四千三百萬次。一場十八分鐘的領導學演說，究竟如何完勝另一場主題相同、長度相同的演說？因素當然很多，但西奈克大量使用手勢，應該是他的演說持續受歡迎的重要因素。

身兼作家和肢體語言訓練師的凡妮莎．凡愛德華茲（Vanessa Van Edwards）分析過數百場ＴＥＤ演說，她想知道爲何即使演說的主題大同小異，而且內容和吸引人的程度相當，但有些演說大受歡迎，有些卻沒沒無聞。[24]她設計一份研究，解釋爲何西奈克的領導學演說比威克幕林的演說多吸引了四十倍人觀看。她從大量網民當中組成線上研究團隊，請他們分析TED演說的語言和非語言模式，找出一種引人產生興趣的模式。在TED.com上標準的十八分鐘演說中，成功的演說者使用的手勢，是內容相當但較不成功的演說者所使用的近兩倍，也就是平均四百六十五次相對二百七十二次。使用手的頻率愈高，觀衆認爲他們愈親切有活力，換言之，使用手勢的次數，可用以預測觀衆對演說者個人魅力的評分，較生硬的講者多半被視爲冷漠且分析性強。

當然，人生絕不會那麼簡單明瞭，俗話說過猶不及。二〇一六年總統初選期間，共和黨州長約翰．凱西克（John Kasich）因爲太常使出好鬥的「忍者手勢」而被譏笑。有個令人難忘的場面是在辯論對外政策時，凱西克一面使出打蒼蠅的手勢，一面疾呼戰鬥口號，說美國應該「在俄羅斯人鼻子上來一拳」。[25]說他咄咄逼人，絕對是如此，但談不上個人魅力。

腦筋動得快，而且思路流暢

當研究人員從比喻的使用來探究個人魅力的主要元素時，不免會尋找個人魅力和聰明之間的關聯。我們把個人魅力和領導能力聯想在一起，並且假設領導者是聰明人。因此，具個人魅力的人是聰明人。

事實上，研究顯示傳訊者的個人魅力和整體智商之間不具任何關聯性。[26]不用花一時半刻就想得出一些智商普通但充滿個人魅力的人，甚至有更多絕頂聰明卻完全不具個人魅力的人。表面上聰明人應該知道如何用有魅力的方式傳達訊息，讓聽眾比較容易理解他們的話，但具備個人魅力的人宛如高明的足球員，憑的是本能，而不是理性和愼重思考而產生的能力。

以愛因斯坦爲例。現代理論物理學之父肯定是人人心目中的聰明人，但他並不具備優秀的公開溝通能力，甚至可以說連平均水準都不到。事實上，他講的課是枯燥乏味的代名詞，當他在發表知名的 $E = mc^2$ 等式後不久，於伯恩大學（University of Bern）開設一門熱力學的課，只有寥寥幾位同學去上，而且全都是他的好友。下學期時大學決定取消這門課。此外，要不是愛因斯坦的朋友向瑞士蘇黎世聯邦理工學院（Swiss Federal Institute of Technology）的院長保證愛因斯坦雖不是口才最好的人，但聰明才智足以勝任該職位，否則愛因斯坦就申請不上該校的教職了。他的傳記作者華特·艾薩克森（Walter Isaacson）寫到：「他的課常被認爲沒有系統。」他提到愛因斯坦絕不是最能帶給學生啟發的老師。

不善溝通的聰明人還不只愛因斯坦。華頓組織心理學家亞當·格蘭特直指：「雖然俗話說，不會做的人就去教人做，事實上最會做的人往往是最蹩腳的老師。」[27]諷刺的是，最有個人魅力的一流老師，往往不是因學術研究而出名的教授，而是資歷較淺、懂得溝通的學界人士。[28]格蘭特認爲：「重要的不光是他們懂什麼，還包括他們的學問是多久以前和多容易取得，以及他們能夠多清楚並充滿熱忱地傳達給他人。」

但這並不表示聰明才智跟個人魅力毫無關聯。許多有個人魅力的人往往天生就能快速流暢地處理資訊，換言之，他們的思考速度很快，而且能針對現況快速判斷，從而調整行爲。這種快速思考防止了一等一聰明的人經常感到苦惱的猶豫不決，也使具個人魅力的人做出各式各樣的反應，往往是充滿機智的妙言、用創意十足的方式表達想法，以及有趣的俏皮話，讓我們這些腦袋比較慢的人嫉妒地想：「我怎麼就沒想到！」腦筋反應快也比較具社交能力，到頭來，腦筋快的人也是口才好的人。[29]
腦筋反應慢、想得多的傳訊者，或許會比機智過人的萬人迷更有智慧，因爲如果剛好一位有學問的民眾問一個難以回答的問題，例如解釋愛因斯坦的相對論，這時萬人迷就會露餡了。

個人魅力的硬性和軟性面

由於個人魅力有許多基本特徵，加上一般人傾向用結果來定義，使我們難以創造一個清楚的理論架構，來解釋到底什麼是個人魅力，至少到最近爲止是如此。康斯坦丁·斯海（Konstantin Tskhay）博士的研究提出一個基本模式，他指出個人魅力由一組因素構成，這些因素恰好反映本書概述的兩種傳訊者效應，也就是硬性效應中的強勢，以及軟性效應中的親和。[30]根據斯海的說法，具個人魅力的傳訊者會表達自我、領導團體且有存在感（強勢），同時能跟人相處，使大家自在並表現正向的關懷（親和）。基本上，具個人魅力的傳訊者的強勢足以引人注意，使自身意見被聽見，但又不會太超過而給人侵略或霸道之感，有魅力的人不用蠻力而用魅力。斯海的問卷想透過評估強勢與親和來衡量個人魅力，精準預測傳訊者是否被認爲具個人魅力與說服力。舉例來說，當群衆聽到一位傳訊者對支持風力發電勝過其他電力（如火力、石油）的強烈或溫和主張，無論訊息本身或理論基礎的強度，那些在斯海的一般個人魅力清單量表（General Charisma Inventory Scale）上得分較高的人都較具說服力。基本原則是，即使聽的人努力聚焦在論點的合理性，但他們多半會被那些用有魅力的方式表達的人說服。

當然，並不是歷史上所有具個人魅力的人物都展現親和，希特勒就不是，但這不等於否定斯海的基本洞見。希特勒或許如大家理解是不夠親和的人，但他能有效投射一種「同在一條船上」的感覺。勞倫斯．里斯（Laurence Rees）的紀錄片《希特勒的暗黑魅力》（*The Dark Charisma of Adolf Hitler*）中有一段尤塔．呂迪格（Jutta Ruediger）的訪談，她提到當她見到希特勒時，就立刻對他產生親切感。她說：「我本人有種感覺，這是一個捨己爲人的人。他心心念念只想著德國人民。」一九二〇年漢斯．法郎克（Hans Frank）在啤酒廳（Beer Hall）聽希特勒講話，他說：「他說出在場每個人心裡的話。」一九二〇年代伊米爾．克萊因（Emil Klein）聽過希特勒講話後，他說：「這個人散發的個人魅力之強大，大家對他的話深信不疑。」

強勢與親和通常被認爲彼此衝突，一般認爲競爭性強、敢衝撞的人，不可能同時是個親和、體貼又有愛心的人；同樣地，親和的人多半好欺負。但是有個人魅力的人能平衡以上兩種特質，避免強勢傳訊者的侵略性和易怒，或者至少把這兩種特質導向對「外人」，而且是透過強烈的團結心。當硬性和軟性傳訊者效應用這種方式結合，就成爲強大的武器。

個人魅力學得來嗎？

個人魅力和聰明都是天賦，大部分的人並非天生就具備解答複雜數學問題的能力，同樣地，只有少數幸運的人，天生就能以生動活潑且引人入勝的方式與人溝通。但我們還是可以從有魅力的傳訊者身上學會幾個小技巧：多練習如何對一群人說話、運用恰當的比喻、使用手勢和適合的臉部表情等非語言提示，並且觸動對方產生同感以及共同體的感覺。約翰．安東納克斯帶領整個科學界針對個人魅力做出一個可行的定義❷，他也率先針對個人魅力訓練進行科學研究，發現這種技巧其實是可以培養的。[31]

本書一開始引述的研究發現，兼具強勢及親和（個人魅力的陰和陽）的教師，會獲得學生較好的印象與評價。[32]想像如果愛因斯坦開始教授熱力學之前，受過安東納克斯的個人魅力訓練，這門課不但不會被取消，反而可能會有更多學生搶著上他的課。如果那股熱情被點燃，並在教師和教師、大學和大學、學院和學院之間傳播，如今孩子們在被問到「長大以後想做什麼？」時，說不定會有更多孩子回答「科學家」，而不是像英國的調查結果：有名、有利，或者名利雙收。

在我們進入本書的結論之際，值得花點時間回顧目前爲止的內容。第一部探索社會上的硬性傳訊者，也就是憑社經地位、能力、強勢和外表吸引力取得地位的人。

第二部探索軟性傳訊者，他們在他人眼中有親和力、願意自曝弱點、值得信賴，而且有個人魅力，是以博感情爲導向的個性。我們認爲生命中幾乎每一面——包括價值觀、做的選擇、擁護的政治理念、信念、嗤之爲虛僞或不重要的事物、我們的態度、參與的團體和拒絕參與的團體——都受到傳訊者及其訊息的影響。傳訊者是社會以及我們在社會立足的基礎，不光是對我們所思和所信的事物發揮無比的力量，也終究影響我們是什麼樣的人，以及成爲什麼樣的人。那麼，傳訊者的哪些特質對我們的影響最大？在我們決定該聽誰的話、該相信誰的時候，哪些訊息是最重要的？各種不同的傳訊者效應如何相互作用？我們要怎麼做，才能更敏銳察覺並理解這些效應的潛在暗示？

這是接下來要關注的重點。

❷ 安東納克斯將個人魅力定義為：「以價值為基礎、具象徵性且充滿情感的領導者信號。」

結論

傾聽……相信……付諸行動

一九八一年，英國內政部發行一本名爲《民防：爲何需要》（*Civil Defense: Why We Need It*）的小冊子，針對爲核子攻擊做準備提出正當理由。當這個題目在國會中討論時，有一位部長問，萬一最糟的情況發生時，該由誰向民眾轉達重要訊息。

兩個名字被提了出來：凱文．基岡（Kevin Keegan）和伊恩．波森（Ian Botham）。[1]

先澄清一下，基岡和波森都不是民防專家，也都沒有受過核子攻擊應變措施的訓練，更不懂得如何處理遭受攻擊後人心的混亂和不安。此外，也從沒有人教過他們如何傳播安撫人心、減低不確定感的訊息。簡單來說，萬一發生核子戰爭，他們絕不是最有資格傳遞重要訊息的人。地方政府官員、警察和社群團體領導人都遠比兩人合適許多。

但是基岡和波森不是因爲專家而被提名，而是他們的地位。基岡是當時英國最知名的足球員，波森在那年早先的時候在灰燼杯（Ashes Test）板球錦標賽上一個人把澳洲隊打得落花流水。

派一位在某個領域擁有身分地位的人，到一個陌生的領域傳遞訊息，這種做法不可謂不尋常。有望成爲美國總統的人都是這麼做的，一九二〇年代沃倫·哈定（Warren Harding）問鼎白宮時成功取得好萊塢巨星艾爾·喬遜（Al Jolson）和瑪麗·畢克馥（Mary Pickford）的支持；一九六〇年代初甘迺迪讓狄恩·馬丁（Dean Martin）及其「鼠黨」（Rat Pack）成爲自己的啦啦隊；二〇〇七年歐普拉在CNN《賴瑞金現場》節目中受訪時替歐巴馬背書，根據兩位美國經濟學家估計，此舉讓他多贏了一百零一萬五千五百五十九票。[2]

最近名人替政治人物背書的好例子，是歌手泰勒絲在二〇一八年美國期中選舉時，決定在擁有一·一億追蹤者的 Instagram 上，推銷兩位民主黨候選人。她寫道：「參議員我會投給菲爾·布雷德森（Phil Bredesen），衆議員我會投給吉姆·庫珀（Jim Cooper）。拜託拜託請告訴你自己，在投票給你那州的候選人時，要看是誰跟你的價值觀最吻合。很多人永遠不可能找到百分百同意的候選人或政黨，但還是得去投票。」在此之前泰勒絲從不曾透露她的政治傾向，有些人批評她沒有運用自己的影響力在二〇一六年推希拉蕊一把，因此泰勒絲介入二〇一八年期中選舉引起正反不同的意見，許多人滿開心的，也有人不苟同，主張她「應該專注在鄉村音樂（country music），而不是國家政策（country policy）」。

泰勒絲在 Instagram 的貼文是否影響期中選舉結果？從一個層面來說，答案顯然是「不」，畢竟最後只有一位她屬意的候選人勝選。「泰勒絲無法影響田納西州的選舉」還有「泰勒絲背書的候選人慘敗」難免成爲選後的報紙頭條。[3]

不過，仔細一看發現大有文章。

要記住一點，根據泰勒絲貼文那天之前的 CBS 民調，泰勒絲屬意的候選人布雷德森比共和黨對手瑪莎．布拉克伯恩（Marsha Blackburn）少了八個百分點[4]，換言之，泰勒絲並不是在競爭態勢接近的情況下介入。田納西州是共和黨的鐵票區，過去四屆總統選舉都投給該黨候選人（二〇一六年川普得票率六〇％），因此共和黨的選民不太可能只因爲某個流行樂歌手的建議而一夜之間改變看法。眞要說起來，搞不好正好相反。泰勒絲對他們偏好的候選人的激烈發言刺激了右派選民，使他們起而反對她，而不是反對那些她攻擊的人。[5]在泰勒絲表明立場後，共和黨選民對她不再有感情，反而開始對她不屑，在他們的眼裡，泰勒絲作爲傳訊者的地位已經從「鍾愛的本土明星」變成「好萊塢的自由派菁英」。

但是，有些人似乎聽進泰勒絲的話。那些崇拜歌星（很多是二〇〇〇年後出生者），感覺跟她比對任何特定政黨更親近的人，不再對政治冷漠而登錄投票。致力於提高投票率的非政黨團體 Vote.org 表示，在泰勒絲貼文後四十八小時內，有二十一萬二千八百七十一位新選民在網站上登錄，接近前一個月登錄投票的總人數。超過半數（十三萬一千一百六十一人）是十八至二十九歲，在過去四次期中選舉當中，這個年齡層只有二〇%有投票權的國民投票，但根據《紐約郵報》（*New York Post*）報導，在泰勒絲貼文之後申請提前投票的十八至二十九歲的美國人，相較二〇一四年一躍增加六六三%。[6]布雷德森或許是輸了，但誰知道這多出來的選民——是一群經常被認爲對現行政治體系不抱希望且不關心的人——未來會做什麼？這些以前不投票的人可能會改變政治態度，只因爲他們對一位有親切感的高地位傳訊者傳來的眞誠訊息有所感觸。

泰勒絲介入政治，說明傳訊者效應的複雜性，也證明傳訊者效應不會因為複雜而無法發揮驚人的力量，有時是以我們無法憑直覺預料到的方式。電視節目《超級大富翁》（*Who Wants to Be a Millionaire?*）的參賽者要回答難度逐漸提高的瑣碎問題，才有機會獲得一大筆獎金，想像珍這位參賽者正處在兩難局面。在此之前都很順利，直到她被問到一個問題，如果答對將贏得一筆優渥的獎金。重點是，那個問題——問到一部她聽都沒聽過的五〇年代老電影——讓她一頭霧水，她當下想到亂猜太冒險，於是決定使用一次遊戲准許的「救兵」：打電話問朋友。但是該打給誰呢？珍回想曾經跟兩個朋友聊過電影，其中一位懂的比另一位多很多，但她不太記得他們對電影懂多少。此外，這兩位朋友其中一位和珍的政治理念相同，另一位很不一樣，但是現在珍考慮的不是這個，她想的是哪一位朋友比較可能正確回答這部電影的冷知識。

《超級大富翁》的情境，與本書作者之一、柯普蘭、羅、桑斯坦和夏羅特進行的研究有許多共同點，我們在第二部一開始曾經引用過這份研究。我們的研究結果顯示，珍最後會打電話給那位與她政治理念相同的朋友，即使她親眼見到的證據顯示這位朋友對電影的冷知識少於那位與她政治理念不合的朋友。[7]客觀上，她知道政治理念跟電影知識毫無關係，但她並不客觀。她正在犯一個人類典型的錯誤，認為不同的技能和屬性是內在相互連結，而不是彼此獨立。只因為她的朋友在某方面與她類似，因此也可能在一個完全不相關的領域上具備能力。本質上，珍聽到的是這位傳訊者的魅惑之音。

這聲音的力量強大到在我們的心中愈來愈有存在感，經常導致我們做出各種不合邏輯的連結。例如基岡是了不起的足球員，也是國家隊隊長，萬一發生核子毀滅時，我們可以信賴他。泰勒絲是一流歌手，因此我們應該遵循她的政治建議。我們的研究結果說明，如果在泰勒絲於Instagram貼文的隔天，也就是十月九日問田納西州的共和黨員：「泰勒絲有多聰明？」他們對泰勒絲的評價會比兩天前低很多。行為學家愛德華．桑代克（Edward Thorndike）把這種現象稱為月暈效應（Halo Effect）[8]，他的研究大多在大企業中進行，他發現人經常會把某個領域的強項或弱點，跟另一個領域的強項和弱點相提並論，當管理者被要求在兩個一組如「領導能力」和「智能」，或者「可靠度」和「決斷力」上替員工評分，他們對某種特質的評分往往指引他們對第二種特質的評分，而且兩種特質經常無關。被認為極有領導力的員工，經常也被評分為聰明的人；被認為猶豫不決的員工，往往在另一個區域也被認為能力不足，極少員工被認為聰明但缺乏決斷力，或可靠但不聰明。本質上員工分為好員工和壞員工兩群，看來不光是以貌取人，還包括所有其他的特質在內，一旦大家認為某位傳訊者因為名氣、親和、能力、個人魅力和吸引力等單一理由而發揮影響力，強大的月暈效應會影響我們對那位傳訊者在其他特質上的評價。

這樣的假設也表現在人與人之間。如果你在會議上遇到某人，發現你們有個共同朋友，而且那位朋友是個好人，你很可能會假設你剛才認識的那個人也是好人。[9]同樣地，如果那個人跟一位你不太喜歡的人為友，你很可能立刻就不喜歡他。這些原則當然也適用在人和物體的連結上，只要看廣告業界就很明顯。我們對喜歡的人或認為有地位的人所穿的T恤給予高度評價，或者就像耐吉的海報男孩老虎伍茲和藍斯·阿姆斯壯（Lance Armstrong），我們可能只是因為替商品促銷的傳訊者不再受寵，就對曾經喜歡的商品不屑一顧。[10]

其實不難理解落入這種傳訊者偏見的含意。如果我們相信名人勝過專家，單純因爲某樣東西和一位有魅力的人連在一起所以去購買，或者去附和朋友的政治觀點，也難怪我們生活中充斥著假消息、陰謀論和餿主意。這些傳訊者特質以及使我們警覺到它們存在的信號，帶來令人擔憂的後果。儘管很難承認，但我們可能會聽從錯誤的傳訊者的話。我們多半以爲自己對這些效應有免疫力，只有別人才會輕信單靠知名度或人脈的傳訊者提供的似是而非訊息。我們以爲有抵抗力能淡化這些力量，不會被外表光鮮、有吸引力的傳訊者愚弄，也不會偏好一個想法相似的業餘者，而不是一個想法不同但聰明許多的專家。我們也以爲不會屈服於那些說得多、做得少的政治人物，我們相信自己是第一章描述的學生，即使遇到有地位的人開的龜速車也會按喇叭。

證據顯示當然不是這麼一回事。

那該怎麼做？於是出現兩個點子。

首先，眞誠可靠應該會有好報。散播虛假消息是陰險狡詐的行爲。二〇一八年的一份研究，分析在推特上超過十二萬五千筆新聞報導，研究人員使用六個獨立的事實檢查機構，將這些新聞報導分類爲眞實或虛構，發現假新聞比眞新聞更毒，而且假新聞散播的速度更快、更深又廣。[11]虛僞或誇大不實的故事，特別是有關恐怖主義、科學、財金和都市傳說等特別容易被傳播，因爲通常被認爲比眞實新聞更新奇且值得分享。機器同時可能傳播事實和虛構故事，人類不會，這點跟許多人相信的相反。難過的是人製造假新聞，人也最有可能繁殖假新聞。

這個令人喪氣的發現，表示我們應該思考一些計畫和政策，對社會上大多數較可信賴的重要訊息平台提供某種獎勵。

我們可以透過新聞標籤工具暗示新聞和文章的可靠度，類似食品包裝上的標示系統，也可以在常用的社交媒體和新聞平台上使用演算法，優先顯示使用者評定爲可信賴來源的內容。另一項近期的研究發現有證據支持這樣的想法。使用來自六十個來源的新聞，包括主流媒體的新聞提供者如CNN、NPR、BBC和福斯新聞（Fox News），以及黨派色彩濃厚的網站如布萊巴特（Breitbart）和即時新聞網（now8news.com）發現，讀者相當擅長分辨消息來源，與八個評估消息可信度的事實查核獨立單位一樣準確，這點頗令人意外。[12]這表示區分眞實和事實的能力，既是懶惰的函數也是意識形態的函數，原因之一是傳播的資訊過多。[13]因此除了信賴標示和演算法以外，還可以結合一些獎勵媒體平台發布事實和可信報導內容的政策，其中有個值得探究的想法，是提供減稅優惠或誘因（或許是降低公司稅）給經過獨立判斷、擁有較高信賴度的新聞組織和社交媒體。要澄清的是，我們不是建議股東和高階主管可以多留點現金在身邊，而是平均分配給所有員工，讓每個人在這場遊戲中雨露均霑，包括實踐和捍衛可信賴度在內。

透過減稅等政策來捍衛可信賴度是件複雜的事，比較容易的做法是從你我爲起點。了解我們的心對於強力的傳訊者特質有哪些反應，使我們對未來可能的錯誤有更多覺察。因此我們應該及早了解腦部的運作方式，大多數國家的學生在十六歲時會接受數學、英文和科學等科目的考試，但心理學很少。儘管在英美等國有超過四〇％的學生在十六歲前已經至少學過兩年地理，但只有二％的學生學過心理學。[14]我們是不是該因此推論，地理較有用且受歡迎？或許不是。進入高等教育，心理學學位顯然比地理學學位更受歡迎，並且逐漸在經濟學、市場行銷、溝通傳播和政治學等大學和研究所學位的學程中作爲必修模組。[15]儘管如此，大部分的人在畢業時沒有學過基礎心理學，也沒有學過哪些是最常引起自己反應的傳訊者信號。

不僅老師是社會上重要的傳訊者，家長也是，他們鼓勵家人談論每天面對的問題。我們如何決定該相信誰？我們是否過度被個人魅力、自信心和外表影響？這些畢竟是每個人都要面對的問題，而且不會消失。我們希望本書提供某些答案，也希望指出一個方向，讓我們從硬性和軟性的高效傳訊者身上學到有用的教訓。

一種傳訊者搞定全部的人？

研究過程中，我們多次被問到在八種傳訊者特質中，有沒有哪一種是無往不利的。近來有一項後設分析，整合名人背書廣告的影響，發現確實如此。那就是信賴度。[16]在一份具影響力的英國政府報告中，也將信賴度納入三大特質之一（另外兩種是專業知識及相似度）。[17]信賴度也在另一組大規模研究中獲得高分，這些研究想確知世界各地的人（包括日本、厄瓜多、模里西斯的偏鄉的人，乃至英國、美國和澳洲等大城市的人）最重視什麼人格特質。在廣告的調查中，能力和魅力分居第二和第三。在調查重視的特質中，能力再度居重要地位，親和居首。[18]

要注意的是，此處的人是回應很明確的問題，一個是跟廣告有關，另一個和性格特質有關。即使信賴度和能力在兩種調查上獲得高分，但在廣告調查中選擇魅力，在全球調查中選擇親和，兩者都可以理解，只是明顯存在著鴻溝。光看以上的結果足以說明，以為某些傳訊者效應比較強的想法是危險的。調查顯示雖然在較多情況下信賴度顯然是關鍵，但本書探討的所有各種傳訊者效應，其發揮的效能會因當下情況而異。

最好的例子就是看似二元選擇的硬性和軟性傳訊者。原則上，硬性傳訊者較可能影響一群想從他們身上獲得有形物的群眾，包括資源、資訊，或者只是想追隨領導者。軟性傳訊者吸引那些對無形好處較有興趣的人，例如親近感、忠誠或尊重。有趣的是，屬於硬性傳訊者效應的吸引力用在軟性的情況下也可能發揮強大效力，一如軟性傳訊者效應的個人魅力，在硬性傳訊者的狀況下也可能很有效。換言之，普遍欠缺的特質會變得比較重要[19]，因此技巧純熟的傳訊者不僅要能暗示自己擁有各種特質，也要針對特定情況靈活運用。

以階級為例，或者更明確地說是最高位階的人。硬性傳訊者往往善於在組織階級中取得地位並層層往上爬[20]，特別是處在不確定或衝突的時候，外部威脅使人對強勢之類的特質較有好感。但這不表示領導者需要不斷炫示自己的地位。近期有一份研究，檢視臺灣軍隊中長官與下屬的互動，發現相較態度堅定但體恤下屬的領導者，當長官展現強勢時，下屬的表現反而不盡理想，導致長官對下屬的滿意度較低。[21]有身分地位的領導者，也最可能因爲展現親和力、信賴度和弱點等軟性做法而受益。

最後這一點與心理學上很多人知道的「出醜效應」（pratfall effect）現象一致，這是一種短暫出糗的狀態，使傳訊者顯得較有親和力而獲得更好評價。[22]這個效應最初是由一九六〇年代社會心理學家艾略特·阿倫森（Elliot Aronson）證明，聰明能幹的傳訊者在大眾面前出糗，以阿倫森的研究是把咖啡灑在自己身上，旁觀者並不會因此覺得他們很遜，反而更喜歡他們。相對而言，當一位沒那麼能幹的傳訊者犯同樣錯誤，大家通常會認爲他出糗只是進一步證明他就是個無能的人，而且更不討人喜愛。對高地位的傳訊者來說，小失誤爲他們的陽剛添加陰柔，使他們顯得更圓融、更完整。

人類社會還有其他高度複雜以及和各種狀況相關的特點，超越傳訊者效應，其中值得注意的是性別和文化。

性別

刻板印象中，男性是硬性傳訊者，傳統上被認爲比女性有權威，因此較適合擔任領導和掌權的位置。相反地，女性是軟性傳訊者，會關心他人、容易妥協、敏感甚至脆弱（想像身陷險境中的少女）。[23]於是在硬性傳訊者效應發揮作用的情況下，女性從過去以來一直處在嚴重的不利位置，人們不太願意聽她們的意見，或者根本不重視她們的建議和想法，也較少成爲升遷或競選公職的人選。

有孩子的女性似乎更加不利。研究顯示相較有孩子的職場男性，有孩子的職業女性較常被質疑能否同時盡到工作和母親的職責，女性對工作的嫻熟度也容易受質疑。一份研究中，參與者先是被要求針對各種管理顧問的基本資料，評定他們的能力及親和力，接著請他們回答偏好由誰來從事某項專案計畫。整體來說，有孩子的管理顧問被認爲比沒有孩子的親和，但是女性管理顧問卻遭到雙重打擊，如果她們沒有孩子，就會被視爲能幹但冷漠，如果她們有孩子，則會被認爲親和但較不能幹。有孩子的男性管理顧問就沒有這種問題，事實上還有好處：他們的能力評分不變，同時親和力的評分大幅上升。[24]

由於傳統上男性被授予較高地位，以致一九七〇年代的廣告界以為男性比較會賣東西。在七〇年代有高達七成的廣告都是以男性為主角，雖然我們以為現在比較不重男輕女，但其實二〇一七年有四十六份後設分析發現，請男性名人來為產品、品牌或政黨候選人代言依舊被認為最有效，他們在大眾心目中的權力、專業能力和自信心受到高度重視。[25]

社會上普遍認為，屬於硬性傳訊者特質的吸引力與女性的關聯性勝過男性，特別在廣告業界。吸引力可以被用來吸引注意，激起男性的「性趣」和女性的嚮往（「我想跟她一樣美，想擁有她拿的東西」），因此，儘管很少以近乎全裸的男性做廣告，但是近乎全裸的女性廣告卻到處可見。[26]

一個人散發的吸引力可能導致觀者做出不樂見的行為，證據顯示男性在看過性物化女性的廣告後，現實生活中多半會聚焦在女性的身體外表，而不是人性特質。[27]這種廣告也會製造女性間的社會期待，自認較不具魅力的女性會覺得自己沒價值。[28]有些人想反抗這種趨勢。二〇〇四年，身體乳液、頭髮產品、沐浴乳和制汗劑等個人保養品牌多芬（Dove）請來各種體型的一般女性（而不是專業模特兒）替產品代言，讓消費者重新評估何謂女性美。儘管這次的廣告沒有獲得普世贊同，但是令大家熱烈討論廣告業者加諸女性的期待和壓力。有點令人難過的是，女性對這類廣告的反應則因男性的反應而異，一份近期的研究發現，讓女性看幾位美國尺寸八至十號的女性模特兒相片（而不是標準尺寸二號）時，只有當她們被告知這些照片是被「男性」認為有魅力而選出來的，才會顯示這群女性的自尊和滿意度上升；只是看照片但沒有被告知以上資訊的女性，或者被告知其他女性認為這些一般尺寸的模特兒有魅力，就不會出現自尊和滿意度上升。[29]

如果說散發吸引力為女性帶來問題，歷史上則因為男性強勢而為整個社會帶來問題。許多人主張——作者承認這受到一些質疑——過去五十年是人類在地球上最和平的時期[30]，於是我們可以推論強勢傳訊者所擁有的權力和影響力或許不如過去，在這人與人之間的聯繫愈來愈密切的世界，軟性訊息經常發揮較大影響力。此外，有些人宣稱「女性統治世界會比較少衝突和戰爭」，這點或許是真的，但本書有不同見解。

基於社會上的硬性傳訊者，特別是強勢和威權的傳訊者，通常在危機、威脅和競爭衝突時期有良好表現，因此另一種結論或許比較合適。

如果衝突或戰爭變少，刻板印象中較親和、有同理心的女性應該會統治世界。

文化

在相互依賴、也就是團體凝聚力比個人表現更受重視的文化中，親和與可信賴度等軟性傳訊者特質受高度肯定；在講求獨立的個人主義文化中，硬性特質的傳訊者顯然較成功，個別組織和整個社會皆是如此。[31]集體主義的拉丁美洲國家較偏好軟性傳訊者特質，例如親和與寬容大度；北美等個人主義的國家較重視硬性特質，如強勢和社經地位。來自集體主義文化的人，較不會像個人主義國家採取自我宣傳和自抬身價的策略[32]，舉例來說，研究發現中國學生有好的表現後，多半會展現謙虛的一面，對比之下，加拿大的孩子如果有了好表現，則大多會自我吹噓一番。[33]

政治界用來預測選舉結果的傳訊者特質也因文化而異，在美國，強勢的政治人物可能被認爲能力強而獲得選票。相反地，在日本，親和的政治人物較可能被認爲能幹而獲勝。日本文化通常比較重視穩重、謙虛及上進。[34]

那麼，完全的集體主義文化選出完全強勢的硬性領導人，如中國的習近平和委內瑞拉的馬杜洛（Nicolás Maduro），又是怎麼一回事？這裡顯然還有其他因素。以硬性或軟性傳訊者特質爲主的領導者所領導的國家，也受到該國文化的權力距離指數（Power Distance Index）影響，這個名詞是由荷蘭的社會心理學家吉爾特．霍夫斯塔德（Geert Hofstede）最先提出，描述人民對權力分配不平均的預期度和接受度。[35]權力距離指數得分高的國家（中國得到八十分，委內瑞拉八十一分），接受權力的不平均分配，因而權力集中在較少數的領導者身上。

權力距離指數得分較低的文化（美國得到四十分，英國三十五分，芬蘭三十一分），人民比較獨立，要求領導者兼具各種傳訊者特質，換言之，該硬的時候要硬，但平常要和藹可親。

傾聽……相信……付諸行動

本書是作者調查六十多年研究的成果，這些研究探索溝通者的哪些特質會使人最願意聽。這麼大量的研究既深且廣，跨越生活中的各層面，從職場、政治乃至家庭，囊括各種溝通形式，從日常會話、媒體乃至網路世界。本書探討的八種傳訊者效應，其中四種是地位導向的硬性效應，另外四種是感情導向的軟性效應，成爲每天社交互動的基礎，也說明我們如何決定聽誰的話、相信誰的話、照誰的話去做。

▼傾聽

八個傳訊者提示當中，每一種都能使人不假思索、發自本能去關注。但是最新研究表示，掌握權力且強勢的傳訊者，也就是對衆人福祉最具影響力的人，比採取軟性的傳訊者更快受到注意。[36]類似情形，有吸引力的人也特別容易吸引他人注意，這是因爲這種傳訊者特質在演化和社會上的價值。[37]當然，光是因爲一個人能夠引人注意，並不保證他的想法、意見或要求都會被接受或遵守，但人們確實不會對他們充耳不聞。受到大眾關注並將他們的話聽進去，表示群眾會把他們當一回事。

▼相信

如果人受到這八種傳訊者提示的影響，他們回應的方式，就要看他們同時對傳遞訊息的人做出何種假設。看似專家的人傳遞救命建議較有說服力；消防演習時，用強勢的聲音吼出指令顯得比較可信。親和的傳訊者在鼓勵人或表達同理時似乎比較真心。人會受到某種傳訊者效應的激勵而用心聽，但他們是否願意相信自己聽到的，受傳訊者的本質與訊息的本質是否吻合所影響。

▼付諸行動

當傾聽者更專注且願意接受，接著是第三個因素發揮作用。他們不僅開始相信傳訊者，而且對接下來的行爲及其結果產生影響。害羞的青少年可能受到一位強勢、有侵略性的朋友慫恿而開始吸毒或加入幫派，或者被一位有個人魅力的同學說服而變得循規蹈矩。成年人可能因為某位特別有力的傳訊者而影響職業或伴侶的選擇，或者影響他們是否讓孩子接種疫苗，如此影響的不僅是孩子的健康，也影響孩子周遭眾多人們的健康。

不關心政治的人可能因為某位名人而熱中投票，有時甚至投給名人，於是整個國家的未來，可能被一個強勢的重要人物左右，但他卻不是那方面的專家。

人的基本個性可能是與生俱來，而且不太容易隨時間改變，但是對於我們聽從的傳訊者來說，生活上其他幾乎所有一切都是可利用的資源。

銘謝

許多人不僅令本書生色不少，我們也何其榮幸能夠將他們稱爲朋友、同事、合作夥伴和摯愛。

首先是琳賽·馬汀（Lindsay Martin）和蘿倫·波特（Lauren Porter）。

琳賽是本書作者史蒂芬的另一半，一位有著美德、體諒的心和充滿幽默感的妻子。她的堅定支持與愛是無價之寶，應該讓大家知道。

蘿倫總是帶著微笑，聽了無數次本書的重要主題和撰寫過程中的大小趣事，她是最棒的伴侶，總是爲任何狀況帶來希望和歡樂。

感謝 Sarah Tobitt、Catherine Scott、Araminta Naylor、Bobette Gordon、Eily VanderMeer、Cara Tracy、Greg Neidert、Karen Gonsalkorale、Chris Kelly、Bastien Blain 以及 Filip Gęsiarz，他們不僅願意支持這個書寫計畫，也是我們忠誠的同事，由衷感激每一位。

我們非常幸運從一群研究學者、同儕和專業上的同事獲得個別和集體的精闢見解，他們在本書初期和後期撰稿期間，審閱並提供中肯且具啟發性的回饋，感謝 Alex Chesterfield、Alex Jones、Alice Soriano、Antoine Ferrere、Christian Hunt、Dil Sidhu、Eric Levy、Francesca Granelli、Helen Mankin、Ian Burbidge、Julian Seaward、Justin Jackson、Lauren Gordon、Marielle Villamaux、Marius Vollberg、Matt Battersby、Nasrin Hafezparast、Neil Mullarkey、Nick Pope、Nicole Brigandi、Paul Adams、Paul Dolan、Rob Blackie、Rob Metcalfe、Robert Cialdini、Rupert Dunbar-Rees 和 Suzanne Hill。

特別感謝 Eloise Copland，她精準的眼光和對細節的專注，確保書中引述的事實無誤，作者的主張與公開出版的證據確實一致。感謝 Tali Sharot，她在學術上的指導，對於將想法付諸文字並且傳達書中探討的研究，提供莫大的幫助。

我們要感謝 John Mahaney 及其在紐約公共事務（Public Affairs）的團隊，他們是專一嚴謹的編輯出版團隊。John 在順稿時的智慧忠告和指引，是使本書能凸顯重點的最主要原因，特別要爲他們使本書適合美國讀者閱讀而表達感謝。

Jim Levine 和 Levine Greenburg Rostan 的團隊是不可或缺的，他們提供適時的忠告、智慧的建議、耐心的溝通、善意以及即時的支持。我們也要感激 Isabelle Ralphs、Elle Gibbons、Keith Edson Anderson、Alex Myers、Karen Beattie、Josie Unwin 以及 Miguel Cervantes。

最後要感謝企鵝藍燈書屋（Penguin Random House）的 Nigel Wilcockson，這本書因他而誕生，我們要表達至深的謝意。他不僅從我們潦草寫下的一頁構想中看到潛力，也有願景和動力將構想化爲今日讀者手上的書，在他身上能看見出版界成功傳訊者的縮影，一個能幹、值得信賴、有親和力，而且非常令人喜歡的人。我們感謝他。

史蒂芬．馬汀和約瑟夫．馬克斯

倫敦，二〇一九年

women with bodies larger than the thin-ideal improves women's body satisfaction', *Social Psychological and Personality Science, 6*(4), 391–8.

30 Pinker, S. (2018), *Enlightenment Now: The case for reason, science, humanism, and progress*, New York, NY: Viking.

31 Fragale, A. R. (2006), 'The power of powerless speech: The effects of speech style and task interdependence on status conferral', *Organizational Behavior and Human Decision Processes, 101*(2), 243–61; Torelli, C. J., Leslie, L. M., Stoner, J. L. & Puente, R. (2014), 'Cultural determinants of status: Implications for workplace evaluations and behaviors', *Organizational Behavior and Human Decision Processes, 123*(1), 34–48.

32 Kitayama, S., Markus, H. R., Matsumoto, H. & Norasakkunkit, V. (1997), 'Individual and collective processes in the construction of the self: Self-enhancement in the United States and self-criticism in Japan', *Journal of Personality and Social Psychology, 72*(6), 1245–67.

33 Fu, G., Heyman, G. D., Cameron, C. A. & Lee, K. (2016), 'Learning to be unsung heroes: Development of reputation management in two cultures', *Child development, 87*(3), 689–99.

34 Rule, N. O., Ambady, N., Adams Jr, R. B., Ozono, H., Nakashima, S., Yoshikawa, S. & Watabe, M. (2010), 'Polling the face: prediction and consensus across cultures', *Journal of Personality and Social Psychology, 98*, 1–15.

35 Hofstede, G. (1997), *Cultures and Organizations: Software of the mind*, New York, NY: McGraw Hill.

36 Abir, Y., Sklar, A. Y., Dotsch, R., Todorov, A. & Hassin, R. R. (2018), 'The determinants of consciousness of human faces', *Nature Human Behaviour, 2*(3), 194–9.

37 Tsikandilakis, M., Bali, P. & Chapman, P. (2019), 'Beauty Is in the Eye of the Beholder: The Appraisal of Facial Attractiveness and Its Relation to Conscious Awareness', *Perception, 48*(1), 72–92.

（注釋請從第 364 頁開始翻閱）

22 Aronson, E., Willerman, B. & Floyd, J. (1966), 'The effect of a pratfall on increasing interpersonal attractiveness', *Psychonomic Science, 4*(6), 227–8.

23 Brescoll, V. L., Okimoto, T. G. & Vial, A. C. (2018), 'You've come a long way ... maybe: How moral emotions trigger backlash against women leaders', *Journal of Social Issues, 74*(1), 144–64; Eagly, A. H. (2018), 'Some leaders come from nowhere: Their success is uneven', *Journal of Social Issues, 74*(1), 184–96; Brescoll, V. L. & Uhlmann, E. L. (2008), 'Can an angry woman get ahead? Status conferral, gender, and expression of emotion in the workplace', *Psychological Science, 19*(3), 268–75; Meaux, L. T., Cox, J. & Kopkin, M. R. (2018), 'Saving damsels, sentencing deviants and selective chivalry decisions: Juror decision-making in an ambiguous assault case', *Psychiatry, Psychology and Law, 25*(5), 724–36; Leinbach, M. D., Hort, B. E. & Fagot, B. I. (1997), 'Bears are for boys: Metaphorical associations in young children's gender stereotypes', *Cognitive Development, 12*(1), 107–30.

24 Cuddy, A. J., Fiske, S. T. & Glick, P. (2004), 'When professionals become mothers, warmth doesn't cut the ice', *Journal of Social Issues, 60*(4), 701–18.

25 McArthur, L. Z. & Resko, B. G. (1975), 'The portrayal of men and women in American television commercials', *The Journal of Social Psychology, 97*(2), 209– 20; Knoll, J. & Matthes, J. (2017), 'The effectiveness of celebrity endorsements: A meta-analysis', *Journal of the Academy of Marketing Science, 45*(1), 55–75.

26 Ward, L. M. (2016), 'Media and sexualization: State of empirical research, 1995– 2015', *The Journal of Sex Research, 53*(4–5), 560–77; Wirtz, J. G., Sparks, J. V. & Zimbres, T. M. (2018), 'The effect of exposure to sexual appeals in advertisements on memory, attitude, and purchase intention: A meta-analytic review', *International Journal of Advertising, 37*(2), 168–98.

27 Vaes, J., Paladino, P. & Puvia, E. (2011), 'Are sexualized women complete human beings? Why men and women dehumanize sexually objectified women', *European Journal of Social Psychology, 41*(6), 774–85.

28 Grabe, S., Ward, L. M. & Hyde, J. S. (2008), 'The role of the media in body image concerns among women: A meta-analysis of experimental and correlational studies', *Psychological Bulletin, 134*(3), 460–76.

29 Meltzer, A. L. & McNulty, J. K. (2015), 'Telling women that men desire

12 Pennycook, G. & Rand, D. G. (2019), 'Fighting misinformation on social media using crowdsourced judgments of news source quality', *Proceedings of the National Academy of Sciences, 116*(7), 2521–6.

13 Pennycook, G. & Rand, D. G. (2018), 'Lazy, not biased: Susceptibility to partisan fake news is better explained by lack of reasoning than by motivated reasoning', *Cognition, 188*, 39–50.

14 https://www.cambridgeassessment.org.uk/Images/518813-uptake-of-gcse-subjects-2017.pdf; https://c0arw235.caspio.com/dp/b7f930000e16e10a822c47b3baa2

15 https://www.apa.org/monitor/2017/11/trends-popular

16 Amos, C., Holmes, G. & Strutton, D. (2008), 'Exploring the relationship between celebrity endorser effects and advertising effectiveness: A quantitative synthesis of effect size', *International Journal of Advertising, 27*(2), 209–34.

17 Dolan, P., Hallsworth, M., Halpern, D., King, D., Metcalfe, R., & Vlaev, I. (2012), 'Influencing behaviour: The mindspace way', *Journal of Economic Psychology, 33*(1), 264–77.

18 Sznycer, D., Al-Shawaf, L., Bereby-Meyer, Y., Curry, O. S., De Smet, D., Ermer, E. & McClung, J. (2017), 'Cross-cultural regularities in the cognitive architecture of pride', *Proceedings of the National Academy of Sciences, 114*(8), 1874–9; Sznycer, D., Xygalatas, D., Alami, S., An, X. F., Ananyeva, K. I., Fukushima, S. & Onyishi, I. E. (2018), 'Invariances in the architecture of pride across small-scale societies', *Proceedings of the National Academy of Sciences, 115*(33), 8322–7.

19 Re, D. E. & Rule, N. (2017), 'Distinctive facial cues predict leadership rank and selection', *Personality and Social Psychology Bulletin, 43*(9), 1311–22.

20 Fiske, S. T. (2010), 'Interpersonal stratification: Status, power, and subordination', in S. T. Fiske, D. T. Gilbert & G. Lindzey (eds), *Handbook of Social Psychology*, Hoboken, NJ: John Wiley & Sons, pp.941–82.

21 Wang, A. C., Tsai, C. Y., Dionne, S. D., Yammarino, F. J., Spain, S. M., Ling, H. C. & Cheng, B. S. (2018), 'Benevolence-dominant, authoritarianism-dominant, and classical paternalistic leadership: Testing their relationships with subordinate performance', *The Leadership Quarterly, 29*(6), 686–97.

▶ 結論

1 https://api.parliament.uk/historic-hansard/commons/1981/nov/26/civil-defence-1

2 Garthwaite, C. & Moore, T. J. (2012), 'Can celebrity endorsements affect political outcomes? Evidence from the 2008 US democratic presidential primary', *The Journal of Law, Economics, & Organization, 29*(2), 355–84.

3 https://losangeles.cbslocal.com/2018/11/06/tennessee-election-blackburn-taylor-swift/ 以及 https://eu.tennessean.com/story/entertainment/music/2018/11/07/taylor-swift-bredesen-endorsement-tennessee-senate-race-political-post/1918440002/

4 https://eu.tennessean.com/story/news/politics/tn-elections/2018/10/07/marsha-blackburn-holds-8-point-lead-over-phil-bredesen-new-cbs-poll-tennessee-us-senate-race/1562109002/

5 https://www.vox.com/2018/10/9/17955288/taylor-swift-democrat-conservative-reaction-blackburn

6 https://nypost.com/2018/11/06/tennessee-voting-numbers-surge-after-taylor-swift-post/

7 Marks, J., Copland, E., Loh, E., Sunstein, C. R. & Sharot, T. (2018), 'Epistemic spillovers: Learning others' political views reduces the ability to assess and use their expertise in nonpolitical domains', *Cognition, 188*, 74–84.

8 Thorndike, E. L. (1920), 'A constant error in psychological ratings', *Journal of Applied Psychology, 4*(1), 25–9.

9 Wang, J. W. & Cuddy, A. J. C. (2008), 'Good traits travel: The perceived transitivity of traits across social networks', in *9th Annual Meeting of the Society for Personality and Social Psychology, Albuquerque, NM*.

10 Walther, E. (2002), 'Guilty by mere association: Evaluative conditioning and the spreading attitude effect', *Journal of Personality and Social Psychology, 82*(6), 919–34. 也可參見：Hebl, M. R. & Mannix, L. M. (2003), 'The weight of obesity in evaluating others: A mere proximity effect', *Personality and Social Psychology Bulletin, 29*(1), 28–38.

11 Vosoughi, S., Roy, D. & Aral, S. (2018), 'The spread of true and false news online', *Science, 359*(6380), 1146–51.

Personality and Individual Differences, 74, 182–5.
22 https://www.ted.com/talks/fields_wicker_miurin_learning_from_leadership_s_missing_manual/
23 https://www.ted.com/talks/simon_sinek_how_great_leaders_inspire_action
24 https://www.huffingtonpost.com/vanessa-van-edwards/5-secrets-of-a-successful_b_6887472.html?guccounter=1
25 有一段具娛樂效果的凱西克州長手勢的影片，是改編自熱門電玩「水果忍者」（Fruit Ninja）：https://www.youtube.com/watch?v=VqgkNtYbwwM
26 Antonakis, J., Bastardoz, N., Jacquart, P. & Shamir, B. (2016), 'Charisma: An ill-defined and ill-measured gift', *Annual Review of Organizational Psychology and Organizational Behavior, 3*, 293–319.
27 https://www.nytimes.com/2018/08/25/opinion/sunday/college-professors-experts-advice.html
28 Figlio, D. N., Schapiro, M. O. & Soter, K. B. (2015), 'Are tenure track professors better teachers?', *Review of Economics and Statistics, 97*(4), 715–24.
29 von Hippel, W., Ronay, R., Baker, E., Kjelsaas, K. & Murphy, S. C. (2016), 'Quick thinkers are smooth talkers: Mental speed facilitates charisma', *Psychological Science, 27*(1), 119–22.
30 Tskhay, K. O., Zhu, R., Zou, C. & Rule, N. O. (2018), 'Charisma in everyday life: Conceptualization and validation of the General Charisma Inventory', *Journal of Personality and Social Psychology, 114*(1), 131–52. 感興趣的讀者可至下列網站進行測驗：https://www.businessinsider.com/how-to-measure-charisma-2017-11?r=US&IR=T.
31 Antonakis, J., Fenley, M. & Liechti, S. (2011), 'Can charisma be taught? Tests of two interventions', *Academy of Management Learning & Education, 10*(3), 374–96.
32 Ambady, N. & Rosenthal, R. (1993), 'Half a minute: Predicting teacher evaluations from thin slices of nonverbal behavior and physical attractiveness', *Journal of Personality and Social Psychology, 64*(3), 431–41.

13 Heffer, S. (2014), *Like the Roman: The life of Enoch Powell*, London: Faber & Faber.

14 Mio, J. S., Riggio, R. E., Levin, S. & Reese, R. (2005), 'Presidential leadership and charisma: The effects of metaphor', *The Leadership Quarterly, 16*(2), 287–94.

15 https://www.london.gov.uk/city-hall-blog/good-relationships-are-vital-our-mental-health-and-wellbeing

16 Paharia, N., Keinan, A., Avery, J. & Schor, J. B. (2010), 'The underdog effect: The marketing of disadvantage and determination through brand biography', *Journal of Consumer Research, 37*(5), 775–90; Staton, M., Paharia, N. & Oveis, C. (2012), 'Emotional Marketing: How Pride and Compassion Impact Preferences For Underdog and Top Dog Brands', *Advances in Consumer Research, 40*, 1045– 6; Paharia, N. & Thompson, D. V. (2014), 'When Underdog Narratives Backfire: the Effect of Perceived Market Advantage on Brand Status', *Advances in Consumer Research, 42*, 17–21.

17 Buss, D. M. (1991), 'Evolutionary personality psychology', *Annual Review of Psychology, 42*, 459–91.

18 Sy, T., Horton, C. & Riggio, R. (2018), 'Charismatic leadership: Eliciting and channeling follower emotions', *The Leadership Quarterly, 29*(1), 58–69; Wasielewski, P. L. (1985), 'The emotional basis of charisma', *Symbolic Interaction, 8*(2), 207–22; Bono, J. E. & Ilies, R. (2006), 'Charisma, positive emotions and mood contagion', *The Leadership Quarterly, 17*(4), 317–34.

19 Doherty, R. W. (1997), 'The emotional contagion scale: A measure of individual differences', *Journal of Nonverbal Behavior, 21*, 131–54；想要評估自己的易感度的讀者，可至下列網站查詢情緒感染量表：http://www.midss.org/content/emotional-contagion-scale

20 Kenny, D. A., Horner, C., Kashy, D. A. & Chu, L. C. (1992), 'Consensus at zero acquaintance: replication, behavioral cues, and stability', *Journal of Personality and Social Psychology, 62*(1), 88–97.

21 Koppensteiner, M., Stephan, P. & Jäschke, J. P. M. (2015), 'From body motion to cheers: Speakers' body movements as predictors of applause',

Oxford, UK: Radcliffe Publishing.
2 Antonakis, J., Bastardoz, N., Jacquart, P. & Shamir, B. (2016), 'Charisma: An ill-defined and ill-measured gift', *Annual Review of Organizational Psychology and Organizational Behavior, 3*, 293–319.
3 https://blogs.wsj.com/law/2007/09/27/the-origins-of-justice-stewarts-i-know-it-when-i-see-it/
4 Tskhay, K. O., Zhu, R., Zou, C. & Rule, N. O. (2018), 'Charisma in everyday life: Conceptualization and validation of the General Charisma Inventory', *Journal of Personality and Social Psychology, 114*(1), 131–52.
5 Weber, M. (1978), *Economy and Society: An outline of interpretive sociology* (G. Roth & C. Wittich, eds), Berkeley, CA: University of California Press.
6 DeGroot, T., Kiker, D. S. & Cross, T. C. (2000), 'A meta-analysis to review organizational outcomes related to charismatic leadership', *Canadian Journal of Administrative Sciences, 17*(4), 356–72.
7 Pillai, R. & Meindl, J. R. (1998), 'Context and charisma: A "meso" level examination of the relationship of organic structure, collectivism, and crisis to charismatic leadership', *Journal of Management, 24*(5), 643–71.
8 Whitney, K., Sagrestano, L. M. & Maslach, C. (1994), 'Establishing the social impact of individuation', *Journal of Personality and Social Psychology, 66*(6), 1140–53.
9 Hogg, M. A. (2010), 'Influence and Leadership', in S. T. Fiske, D. T. Gilbert & G. Lindzey (eds), *Handbook of Social Psychology*, Hoboken, NJ: John Wiley & Sons, Vol. 2, pp.1166–1207. 也可參見：Conger, J. A. & Kanungo, R. N. (1987), 'Toward a behavioral theory of charismatic leadership in organizational settings', *Academy of Management Review, 12*, 637–47.
10 Piff, P. K., Dietze, P., Feinberg, M., Stancato, D. M. & Keltner, D. (2015), 'Awe, the small self, and prosocial behavior', *Journal of Personality and Social Psychology, 108*(6), 883–99.
11 https://www.nytimes.com/1993/01/21/us/the-inauguration-we-force-the-spring-transcript-of-address-by-president-clinton.html
12 https://www.nytimes.com/1996/02/19/opinion/l-cap-over-wall-joined-political-lexicon-055735.html

53 Brühl, R., Basel, J. S. & Kury, M. F. (2018), 'Communication after an integrity-based trust violation: How organizational account giving affects trust', *European Management Journal, 36*, 161–70.
54 Schweitzer, M. E., Brooks, A. W. & Galinsky, A. D. (2015), 'The organizational apology', *Harvard Business Review, 94*, 44–52.
55 https://www.theguardian.com/news/2018/mar/17/data-war-whistleblower-christopher-wylie-faceook-nix-bannon-trump
56 https://www.theguardian.com/news/2018/mar/17/cambridge-analytica-facebook-influence-us-election
57 https://www.theguardian.com/technology/2018/mar/21/mark-zuckerberg-response-facebook-cambridge-analytica; https://www.businessinsider.com/facebook-ceo-mark-zuckerberg-responds-to-cambridge-analytica-scandal?r=US&IR=T
58 https://www.bloomberg.com/news/articles/2018-07-10/facebook-faces-u-k-privacy-fine-over-cambridge-analytica-probe; https://www.independent.co.uk/news/business/news/facebook-share-price-stock-market-value-crash-bad-results-mark-zuckerberg-a8464831.html
59 Schweitzer, M. E., Brooks, A. W. & Galinsky, A. D. (2015), 'The organizational apology', *Harvard Business Review, 94*, 44–52.
60 Haselhuhn, M. P., Schweitzer, M. E. & Wood, A. M. (2010), 'How implicit beliefs influence trust recovery', *Psychological Science, 21*(5), 645–8.
61 Mallea, R., Spektor, M. & Wheeler, N. J. (2015), 'The origins of nuclear cooperation: a critical oral history between Argentina and Brazil'. 取自：https://www.birmingham.ac.uk/Documents/college-social-sciences/government-society/iccs/news-events/2015/critical-oral-history.pdf; https://www.americasquarterly.org/content/long-view-how-argentina-and-brazil-stepped-back-nuclear-race

▶ 第八章　個人魅力

1 欲知更多有關約翰・馬克斯的資訊，請見他的自傳：Marks, J. (2008), *The NHS: Beginning, Middle and End? The Autobiography of Dr John Marks*,

45 Wilson, J. P. & Rule, N. O. (2017), 'Advances in understanding the detectability of trustworthiness from the face: Toward a taxonomy of a multifaceted construct', *Current Directions in Psychological Science, 26*(4), 396–400.
46 Butler, E. A., Egloff, B., Wilhelm, F. H., Smith, N. C., Erickson, E. A. & Gross, J. J. (2003), 'The social consequences of expressive suppression', *Emotion, 3*(1), 48–67.
47 Decety, J. & Chaminade, T. (2003), 'Neural correlates of feeling sympathy', *Neuropsychologia, 41*(2), 127–38.
48 Van't Veer, A. E., Gallucci, M., Stel, M. & Beest, I. V. (2015), 'Unconscious deception detection measured by finger skin temperature and indirect veracity judgments – results of a registered report', *Frontiers in psychology, 6*, 672.
49 Williams, K. D., Bourgeois, M. J. & Croyle, R. T. (1993), 'The effects of stealing thunder in criminal and civil trials', *Law and Human Behavior, 17*(6), 597–609; Dolnik, L., Case, T. I. & Williams, K. D. (2003), 'Stealing thunder as a courtroom tactic revisited: Processes and boundaries', *Law and Human Behavior, 27*(3), 267–87; Combs, D. J. & Keller, P. S. (2010), 'Politicians and trustworthiness: Acting contrary to self-interest enhances trustworthiness', *Basic and applied social psychology*, 32(4), 328–39; Fennis, B. M. & Stroebe, W. (2014), 'Softening the blow: Company self-disclosure of negative information lessens damaging effects on consumer judgment and decision making', *Journal of Business Ethics, 120*(1), 109–20.
50 Hamilton, R., Vohs, K. D. & McGill, A. L. (2014), 'We'll be honest, this won't be the best article you'll ever read: The use of dispreferred markers in word-of-mouth communication', *Journal of Consumer Research, 41*(1), 197–212.
51 https://www.bbc.co.uk/news/av/world-us-canada-44959340/donald-trump-what-you-re-seeing-and-what-you-re-reading-is-not-what-s-happening
52 Scott, M. B. & Lyman, S. M. (1968), 'Accounts', *American Sociological Review, 33*(1), 46–62.

of Economic Behavior & Organization, 55(4), 467–84; Bohnet, I., Greig, F., Herrmann, B. & Zeckhauser, R. (2008), 'Betrayal aversion: Evidence from Brazil, China, Oman, Switzerland, Turkey, and the United States', *American Economic Review, 98*(1), 294–310.

37 Fetchenhauer, D. & Dunning, D. (2012), 'Betrayal aversion versus principled trustfulness – How to explain risk avoidance and risky choices in trust games', *Journal of Economic Behavior and Organization, 81*(2), 534–41; Schlösser, T., Mensching, O., Dunning, D. & Fetchenhauer, D. (2015), 'Trust and rationality: Shifting normative analyses of risks involving other people versus nature', *Social Cognition, 33*(5), 459–82.

38 Sally, D. (1995), 'Conversation and cooperation in social dilemmas: A meta-analysis of experiments from 1958 to 1992', *Rationality and Society, 7*, 58–92.

39 Balliet, D. (2010), 'Communication and cooperation in social dilemmas: A meta-analytic review', *Journal of Conflict Resolution, 54*(1), 39–57.

40 Roghanizad, M. M. & Bohns, V. K. (2017), 'Ask in person: You're less persuasive than you think over email', *Journal of Experimental Social Psychology, 69*, 223–6.

41 Oosterhof, N. N. & Todorov, A. (2008), 'The functional basis of face evaluation', *Proceedings of the National Academy of Sciences, 105*(32), 11087–92.

42 Duarte, J., Siegel, S. & Young, L. (2012), 'Trust and credit: The role of appearance in peer-to-peer lending', *The Review of Financial Studies, 25*(8), 2455–84; 也可參見：Linke, L., Saribay, S. A. & Kleisner, K. (2016), 'Perceived trustworthiness is associated with position in a corporate hierarchy', *Personality and Individual Differences, 99*, 22–7.

43 Todorov, A. (2017), *Face Value: The irresistible influence of first impressions*, Princeton, NJ: Princeton University Press.

44 Bond Jr, C. F. & DePaulo, B. M. (2006), 'Accuracy of deception judgments', *Personality and Social Psychology Review, 10*(3), 214–34; Ekman, P. & O'Sullivan, M. (1991), 'Who can catch a liar', *American Psychologist, 46*(9), 913–20.

ratings-macron-globalisation; https://www.ouest-france.fr/politique/emmanuel-macron/popularite-macron-son-plus-bas-niveau-en-juillet-selon-sept-instituts-de-sondage-5904008.

27 https://www.prri.org/research/prri-brookings-oct-19-poll-politics-election-clinton-double-digit-lead-trump/

28 https://www.nbcnews.com/think/opinion/trump-s-lying-seems-be-getting-worse-psychology-suggests-there-ncna876486; Gino, F. & Bazerman, M. H. (2009), 'When misconduct goes unnoticed: The acceptability of gradual erosion in others' unethical behavior', *Journal of Experimental Social Psychology, 45*(4), 708–19; 也可參見：Garrett, N., Lazzaro, S. C., Ariely, D. & Sharot, T. (2016), 'The brain adapts to dishonesty', *Nature Neuroscience, 19*(12), 1727–32.

29 （史必哲）：http://www.nytimes.com/2008/03/10/nyregion/10cnd-spitzer.html?pagewanted=all&_r=0；（瓦茲）：https://www.mirror.co.uk/news/uk-news/married-mp-keith-vaz-tells-8763805

30 Effron, D. A. & Monin, B. (2010), 'Letting people off the hook: When do good deeds excuse transgressions?', *Personality and Social Psychology Bulletin, 36*(12), 1618–34.

31 https://www.thecut.com/2018/11/how-did-larry-nassar-deceive-so-many-for-so-long.html

32 Cropanzano, R. & Mitchell, M. S. (2005), 'Social exchange theory: An interdisciplinary review', *Journal of Management, 31*(6), 874–900.

33 Flynn, F. J. (2003), 'How much should I give and how often? The effects of generosity and frequency of favor exchange on social status and productivity', *Academy of Management Journal, 46*(5), 539–53.

34 Diekmann, A., Jann, B., Przepiorka, W. & Wehrli, S. (2014), 'Reputation formation and the evolution of cooperation in anonymous online markets', *American Sociological Review, 79*(1), 65–85.

35 Lount Jr, R. B., Zhong, C. B., Sivanathan, N. & Murnighan, J. K. (2008), 'Getting off on the wrong foot: The timing of a breach and the restoration of trust', *Personality and Social Psychology Bulletin, 34*(12), 1601–12.

36 Bohnet, I. & Zeckhauser, R. (2004), 'Trust, risk and betrayal', *Journal*

16 https://www.independent.co.uk/news/uk/politics/boris-johnson-put-his-political-ambition-to-lead-the-tory-party-ahead-of-uk-interests-says-david-a6890016.html
17 關於綺樂和萊斯戴維斯的生平（普羅富莫事件），詳見（綺樂）: https://www.independent.co.uk/news/uk/politics/christine-keeler-profumo-affair-secretary-war-stephen-ward-prostitute-affair-soviet-attache-cold-war-a8095576.html；（萊斯戴維斯）: https://www.telegraph.co.uk/news/obituaries/11303169/Mandy-Rice-Davies-obituary.html
18 Knoll, J. & Matthes, J. (2017), 'The effectiveness of celebrity endorsements: a meta-analysis', *Journal of the Academy of Marketing Science, 45*(1), 55–75.
19 Starmans, C. & Bloom, P. (2016), 'When the spirit is willing, but the flesh is weak: Developmental differences in judgments about inner moral conflict', *Psychological Science, 27*(11), 1498–1506.
20 McNulty, J. K., Meltzer, A. L., Makhanova, A. & Maner, J. K. (2018), 'Attentional and evaluative biases help people maintain relationships by avoiding infidelity', *Journal of Personality and Social Psychology, 115*(1), 76–95.
21 https://www.washingtonpost.com/politics/2019/04/01/president-trump-has-made-false-or-misleading-claims-over-days/；（兔女郎醜聞）：https://www.theguardian.com/us-news/2018/jul/24/michael-cohen- trump-tape-karen-mcdougal-payment
22 https://www.bbc.co.uk/news/world-us-canada-37982000
23 Hogg, M. A. (2010), 'Influence and leadership', in S. T. Fiske, D. T. Gilbert & G. Lindzey (eds), *Handbook of Social Psychology*, Hoboken, NJ: John Wiley & Sons, Vol. 2, pp.1166–1207.
24 Swire, B., Berinsky, A. J., Lewandowsky, S. & Ecker, U. K. (2017), 'Processing political misinformation: Comprehending the Trump phenomenon', *Royal Society Open Science, 4*(3), 160802.
25 https://news.gallup.com/poll/208640/majority-no-longer-thinks-trump-keeps-promises.aspx?g_source=Politics&g_medium=newsfeed&g_campaign=tiles
26 https://www.theguardian.com/commentisfree/2018/sep/05/trump-poll-

10 World Values Survey 6 (2014). 可參見：http://www.worldvaluessurvey.org/wvs.jsp; 也可參見：https://www.bi.team/blogs/social-trust-is-one-of-the-most-important-measures-that-most-people-have-never-heard-of-and-its-moving/

11 Bachmann, R. & Inkpen, A. C. (2011), 'Understanding institutional-based trust building processes in inter-organizational relationships', *Organization Studies, 32*(2), 281–301; Granelli, F. (2017), 'Trust and Revolution: A History', *Unpublished doctoral dissertation*. See also Putnam, R. D. (1995), 'Bowling alone: America's declining social capital', *Journal of Democracy, 6*(1), 65–78.

12 Chung, K. Y., Derdenger, T. P. & Srinivasan, K. (2013), 'Economic value of celebrity endorsements: Tiger Woods' impact on sales of Nike golf balls', *Marketing Science, 32*(2), 271–93; Knittel, C. R. & Stango, V. (2013), 'Celebrity endorsements, firm value, and reputation risk: Evidence from the Tiger Woods scandal', *Management Science, 60*(1), 21–37. 參見：https://gsm.ucdavis.edu/news-release/tiger-woods-scandal-cost-shareholders-12-billion

13 Dahlen, M. & Lange, F. (2006), 'A disaster is contagious: How a brand in crisis affects other brands', *Journal of Advertising Research, 46*(4), 388–97; Carrillat, F. A., d'Astous, A. & Christianis, H. (2014), 'Guilty by association: The perils of celebrity endorsement for endorsed brands and their direct competitors', *Psychology & Marketing, 31*(11), 1024–39.

14 Rousseau, D. M., Sitkin, S. B., Burt, R. S. & Camerer, C. (1998), 'Not so different after all: A cross-discipline view of trust', *Academy of Management Review, 23*(3), 393–404; Mayer, R. C., Davis, J. H. & Schoorman, F. D. (1995), 'An integrative model of organizational trust', *Academy of Management Review, 20*(3), 709–34; Thielmann, I. & Hilbig, B. E. (2015), 'Trust: An integrative review from a person–situation perspective', *Review of General Psychology, 19*(3), 249–77.

15 Ariely, D. & Loewenstein, G. (2006), 'The heat of the moment: The effect of sexual arousal on sexual decision making', *Journal of Behavioral Decision Making, 19*(2), 87–98.

4271000/4271221.stm
2 https://api.parliament.uk/historic-hansard/commons/1963/jun/17/security-mr-profumos-resignation
3 http://archive.spectator.co.uk/article/14th-june-1963/4/political-commentary
4 Simpson, B. & Willer, R. (2015), 'Beyond altruism: Sociological foundations of cooperation and prosocial behavior', *Annual Review of Sociology, 41*, 43–63.
5 Kim, P. H., Dirks, K. T., Cooper, C. D. & Ferrin, D. L. (2006), 'When more blame is better than less: The implications of internal vs. external attributions for the repair of trust after a competence- vs. integrity-based trust violation,' *Organizational Behavior and Human Decision Processes, 99*(1), 49–65.
6 Tov, W. & Diener, E. (2008), 'The well-being of nations: Linking together trust, cooperation, and democracy', in Sullivan, B.A., Snyder, M. & Sullivan, J.L. (eds), *Cooperation: The political psychology of effective human interaction*, Malden, MA: Blackwell, pp.323–42.
7 Berg, J., Dickhaut, J. & McCabe, K. (1995), 'Trust, reciprocity, and social history', *Games and Economic Behavior, 10*(1), 122–42; Camerer, C. & Weigelt, K. (1998), 'Experimental tests of a sequential equilibrium reputation model', *Econometrica, 56*(1), 1–36. 也可參見：Rezlescu, C., Duchaine, B., Olivola, C. Y. & Chater, N. (2012), 'Unfakeable facial configurations affect strategic choices in trust games with or without information about past behavior', *PLoS One, 7*, e34293.
8 Pillutla, M. M., Malhotra, D. & Murnighan, J. K. (2003), 'Attributions of trust and the calculus of reciprocity', *Journal of Experimental Social Psychology, 39*(5), 448–55; Krueger, J. I., Massey, A. L. & DiDonato, T. E. (2008), 'A matter of trust: From social preferences to the strategic adherence to social norms', *Negotiation and Conflict Management Research, 1*(1), 31–52.
9 Tov, W. & Diener, E. (2008), 'The well-being of nations: Linking together trust, cooperation, and democracy', in Sullivan, B.A., Snyder, M. and Sullivan, J.L. (eds), *Cooperation: The political psychology of effective human interaction*, Malden, MA: Blackwell, pp.323–42.

and victim blaming', *Emotion, 15*(5), 603–14.

40 Harris, L. T., Lee, V. K., Capestany, B. H. & Cohen, A. O. (2014), 'Assigning economic value to people results in dehumanization brain response', *Journal of Neuroscience, Psychology, and Economics, 7*(3), 151–63.

41 Kogut, T. & Ritov, I. (2007), '"One of us": Outstanding willingness to help save a single identified compatriot', *Organizational Behavior and Human Decision Processes, 104*(2), 150–7.

42 Levine, M., Prosser, A., Evans, D. & Reicher, S. (2005), 'Identity and emergency intervention: How social group membership and inclusiveness of group boundaries shape helping behavior', *Personality and Social Psychology Bulletin, 31*(4), 443–53.

43 Tam, T., Hewstone, M., Cairns, E., Tausch, N., Maio, G. & Kenworthy, J. (2007), 'The impact of intergroup emotions on forgiveness in Northern Ireland', *Group Processes & Intergroup Relations, 10*(1), 119–36; Capozza, D., Falvo, R., Favara, I. & Trifiletti, E. (2013), 'The relationship between direct and indirect cross-group friendships and outgroup humanization: Emotional and cognitive mediators', *Testing, Psychometrics, Methodology in Applied Psychology, 20*(4), 383–97.

44 Vezzali, L., Capozza, D., Stathi, S. & Giovannini, D. (2012), 'Increasing outgroup trust, reducing infrahumanization, and enhancing future contact intentions via imagined intergroup contact', *Journal of Experimental Social Psychology, 48*(1), 437–40; Vezzali, L., Stathi, S. & Giovannini, D. (2012), 'Indirect contact through book reading: Improving adolescents' attitudes and behavioral intentions toward immigrants', *Psychology in the Schools, 49*(2), 148–62.

45 Harris, L. T. & Fiske, S. T. (2007), 'Social groups that elicit disgust are differentially processed in mPFC', *Social Cognitive and Affective Neuroscience, 2*(1), 45–51.

▶ 第七章　信賴

1 http://news.bbc.co.uk/onthisday/hi/dates/stories/march/22/newsid_

29 Cikara, M. & Fiske, S. T. (2012), 'Stereotypes and schadenfreude: Affective and physiological markers of pleasure at outgroup misfortunes', *Social Psychological and Personality Science, 3*(1), 63–71.

30 https://www.thesun.co.uk/world-cup-2018/6641079/world-cup-2018-germany/

31 Kay, A. C. & Jost, J. T. (2003), 'Complementary justice: effects of "poor but happy" and "poor but honest" stereotype exemplars on system justification and implicit activation of the justice motive', *Journal of personality and social psychology, 85*(5), 823–37; Zaki, J. (2014), 'Empathy: a motivated account', *Psychological Bulletin*, 140(6), 1608–47.

32 Harris, L. T. & Fiske, S. T. (2006), 'Dehumanizing the lowest of the low: Neuroimaging responses to extreme out-groups', *Psychological Science, 17*(10), 847–53.

33 Haslam, N. & Loughnan, S. (2014), 'Dehumanization and infrahumanization', *Annual Review of Psychology, 65*, 399–423.

34 Strack, S. & Coyne, J. C. (1983), 'Social confirmation of dysphoria: Shared and private reactions to depression', *Journal of Personality and Social Psychology, 44*(4), 798–806.

35 Vaes, J. & Muratore, M. (2013), 'Defensive dehumanization in the medical practice: A cross-sectional study from a health care worker's perspective', *British Journal of Social Psychology, 52*(1), 180–90.

36 http://www.nytimes.com/2009/04/07/health/07pati.html

37 Lammers, J. & Stapel, D. A. (2011), 'Power increases dehumanization', *Group Processes & Intergroup Relations, 14*(1), 113–26.

38 Fehse, K., Silveira, S., Elvers, K. & Blautzik, J. (2015), 'Compassion, guilt and innocence: an fMRI study of responses to victims who are responsible for their fate', *Social Neuroscience, 10*(3), 243–52.

39 Lerner, M. J. & Goldberg, J. H. (1999), 'When do decent people blame victims? The differing effects of the explicit/rational and implicit/experiential cognitive systems', in S. Chaiken & Y. Trope (eds), *Dual-process Theories in Social Psychology*, New York, NY: Guilford Press, pp.627–40; Harber, K. D., Podolski, P. & Williams, C. H. (2015), 'Emotional disclosure

hand hygiene among health care professionals by focusing on patients', *Psychological Science, 22*(12), 1494–9.

16 Oberholzer-Gee, F. (2006), 'A market for time fairness and efficiency in waiting lines', *Kyklos, 59*(3), 427–40.

17 Milgram, S. (1974), *Obedience to Authority*, London: Tavistock.

18 Rosas, A. & Koenigs, M. (2014), 'Beyond "utilitarianism": Maximizing the clinical impact of moral judgment research', *Social Neuroscience, 9*(6), 661–7.

19 Andreoni, J., Rao, J. M. & Trachtman, H. (2017), 'Avoiding the ask: A field experiment on altruism, empathy, and charitable giving', *Journal of Political Economy, 125*(3), 625–53.

20 https://www.today.com/popculture/dancing-man-today-show-defies-bullies-dances-meghan-trainor-t22501

21 Jenni, K. & Loewenstein, G. (1997), 'Explaining the identifiable victim effect', *Journal of Risk and Uncertainty, 14*(3), 235–57.

22 關於可辨識的受害者效應，詳見：Lee, S. & Feeley, T.H. (2016), 'The identifiable victim effect: A meta-analytic review', *Social Influence, 11*(3), 199–215.

23 Nobis, N. (2009), 'The "Babe" vegetarians: bioethics, animal minds and moral methodology', in S. Shapshay (ed.), *Bioethics at the movies*, Baltimore, MD: Johns Hopkins University Press. 也可參見：https://www.newstatesman.com/culture/film/2016/08/babe-bfg-how-children-s-stories-promote-vegetarianism

24 https://www.veganfoodandliving.com/veganuary-launches-crowdfunding-campaign-to-place-vegan-adverts-on-the-london-underground/

25 Bloom, P. (2017), *Against Empathy: The case for rational compassion*, London: Penguin.

26 Schelling, T. C. (1968), 'The Life You Save May Be Your Own', in S. Chase (ed.), *Problems in Public Expenditure Analysis*, Washington, DC: The Brookings Institute.

27 Bloom, P. (2017), 'Empathy and its discontents', *Trends in Cognitive Sciences, 21*(1), 24–31.

28 Fisher, R. (1981), 'Preventing nuclear war', *Bulletin of the Atomic Scientists, 37*(3), 11–17.

1(1), 23–35.

5 同上。

6 Bruk, A., Scholl, S. G. & Bless, H. (2018), 'Beautiful mess effect: Self-other differences in evaluation of showing vulnerability', *Journal of Personality and Social Psychology, 115*(2), 192–205.

7 https://www.metro.news/theresa-mays-a-super-trouper-says-abbas-bjorn-ulvaeus/1325504/

8 https://www.theguardian.com/commentisfree/2018/oct/03/theresa-may-conference-speech-verdict-conservative-birmingham

9 Gray, K. & Wegner, D. M. (2011), 'To escape blame, don't be a hero – Be a victim', *Journal of Experimental Social Psychology, 47*(2), 516–19.

10 http://news.bbc.co.uk/1/hi/entertainment/8077075.stm

11 Collins, N. L. & Miller, L. C. (1994), 'Self-disclosure and liking: A meta-analytic review', *Psychological Bulletin, 116*(3), 457–75; Moore, D. A., Kurtzberg, T. R., Thompson, L. L. & Morris, M. W. (1999), 'Long and short routes to success in electronically mediated negotiations: Group affiliations and good vibrations', *Organizational Behavior and Human Decision Processes, 77*(1), 22–43; Vallano, J. P. & Compo, N. S. (2011), 'A comfortable witness is a good witness: Rapport-building and susceptibility to misinformation in an investigative mock-crime interview', *Applied Cognitive Psychology, 25*(6), 960–70; Stokoe, E. (2009), '"I've got a girlfriend": Police officers doing "self-disclosure" in their interrogations of suspects', *Narrative Inquiry, 19*(1), 154–82.

12 Davidov, M., Zahn-Waxler, C., Roth-Hanania, R. & Knafo, A. (2013), 'Concern for others in the first year of life: Theory, evidence, and avenues for research', *Child Development Perspectives, 7*(2), 126–31.

13 Bartal, I. B. A., Decety, J. & Mason, P. (2011), 'Empathy and pro-social behavior in rats', *Science, 334*(6061), 1427–30.

14 Crockett, M. J., Kurth-Nelson, Z., Siegel, J. Z., Dayan, P. & Dolan, R. J. (2014), 'Harm to others outweighs harm to self in moral decision making', *Proceedings of the National Academy of Sciences, 111*(48), 17320–5.

15 Grant, A. M. & Hofmann, D. A. (2011), 'It's Not All About Me: Motivating

39 Zebrowitz, L. A. & McDonald, S. M. (1991), 'The impact of litigants' baby-facedness and attractiveness on adjudications in small claims courts', *Law and Human Behavior, 15*(6), 603–23.
40 Perrett, D. (2010), *In Your Face: The new science of human attraction*, New York, NY: Palgrave Macmillan.
41 Willer, R. (2009), 'Groups reward individual sacrifice: The status solution to the collective action problem', *American Sociological Review, 74*(1), 23–43.
42 Restivo, M. & Van De Rijt, A. (2012), 'Experimental study of informal rewards in peer production', *PLoS One, 7*, e34358.
43 Hardy, C. L. & Van Vugt, M. (2006), 'Nice guys finish first: The competitive altruism hypothesis', *Personality and Social Psychology Bulletin, 32*(10), 1402–13.
44 Yoeli, E., Hoffman, M., Rand, D. G. & Nowak, M. A. (2013), 'Powering up with indirect reciprocity in a large-scale field experiment', *Proceedings of the National Academy of Sciences, 110*(2), 10424–9.
45 https://www.nytimes.com/2007/07/04/business/04hybrid.html
46 Griskevicius, V., Tybur, J. M. & Van den Bergh, B. (2010), 'Going green to be seen: Status, reputation, and conspicuous conservation', *Journal of Personality and Social Psychology, 98*(3), 392–404.

▶ 第六章　自曝弱點

1 https://hbr.org/2014/12/what-bosses-gain-by-being-vulnerable
2 Clausen, T., Christensen, K. B. & Nielsen, K. (2015), 'Does Group-Level Commitment Predict Employee Well-Being?', *Journal of Occupational and Environmental Medicine, 57*(11), 1141–6.
3 Brown, B. (2015), *Daring Greatly: How the courage to be vulnerable transforms the way we live, love, parent, and lead*, London: Penguin.
4 Bohns, V. K. & Flynn, F. J. (2010), '"Why didn't you just ask?" Underestimating the discomfort of help-seeking', *Journal of Experimental Social Psychology, 46*(2), 402–9. 也可參見：DePaulo, B. M. & Fisher, J. D. (1980), 'The costs of asking for help', *Basic and Applied Social Psychology,*

28 官方道歉文稿：https://www.australia.gov.au/about-australia/our-country/our-people/apology-to-austra lias-indigenous-peoples；陸克文的施政滿意度最高：https://www.theaustralian.com.au/national-affairs/newspoll
29 Cialdini, R. B. & de Nicholas, M. E. (1989), 'Self-presentation by association', *Journal of personality and social psychology, 57*(4), 626–31.
30 Weidman, A. C., Cheng, J. T. & Tracy, J. L. (2018), 'The psychological structure of humility', *Journal of Personality and Social Psychology, 114*(1), 153–78.
31 Van Kleef, G. A., De Dreu, C. K. W. & Manstead, A. S. R. (2006), 'Supplication and appeasement in conflict and negotiation: The interpersonal effects of disappointment, worry, guilt, and regret', *Journal of Personality and Social Psychology, 91*(1), 124–42.
32 Marks, J., Czech, P. & Sharot, T. (in prep), 'Observing others give & take: A computational account of bystanders' feelings and actions'. 也可參見：Klein, N. & Epley, N. (2014), 'The topography of generosity: Asymmetric evaluations of prosocial actions', *Journal of Experimental Psychology: General, 143*(6), 2366–79.
33 Minson, J. A. & Monin, B. (2012), 'Do-gooder derogation: Disparaging morally motivated minorities to defuse anticipated reproach', *Social Psychological and Personality Science, 3*(2), 200–7.
34 Kraus, M. W. & Keltner, D. (2009), 'Signs of socioeconomic status: A thin-slicing approach', *Psychological Science, 20*(1), 99–106.
35 Zebrowitz, L. A. & Montepare, J. M. (2005), 'Appearance DOES matter', *Science, 308*(5728), 1565–6.
36 Todorov, A., Mandisodza, A. N., Goren, A. & Hall, C. C. (2005), 'Inferences of competence from faces predict election outcomes', *Science, 308*(5728), 1623–6.
37 Keating, C. F., Randall, D. & Kendrick, T. (1999), 'Presidential physiognomies: Altered images, altered perceptions', *Political Psychology, 20*(3), 593–610.
38 Zebrowitz, L. A., Kendall-Tackett, K. & Fafel, J. (1991), 'The influence of children's facial maturity on parental expectations and punishments', *Journal of Experimental Child Psychology, 52*(2), 221–38.

17 Chozick, A. (2018), *Chasing Hillary: Ten Years, Two Presidential Campaigns, and One Intact Glass Ceiling*, New York, NY: HarperCollins.

18 Laustsen, L. (2017), 'Choosing the right candidate: Observational and experimental evidence that conservatives and liberals prefer powerful and warm candidate personalities, respectively', *Political Behavior, 39*(4), 883–908.

19 https://www.seattletimes.com/business/in-person-costco-president-craig-jelinek-keeps-a-low-profile/

20 Roberts, J. A. & David, M. E. (2017), 'Put down your phone and listen to me: How boss phubbing undermines the psychological conditions necessary for employee engagement', *Computers in Human Behavior, 75*, 206–17.

21 Ashford, S. J., Wellman, N., Sully de Luque, M., De Stobbeleir, K. E. & Wollan, M. (2018), 'Two roads to effectiveness: CEO feedback seeking, vision articulation, and firm performance', *Journal of Organizational Behavior, 39*(1), 82–95.

22 Newcombe, M. J. & Ashkanasy, N. M. (2002), 'The role of affect and affective congruence in perceptions of leaders: An experimental study', *The Leadership Quarterly, 13*(5), 601–14.

23 Van Kleef, G. A., De Dreu, C. K. & Manstead, A. S. (2010), 'An interpersonal approach to emotion in social decision making: The emotions as social information model', in *Advances in Experimental Social Psychology*, Oxford, UK: Academic Press, Vol. 42, pp.45–96.

24 Ariely, D. (2016), *Payoff: The Hidden Logic That Shapes Our Motivations*, London: Simon and Schuster.

25 Grant, A. M. & Gino, F. (2010), 'A little thanks goes a long way: Explaining why gratitude expressions motivate prosocial behavior', *Journal of Personality and Social Psychology, 98*(6), 946–55.

26 https://www.govinfo.gov/content/pkg/PPP-1995-book2/pdf/PPP-1995-book2-doc-pg1264-3.pdf

27 Brooks, A. W., Dai, H. & Schweitzer, M. E. (2014), 'I'm sorry about the rain! Superfluous apologies demonstrate empathic concern and increase trust', *Social Psychological and Personality Science, 5*(4), 467–74.

8 Pinker, S. (2007), *The Stuff of Thought: Language as a window into human nature*, New York, NY: Viking.
9 Zerubavel, N., Hoffman, M. A., Reich, A., Ochsner, K. N. & Bearman, P. (2018), 'Neural precursors of future liking and affective reciprocity', *Proceedings of the National Academy of Sciences, 115*(17), 4375–80.
10 Francis, D., Diorio, J., Liu, D. & Meaney, M. J. (1999), 'Nongenomic transmission across generations of maternal behavior and stress responses in the rat', *Science, 286*(5442), 1155–8.
11 Luecken, L. J. & Lemery, K. S. (2004), 'Early caregiving and physiological stress responses', *Clinical Psychology Review, 24*(2), 171–91.
12 Rogers, C. R. (1957), 'The necessary and sufficient conditions of therapeutic personality change', *Journal of Consulting Psychology, 21*(2), 97–103; Rogers, C.R., Gendlin, E. T., Kiesler, D. & Truax, C. (1967), *The Therapeutic Relationship and Its Impact: A study of psychotherapy with schizophrenics*, Oxford, UK.
13 Ambady, N., LaPlante, D., Nguyen, T., Rosenthal, R., Chaumeton, N. & Levinson, W. (2002), 'Surgeons' tone of voice: A clue to malpractice history', *Surgery, 132*(1), 5–9.
14 Alison, L. J., Alison, E., Noone, G., Elntib, S., Waring, S. & Christiansen, P. (2014), 'The efficacy of rapport-based techniques for minimizing counter-interrogation tactics amongst a field sample of terrorists', *Psychology, Public Policy, and Law, 20*(4), 421–30.
15 Seiter, J. S. & Dutson, E. (2007), 'The Effect of Compliments on Tipping Behavior in Hairstyling Salons', *Journal of Applied Social Psychology, 37*(9), 1999–2007; Seiter, J. S. (2007), 'Ingratiation and gratuity: The effect of complimenting customers on tipping behavior in restaurants', *Journal of Applied Social Psychology, 37*(3), 478–85; Grant, N. K., Fabrigar, L. R. & Lim, H. (2010), 'Exploring the efficacy of compliments as a tactic for securing compliance', *Basic and Applied Social Psychology, 32*(3), 226–33.
16 Laustsen, L. & Bor, A. (2017), 'The relative weight of character traits in political candidate evaluations: Warmth is more important than competence, leadership and integrity', *Electoral Studies, 49*, 96–107.

use their expertise in nonpolitical domains', *Cognition, 188*, 74–84.
11 https://www.marketingweek.com/2016/01/12/sport-englands-this-girl-can-campaign-inspires-2-8-million-women-to-get-active/
12 Department for International Development (2009), 'Getting braids not AIDS: How hairdressers are helping to tackle HIV in Zimbabwe': https://reliefweb.int/report/zimbabwe/getting-braids-not-aids-how-hairdressers-are-helping-tackle-hiv-zimbabwe

▶ 第五章　親和

1 https://www.nytimes.com/1985/12/19/business/how-texaco-lost-court-fight.html
2 http://articles.latimes.com/1986-01-19/business/fi-1168_1_ordinary-people
3 Cuddy, A. J., Fiske, S. T. & Glick, P. (2008), 'Warmth and competence as universal dimensions of social perception: The stereotype content model and the BIAS map', *Advances in Experimental Social Psychology, 40*, 61–149.
4 Carnegie, D. (1936), *How to Win Friends and Influence People*, New York, NY: Simon & Schuster.
5 Gottman, J. M. & Levenson, R. W. (2000), 'The timing of divorce: Predicting when a couple will divorce over a 14-year period', *Journal of Marriage and Family, 62*(3), 737–45; Gottman, J. (1995), *Why Marriages Succeed or Fail: And how to make yours last*, New York, NY: Simon & Schuster.
6 Hamlin, J. K., Wynn, K. & Bloom, P. (2007), 'Social evaluation by preverbal infants', *Nature, 450*(7169), 557–9; Van de Vondervoort, J. W. & Hamlin, J. K. (2018), 'The early emergence of sociomoral evaluation: infants prefer prosocial others', *Current Opinion in Psychology, 20*, 77–81.
7 Brown, P. & Levinson, S. C. (1987), *Politeness: Some universals in language usage*, New York, NY: Cambridge University Press; Pinker, S. (2007), *The Stuff of Thought: Language as a window into human nature*, New York, NY: Viking.

An evolutionary perspective', *Journal of Research in Personality, 40*(6), 1054–85; Lauder, W., Mummery, K., Jones, M. & Caperchione, C. (2006), 'A comparison of health behaviours in lonely and non-lonely populations', *Psychology, Health & Medicine, 11*(2), 233–45.

5 Stenseng, F., Belsky, J., Skalicka, V. & Wichstrøm, L. (2014), 'Preschool social exclusion, aggression, and cooperation: A longitudinal evaluation of the need-to-belong and the social-reconnection hypotheses', *Personality and Social Psychology Bulletin, 40*(12), 1637–47; Ren, D., Wesselmann, E. D. & Williams, K. D. (2018), 'Hurt people hurt people: ostracism and aggression', *Current Opinion in Psychology, 19*, 34–8.

6 Leary, M. R., Kowalski, R. M., Smith, L. & Phillips, S. (2003), 'Teasing, rejection, and violence: Case studies of the school shootings', *Aggressive Behavior: Official Journal of the International Society for Research on Aggression, 29*(3), 202–14; Sommer, F., Leuschner, V. & Scheithauer, H. (2014), 'Bullying, romantic rejection, and conflicts with teachers: The crucial role of social dynamics in the development of school shootings – A systematic review', *International Journal of Developmental Science, 8*(1–2), 3–24.

7 Finch, J. F. & Cialdini, R. B. (1989), 'Another indirect tactic of (self-)image management: Boosting', *Personality and Social Psychology Bulletin, 15*(2), 222–32.

8 Cialdini, R. B. (2001), *Influence: Science and Practice*, New York, NY: Harper Collins; McPherson, M., Smith-Lovin, L. & Cook, J. M. (2001), 'Birds of a feather: Homophily in social networks', *Annual Review of Sociology, 27*, 415–44.

9 Del Vicario, M., Bessi, A., Zollo, F., Petroni, F., Scala, A., Caldarelli, G., Stanley, H. E. & Quattrociocchi, W. (2016), 'The spreading of misinformation online', *Proceedings of the National Academy of Sciences, 113*(3), 554–9; Sunstein, C. R. (2017), *#Republic: Divided democracy in the age of social media*, Princeton, NJ: Princeton University Press.

10 Marks, J., Copland, E., Loh, E., Sunstein, C. R. & Sharot, T. (2019), 'Epistemic spillovers: Learning others' political views reduces the ability to assess and

42 Buss, D. M. (1989), 'Sex differences in human mate preferences: Evolutionary hypotheses tested in 37 cultures', *Behavioral and Brain Sciences, 12*(1), 1–14; Li, N. P., Bailey, J. M., Kenrick, D. T. & Linsenmeier, J. A. (2002), 'The necessities and luxuries of mate preferences: Testing the tradeoffs', *Journal of Personality and Social Psychology, 82*(6), 947–55; McClintock, E. A. (2011), 'Handsome wants as handsome does: Physical attractiveness and gender differences in revealed sexual preferences', *Biodemography and Social Biology, 57*(2), 221–57.
43 Trivers, R. L. (1972), 'Parental investment and sexual selection', in B. Campbell (ed.), *Sexual selection and the descent of man*, Chicago, IL: Aldine, pp.136–79.
44 Baumeister, R. F., Catanese, K. R. & Vohs, K. D. (2001), 'Is there a gender difference in strength of sex drive? Theoretical views, conceptual distinctions, and a review of relevant evidence', *Personality and Social Psychology Review, 5*(3), 242–73.
45 Downey, G. J. (2002), *Telegraph Messenger Boys: Labor, Communication and Technology, 1850–1950*, New York, NY: Routledge.

▶ 第二部　軟性傳訊者

1 Smith, D. (2016), *Rasputin: Faith, Power, and the Twilight of the Romanovs*, New York, NY: Farrar, Straus and Giroux.
2 Baumeister, R. F. & Leary, M. R. (1995), 'The Need to Belong: Desire for Interpersonal Attachments as a Fundamental Human Motivation', *Psychological Bulletin, 117*, 497–529.
3 Powdthavee, N. (2008), 'Putting a price tag on friends, relatives, and neighbours: Using surveys of life satisfaction to value social relationships', *The Journal of Socio-Economics, 37*(4), 1459–80; Helliwell, J. F. & Putnam, R. D. (2004), 'The social context of well-being', *Philosophical Transactions of the Royal Society B: Biological Sciences, 359*(1449), 1435–46.
4 Cacioppo, J. T., Hawkley, L. C., Ernst, J. M., Burleson, M., Berntson, G. G., Nouriani, B. & Spiegel, D. (2006), 'Loneliness within a nomological net:

at peak fertility', *Psychological Science, 24*(9), 1837–41.

32 Kayser, D. N., Agthe, M. & Maner, J. K. (2016), 'Strategic sexual signals: Women's display versus avoidance of the color red depends on the attractiveness of an anticipated interaction partner', *PLoS One, 11*(3), e0148501.

33 Ahearne, M., Gruen, T. W. & Jarvis, C. B. (1999), 'If looks could sell: Moderation and mediation of the attractiveness effect on salesperson performance', *International Journal of Research in Marketing, 16*(4), 269–84.

34 https://www.independent.ie/world-news/shoppers-think-smiles-are-sexual-26168792.html

35 https://www.npr.org/2008/10/09/95520570/dolly-partons-jolene-still-haunts-singers

36 Maner, J. K., Gailliot, M. T., Rouby, D. A. & Miller, S. L. (2007), 'Can't take my eyes off you: Attentional adhesion to mates and rivals', *Journal of Personality and Social Psychology, 93*(3), 389–401.

37 Leenaars, L. S., Dane, A. V. & Marini, Z. A. (2008), 'Evolutionary perspective on indirect victimization in adolescence: The role of attractiveness, dating and sexual behavior', *Aggressive Behavior, 34*(4), 404–15. 也可參見：Vaillancourt, T. & Sharma, A. (2011), 'Intolerance of sexy peers: Intrasexual competition among women', *Aggressive Behavior, 37*(6), 569–77.

38 https://www.psychologytoday.com/gb/blog/out-the-ooze/201804/why-pretty-girls-may-be-especially-vulnerable-bullying

39 http://www.dailymail.co.uk/femail/article-2124246/Samantha-Brick-downsides-looking-pretty-Why-women-hate-beautiful.html

40 Oreffice, S. & Quintana-Domeque, C. (2016), 'Beauty, body size and wages: Evidence from a unique data set', *Economics & Human Biology, 22*, 24–34. 也可參見：Elmore, W., Vonnahame, E. M., Thompson, L., Filion, D. & Lundgren, J. D. (2015), 'Evaluating political candidates: Does weight matter?', *Translational Issues in Psychological Science, 1*(3), 287–97.

41 Whipple, T. (2018), *X and Why: The rules of attraction: Why gender still matters*, London: Short Books Ltd.

Behavioral and Brain Sciences, 40, e19.

21 Hamermesh, D. S. (2011), *Beauty Pays: Why attractive people are more successful*, Princeton, NJ: Princeton University Press.

22 Hamermesh, D. S. & Abrevaya, J. (2013), 'Beauty is the promise of happiness?', *European Economic Review, 64*, 351–68.

23 Rhode, D. L. (2010), *The Beauty Bias: The injustice of appearance in life and law*, New York, NY: Oxford University Press.

24 Busetta, G., Fiorillo, F. & Visalli, E. (2013), 'Searching for a job is a beauty contest', *Munich Personal RePEc Archive*, Paper No. 49825.

25 阿根廷和以色列的研究分別為：Bóo, F. L., Rossi, M. A. & Urzúa, S. S. (2013), 'The labor market return to an attractive face: Evidence from a field experiment', *Economics Letters, 118*(1), 170–2; Ruffle, B. J. & Shtudiner, Z. E. (2014), 'Are good-looking people more employable?', *Management Science, 61*(8), 1760–76.

26 Hosoda, M., Stone-Romero, E. F. & Coats, G. (2003), 'The effects of physical attractiveness on job-related outcomes: A meta-analysis of experimental studies', *Personnel Psychology, 56*(2), 431–62.

27 Berggren, N., Jordahl, H. & Poutvaara, P. (2010), 'The looks of a winner: Beauty and electoral success', *Journal of Public Economics, 94*(2), 8–15.

28 Mazzella, R. & Feingold, A. (1994), 'The effects of physical attractiveness, race, socioeconomic status, and gender of defendants and victims on judgments of mock jurors: A meta-analysis', *Journal of Applied Social Psychology, 24*(3), 1315–38.

29 Jacob, C., Guéguen, N., Boulbry, G. & Ardiccioni, R. (2010), 'Waitresses' facial cosmetics and tipping: A field experiment', *International Journal of Hospitality Management, 29*(1), 188–90.

30 Guéguen, N. (2010), 'Color and women hitchhikers' attractiveness: Gentlemen drivers prefer red', *Color Research & Application, 37*(1), 76–8; Guéguen, N. & Jacob, C. (2014), 'Clothing color and tipping: Gentlemen patrons give more tips to waitresses with red clothes', *Journal of Hospitality & Tourism Research, 38*(2), 275–80.

31 Beall, A. T. & Tracy, J. L. (2013), 'Women are more likely to wear red or pink

52(4), 730–8. 也可參見：Snyder, J. K., Kirkpatrick, L. A. & Barrett, H. C. (2008), 'The dominance dilemma: Do women really prefer dominant mates?', *Personal relationships, 15*(4), 425–44; Said, C. P. & Todorov, A. (2011), 'A statistical model of facial attractiveness', *Psychological Science, 22*(9), 1183–90.

14 Bruch, E., Feinberg, F. & Lee, K. Y. (2016), 'Extracting multistage screening rules from online dating activity data', *Proceedings of the National Academy of Sciences, 113*(38), 10530–5. 也可參見：http://www.dailymail.co.uk/femail/article-2524568/Size-matters-online-dating-Short-men-taller-counterparts.html

15 Pollet, T. V., Pratt, S. E., Edwards, G. & Stulp, G. (2013), 'The Golden Years: Men From The Forbes 400 Have Much Younger Wives When Remarrying Than the General US Population', *Letters on Evolutionary Behavioral Science, 4*(1), 5–8.

16 Toma, C. L. & Hancock, J. T. (2010), 'Looks and lies: The role of physical attractiveness in online dating self-presentation and deception', *Communication Research, 37*(3), 335–51.

17 https://www.today.com/news/do-high-heels-empower-or-oppress-women-wbna32970817; 也可參見：Morris, P. H., White, J., Morrison, E. R. & Fisher, K. (2013), 'High heels as supernormal stimuli: How wearing high heels affects judgements of female attractiveness', *Evolution and Human Behavior, 34*(3), 176–81.

18 Epstein, J., Klinkenberg, W. D., Scandell, D. J., Faulkner, K. & Claus, R. E. (2007), 'Perceived physical attractiveness, sexual history, and sexual intentions: An internet study', *Sex Roles, 56*(2), 23–31.

19 Dion, K. K. (1974), 'Children's physical attractiveness and sex as determinants of adult punitiveness', *Developmental Psychology, 10*(5), 772–8; Dion, K. K. & Berscheid, E. (1974), 'Physical attractiveness and peer perception among children', *Sociometry, 37*(1), 1–12.

20 Maestripieri, D., Henry, A. & Nickels, N. (2017), 'Explaining financial and prosocial biases in favor of attractive people: Interdisciplinary perspectives from economics, social psychology, and evolutionary psychology',

prosocial biases in favor of attractive people: Interdisciplinary perspectives from economics, social psychology, and evolutionary psychology', *Behavioral and Brain Sciences, 40*, e19.

4 Langlois, J. H., Kalakanis, L., Rubenstein, A. J., Larson, A., Hallam, M. & Smoot, M. (2000), 'Maxims or myths of beauty? A meta-analytic and theoretical review', *Psychological Bulletin, 126*(3), 390–423.

5 Langlois, J. H., Roggman, L. A., Casey, R. J., Ritter, J. M., Rieser-Danner, L. A. & Jenkins, V. Y. (1987), 'Infant preferences for attractive faces: Rudiments of a stereotype', *Developmental Psychology, 23*(3), 363–9.

6 Langlois, J. H., Roggman, L. A. & Rieser-Danner, L. A. (1990), 'Infants' differential social responses to attractive and unattractive faces', *Developmental Psychology, 26*(1), 153–9.

7 Langlois, J. H., Ritter, J. M., Casey, R. J. & Sawin, D. B. (1995), 'Infant attractiveness predicts maternal behaviors and attitudes', *Developmental Psychology, 31*(3), 464–72.

8 假的海尼根版本在這裡：https://www.snopes.com/factcheck/heineken-beer-ad-babies/；原始刊登在《生活》雜誌中的是：Pepsico (12 September 1955). 'Nothing does it like Seven-up!' [Advertisement], *Life, 39*(11), 100.

9 Langlois, J. H. & Roggman, L. A. (1990), 'Attractive faces are only average', *Psychological Science, 1*(2), 115–21; Langlois, J. H., Roggman, L. A. & Musselman, L. (1994), 'What is average and what is not average about attractive faces?', *Psychological Science, 5*(4), 214–20.

10 Rhodes, G. (2006), 'The evolutionary psychology of facial beauty', *Annual Review of Psychology, 57*(1), 199–226; Little, A. C. (2014), 'Facial attractiveness', *Wiley Interdisciplinary Reviews: Cognitive Science, 5*(6), 621–34.

11 Burley, N. (1983), 'The meaning of assortative mating', *Ethology and Sociobiology, 4*(4), 191–203.

12 Laeng, B., Vermeer, O. & Sulutvedt, U. (2013), 'Is beauty in the face of the beholder?', *PLoS One, 8*(7), e68395.

13 Sadalla, E. K., Kenrick, D. T. & Vershure, B. (1987), 'Dominance and heterosexual attraction', *Journal of Personality and Social Psychology,*

59 Nevicka, B., De Hoogh, A. H., Van Vianen, A. E. & Ten Velden, F. S. (2013), 'Uncertainty enhances the preference for narcissistic leaders', *European Journal of Social Psychology, 43*(5), 370–80.

60 Ingersoll, Ralph (1940), *Report on England, November 1940*, New York, NY: Simon and Schuster.

61 Price, M. E. & Van Vugt, M. (2015), 'The service-for-prestige theory of leader – follower relations: A review of the evolutionary psychology and anthropology literatures', in R. Arvey & S. Colarelli (eds), *Biological Foundations of Organizational Behaviour*, Chicago: Chicago University Press, pp.169–201.

62 Zebrowitz, L. A. & Montepare, J. M. (2005), 'Appearance DOES matter', *Science, 308*(5728), 1565–6.

63 Bagchi, R. & Cheema, A. (2012), 'The effect of red background color on willingness-to-pay: The moderating role of selling mechanism', *Journal of Consumer Research, 39*(5), 947–60.

64 Hill, R. A. & Barton, R. A. (2005), 'Psychology: red enhances human performance in contests', *Nature, 435*(7040), 293.

65 Kramer, R. S. (2016), 'The red power (less) tie: Perceptions of political leaders wearing red', *Evolutionary Psychology, 14*(2), 1–8.

66 Galbarczyk, A. & Ziomkiewicz, A. (2017), 'Tattooed men: Healthy bad boys and good-looking competitors', *Personality and Individual Differences, 106*, 122–5.

▶ 第四章　吸引力

1 https://www.mirror.co.uk/news/world-news/actress-demands-pay-less-tax-9233636

2 Bertrand, M., Karlan, D., Mullainathan, S., Shafir, E. & Zinman, J. (2010), 'What's advertising content worth? Evidence from a consumer credit marketing field experiment', *The Quarterly Journal of Economics, 125*(968), 263–306.

3 Maestripieri, D., Henry, A. & Nickels, N. (2017), 'Explaining financial and

49 Schwartz, D., Dodge, K. A., Pettit, G. S. & Bates, J. E. (1997), 'The early socialization of aggressive victims of bullying', *Child Development, 68*(4), 665–75.
50 Rodkin, P. C., Farmer, T. W., Pearl, R. & Acker, R. V. (2006), 'They're cool: Social status and peer group supports for aggressive boys and girls', *Social Development, 15*(2), 175–204; Juvonen, J. & Graham, S. (2014), 'Bullying in schools: The power of bullies and the plight of victims', *Annual Review of Psychology, 65*(1), 159–85.
51 Salmivalli, C. (2010), 'Bullying and the peer group: A review', *Aggression and Violent Behavior, 15*(2), 112–20.
52 Van Ryzin, M. & Pellegrini, A. D. (2013), 'Socially competent and incompetent aggressors in middle school: The non-linear relation between bullying and dominance in middle school', *British Journal of Educational Psychology Monograph Series II*(9), 123–38.
53 Laustsen, L. & Petersen, M. B. (2015), 'Does a competent leader make a good friend? Conflict, ideology and the psychologies of friendship and followership', *Evolution and Human Behavior, 36*(4), 286–93.
54 Safra, L., Algan, Y., Tecu, T., Grèzes, J., Baumard, N. & Chevallier, C. (2017), 'Childhood harshness predicts long-lasting leader preferences', *Evolution and Human Behavior, 38*(5), 645–51.
55 Muehlheusser, G., Schneemann, S., Sliwka, D. & Wallmeier, N. (2016), 'The contribution of managers to organizational success: Evidence from German soccer', *Journal of Sports Economics, 19*(6), 786–819. 也可參見：Peter, L. J. & Hull, R. (1969), *The Peter Principle*, Oxford, UK: Morrow.
56 Faber, D. (2008), *Munich: The 1938 Appeasement Crisis*, New York, NY: Simon & Schuster.
57 Laustsen, L. & Petersen, M. B. (2016), 'Winning faces vary by ideology: How nonverbal source cues influence election and communication success in politics', *Political Communication, 33*(2), 188–211.
58 Laustsen, L. & Petersen, M. B. (2017), 'Perceived conflict and leader dominance: Individual and contextual factors behind preferences for dominant leaders', *Political Psychology, 38*(6), 1083–1101.

role of physical formidability in human social status allocation', *Journal of Personality and Social Psychology, 110*(3), 385–406.

37 Judge, T. A. & Cable, D. M. (2004), 'The effect of physical height on workplace success and income: Preliminary test of a theoretical model', *Journal of Applied Psychology, 89*(3), 428–41.

38 Klofstad, C. A., Nowicki, S. & Anderson, R. C. (2016), 'How voice pitch influences our choice of leaders', *American Scientist, 104*(5), 282–7.

39 Tigue, C. C., Borak, D. J., O'Connor, J. J., Schandl, C. & Feinberg, D. R. (2012), 'Voice pitch influences voting behavior', *Evolution and Human Behavior, 33*(3), 210–16.

40 Klofstad, C. A., Anderson, R. C. & Nowicki, S. (2015), 'Perceptions of competence, strength, and age influence voters to select leaders with lower-pitched voices', *PLoS One, 10*(8), e0133779.

41 Laustsen, L., Petersen, M. B. & Klofstad, C. A. (2015), 'Vote choice, ideology, and social dominance orientation influence preferences for lower pitched voices in political candidates', *Evolutionary Psychology, 13*(3), 1–13.

42 Banai, I. P., Banai, B. & Bovan, K. (2017), 'Vocal characteristics of presidential candidates can predict the outcome of actual elections', *Evolution and Human Behavior, 38*(3), 309–14.

43 Kipnis, D., Castell, J., Gergen, M. & Mauch, D. (1976), 'Metamorphic effects of power', *Journal of Applied Psychology, 61*(2), 127–35.

44 Bickman, L. (1974), 'The Social Power of a Uniform', *Journal of Applied Social Psychology, 4*(4), 47–61.

45 Brief, A. P., Dukerich, J. M. & Doran, L. I. (1991), 'Resolving ethical dilemmas in management: Experimental investigations of values, accountability, and choice', *Journal of Applied Social Psychology, 21*(5), 380–96.

46 https://www.nytimes.com/2007/05/10/business/11drug-web.html

47 https://www.moneymarketing.co.uk/im-like-a-whores-drawers-what-rbs-traders-said-over-libor/

48 Braver, S. L., Linder, D. E., Corwin, T. T. & Cialdini, R. B. (1977), 'Some conditions that affect admissions of attitude change', *Journal of Experimental Social Psychology, 13*(6), 565–76.

(2018), 'Functionally distinct smiles elicit different physiological responses in an evaluative context', *Scientific Reports, 8*(1), 3558.

27 Sell, A., Cosmides, L., Tooby, J., Sznycer, D., Von Rueden, C. & Gurven, M. (2009), 'Human adaptations for the visual assessment of strength and fighting ability from the body and face', *Proceedings of the Royal Society of London B: Biological Sciences, 276*(1656), 575–84.

28 Carré, J. M. & McCormick, C. M. (2008), 'In your face: facial metrics predict aggressive behaviour in the laboratory and in varsity and professional hockey players', *Proceedings of the Royal Society B: Biological Sciences, 275*(1651), 2651–6.

29 Zilioli, S., Sell, A. N., Stirrat, M., Jagore, J., Vickerman, W. & Watson, N. V. (2015), 'Face of a fighter: Bizygomatic width as a cue of formidability', *Aggressive Behavior, 41*(4), 322–30.

30 Haselhuhn, M. P., Wong, E. M., Ormiston, M. E., Inesi, M. E. & Galinsky, A. D. (2014), 'Negotiating face-to-face: Men's facial structure predicts negotiation performance', *The Leadership Quarterly, 25*(5), 835–45.

31 圖片根據資訊共享協議（Creative Commons Attribution Licence）的要求，出版在：Kramer, R. S., Jones, A. L. & Ward, R. (2012), 'A lack of sexual dimorphism in width-to-height ratio in white European faces using 2D photographs, 3D scans, and anthropometry', *PLoS One, 7*(8), e42705.

32 Cogsdill, E. J., Todorov, A. T., Spelke, E. S. & Banaji, M. R. (2014), 'Inferring character from faces: A developmental stud', *Psychological Science, 25*(5), 1132–9.

33 Little, A. C. & Roberts, S. C. (2012), 'Evolution, appearance, and occupational success', *Evolutionary Psychology, 10*(5), 782–801.

34 Stulp, G., Buunk, A. P., Verhulst, S. & Pollet, T. V. (2015), 'Human height is positively related to interpersonal dominance in dyadic interactions', *PLoS One, 10*(2), e0117860.

35 Thomsen, L., Frankenhuis, W. E., Ingold-Smith, M. & Carey, S. (2011), 'Big and mighty: Preverbal infants mentally represent social dominance', *Science, 331* (6016), 477–80.

36 Lukaszewski, A. W., Simmons, Z. L., Anderson, C. & Roney, J. R. (2016), 'The

dominant and submissive nonverbal behavior', *Journal of Personality and Social Psychology, 84*(3), 558–68; Hall, J. A., Coats, E. J. & LeBeau, L. S. (2005), 'Nonverbal behavior and the vertical dimension of social relations: a meta-analysis', *Psychological Bulletin, 131*(6), 898–924.
16 Mauldin, B. & Novak, R. (1966), *Lyndon B. Johnson: The Exercise of Power*, New York, NY: New American Library.
17 Mast, M. S. & Hall, J. A. (2004), 'Who is the boss and who is not? Accuracy of judging status', *Journal of Nonverbal Behavior, 28*(3), 145–65.
18 Charafeddine, R., Mercier, H., Clément, F., Kaufmann, L., Berchtold, A., Reboul, A. & Van der Henst, J. B. (2015), 'How preschoolers use cues of dominance to make sense of their social environment', *Journal of Cognition and Development, 16*(4), 587–607.
19 Lewis, C. S. (1952), *Mere Christianity*, New York, NY: Macmillan.
20 Shariff, A. F., Tracy, J. L. & Markusoff, J. L. (2012), '(Implicitly) judging a book by its cover: The power of pride and shame expressions in shaping judgments of social status', *Personality and Social Psychology Bulletin, 38*(9), 1178–93.
21 Tracy, J. L. & Matsumoto, D. (2008), 'The spontaneous expression of pride and shame: Evidence for biologically innate nonverbal displays', *Proceedings of the National Academy of Sciences, 105*(33), 11655–60.
22 Tracy, J. L. & Robins, R. W. (2007), 'The prototypical pride expression: development of a nonverbal behavior coding system', *Emotion, 7*(4), 789–801.
23 Shariff, A. F. & Tracy, J. L. (2009), 'Knowing who's boss: Implicit perceptions of status from the nonverbal expression of pride', *Emotion, 9*(5), 631–9.
24 Tracy, J. L., Shariff, A. F., Zhao, W. & Henrich, J. (2013), 'Cross-cultural evidence that the nonverbal expression of pride is an automatic status signal', *Journal of Experimental Psychology: General, 142*(1), 163–80.
25 Tracy, J. L., Cheng, J. T., Robins, R. W. & Trzesniewski, K. H. (2009), 'Authentic and hubristic pride: The affective core of self-esteem and narcissism', *Self and Identity, 8*(2), 196–213.
26 Martin, J. D., Abercrombie, H. C., Gilboa-Schechtman, E. & Niedenthal, P. M.

6 Sidanius, J. & Pratto, F. (2004), *Social Dominance: An Intergroup Theory of Social Hierarchy and Oppression*, Cambridge, UK: Cambridge University Press.

7 Fiske, S. T. (2010), 'Interpersonal stratification: Status, power, and subordination', in S. T. Fiske, D. T. Gilbert & G. Lindzey (eds), *Handbook of Social Psychology*, Hoboken, NJ: John Wiley & Sons, pp.941–82; Henrich, J. & Gil- White, F. J. (2001), 'The evolution of prestige: Freely conferred deference as a mechanism for enhancing the benefits of cultural transmission', *Evolution and Human Behavior, 22*(3), 165–96.

8 Deaner, R. O., Khera, A. V. & Platt, M. L. (2005), 'Monkeys pay per view: Adaptive valuation of social images by rhesus macaques', *Current Biology, 15*(6), 543–8. 也可參見：Shepherd, S. V., Deaner, R. O. & Platt, M. L. (2006), 'Social status gates social attention in monkeys', *Current Biology, 16*(4), R119–R120.

9 Hare, B., Call, J. & Tomasello, M. (2001), 'Do chimpanzees know what conspecifics know?', *Animal Behaviour, 61*(1), 139–51.

10 Mascaro, O. & Csibra, G. (2014), 'Human infants' learning of social structures: The case of dominance hierarchy', *Psychological Science, 25*(1), 250–5.

11 Gazes, R. P., Hampton, R. R. & Lourenco, S. F. (2017), 'Transitive inference of social dominance by human infants', *Developmental science, 20*(2), e12367.

12 Enright, E. A., Gweon, H. & Sommerville, J. A. (2017), '"To the victor go the spoils": Infants expect resources to align with dominance structures', *Cognition, 164*, 8–21.

13 Vacharkulksemsuk, T., Reit, E., Khambatta, P., Eastwick, P. W., Finkel, E. J. & Carney, D. R. (2016), 'Dominant, open nonverbal displays are attractive at zero-acquaintance', *Proceedings of the National Academy of Sciences, 113*(15), 4009–14.

14 https://www.huffingtonpost.com/2013/05/12/worl-photo-caption-contest-shirtless-putin_n_3263512.html

15 Tiedens, L. Z. & Fragale, A. R. (2003), 'Power moves: complementarity in

19 Lewis, M. (2011), *The Big Short: Inside the doomsday machine*, New York, NY: W.W. Norton.

20 Pfeffer, J., Fong, C. T., Cialdini, R. B. & Portnoy, R. R. (2006), 'Overcoming the self-promotion dilemma: Interpersonal attraction and extra help as a consequence of who sings one's praises', *Personality and Social Psychology Bulletin, 32*(10), 1362–74.

21 Wright, L. A. (2016), *On Behalf of the President: Presidential Spouses and White House Communications Strategy Today*, Connecticut, CT: Praeger.

22 Tormala, Z. L., Jia, J. S. & Norton, M. I. (2012), 'The preference for potential', *Journal of Personality and Social Psychology, 103*(4), 567–83.

23 https://www.theguardian.com/technology/2017/apr/10/tesla-most-valuable-car-company-gm-stock-price

24 https://www.nytimes.com/video/us/politics/100000004564751/obama-says-trump-unfit-to-serve-as-president.html

▶ 第三章　強勢

1 https://www.vox.com/policy-and-politics/2016/9/27/13017666/presidential-debate-trump-clinton-sexism-interruptions

2 Cheng, J. T., Tracy, J. L., Foulsham, T., Kingstone, A. & Henrich, J. (2013), 'Two ways to the top: Evidence that dominance and prestige are distinct yet viable avenues to social rank and influence', *Journal of Personality and Social Psychology, 104*(1), 103–25.

3 Henrich, J. & Gil-White, F. J. (2001), 'The evolution of prestige: Freely conferred deference as a mechanism for enhancing the benefits of cultural transmission', *Evolution and Human Behavior, 22*(3), 165–96.

4 Altemeyer, R. (2006), The Authoritarians. 可參見：https://theauthoritarians.org/Downloads/TheAuthoritarians.pdf

5 Halevy, N., Chou, E. Y., Cohen, T. R. & Livingston, R. W. (2012), 'Status conferral in intergroup social dilemmas: Behavioral antecedents and consequences of prestige and dominance', *Journal of Personality and Social Psychology, 102*(2), 351–66.

improve communication and emotional life, New York, NY: Henry Holt and Company.
9 Rule, N. O. & Ambady, N. (2008), 'The face of success: Inferences from chief executive officers' appearance predict company profits', *Psychological Science, 19*(2), 109–11.
10 Rule, N. O. & Ambady, N. (2009), 'She's got the look: Inferences from female chief executive officers' faces predict their success', *Sex Roles, 61*(9–10), 644–52.
11 Ballew, C. C. & Todorov, A. (2007), 'Predicting political elections from rapid and unreflective face judgments', *Proceedings of the National Academy of Sciences, 104*(46), 17948–53.
12 Antonakis, J. & Dalgas, O. (2009), 'Predicting elections: Child's play!', *Science, 323*(5918), 1183.
13 Pulford, B. D., Colman, A. M., Buabang, E. K. & Krockow, E. M. (2018), 'The persuasive power of knowledge: Testing the confidence heuristic', *Journal of Experimental Psychology: General, 147*(10), 1431–44.
14 Anderson, C., Brion, S., Moore, D. A. & Kennedy, J. A. (2012), 'A Status-enhancement account of overconfidence', *Journal of Personality and Social Psychology, 103*(4), 718–35.
15 Bayarri, M. J. & DeGroot, M. H. (1989), 'Optimal reporting of predictions', *Journal of the American Statistical Association, 84*(405), 214–22; Hertz, U., Palminteri, S., Brunetti, S., Olesen, C., Frith, C. D. & Bahrami, B. (2017), 'Neural computations underpinning the strategic management of influence in advice giving', *Nature Communications, 8*(1), 2191.
16 Karmarkar, U. R. & Tormala, Z. L. (2010), 'Believe me, I have no idea what I'm talking about: The effects of source certainty on consumer involvement and persuasion', *Journal of Consumer Research, 36*(6), 1033–49.
17 Sezer, O., Gino, F. & Norton, M. I. (2018), 'Humblebragging: A distinct – and ineffective – self-presentation strategy', *Journal of Personality and Social Psychology, 114*(1), 52–74.
18 Godfrey, D. K., Jones, E. E. & Lord, C. G. (1986), 'Self-promotion is not ingratiating', *Journal of Personality and Social Psychology, 50*(1), 106–15.

his-career-and-album-yeezus.html
39 Campbell, W. K., Rudich, E. A. & Sedikides, C. (2002), 'Narcissism, self-esteem, and the positivity of self-views: Two portraits of self-love', *Personality and Social Psychology Bulletin, 28*(3), 358–68; Campbell, W. K., Brunell, A. B. & Finkel, E. J. (2006), 'Narcissism, interpersonal self-regulation, and romantic relationships: An agency model approach', in K. D. Vohs & E. J. Finkel (eds), *Self and Relationships: Connecting intrapersonal and interpersonal processes*, New York, NY: Guilford Press, pp.57–83.

▶ 第二章　能力

1 Davis, N. M. & Cohen, M. R. (1981), *Medication Errors: Causes and prevention*, Michigan, MI: George F. Stickley.
2 Cialdini, R. B. (2009), *Influence: The Psychology of Persuasion*, New York, NY: HarperCollins.
3 Henrich, J. & Gil-White, F. J. (2001), 'The evolution of prestige: Freely conferred deference as a mechanism for enhancing the benefits of cultural transmission', *Evolution and Human Behavior, 22*(3), 165–96.
4 Engelmann, J. B., Capra, C. M., Noussair, C. & Berns, G. S. (2009), 'Expert financial advice neurobiologically "offloads" financial decision-making under risk', *PLoS One, 4*, e4957.
5 Milgram, S. (1974), *Obedience to Authority*, London: Tavistock Publications.
6 Mangum, S., Garrison, C., Lind, C., Thackeray, R. & Wyatt, M. (1991), 'Perceptions of nurses' uniforms', *Journal of Nursing Scholarship, 23*(2), 127–30; Raven, B. H. (1999), 'Kurt Lewin address: Influence, power, religion, and the mechanisms of social control', *Journal of Social Issues, 55*(1), 161–86.
7 Leary, M. R., Jongman-Sereno, K. P. & Diebels, K. J. (2014), 'The pursuit of status: A self-presentational perspective on the quest for social value', in J. T. Cheng, J. L. Tracy & C. Anderson (eds.), *The Psychology of Social Status*, New York, NY: Springer, pp.159–78.
8 Ekman, P. (2007), *Emotions Revealed: Recognizing faces and feelings to*

New York, NY: Cambridge University Press.
25 Van Vugt, M., Hogan, R. & Kaiser, R. B. (2008), 'Leadership, followership, and evolution: Some lessons from the past', *American Psychologist, 63*(3), 182–96.
26 Lerner, M. J. (1980), *The Belief in a Just World: A fundamental delusion*, New York, NY: Plenum Press.
27 Furnham, A. F. (1983), 'Attributions for affluence', *Personality and Individual Differences, 4*(1), 31–40.
28 Sloane, S., Baillargeon, R. & Premack, D. (2012), 'Do infants have a sense of fairness?', *Psychological Science, 23*(2), 196–204.
29 Jonason, P. K., Li, N. P. & Madson, L. (2012), 'It is not all about the Benjamins: Understanding preferences for mates with resources', *Personality and Individual Differences, 52*(3), 306–10.
30 Van de Ven, N., Zeelenberg, M. & Pieters, R. (2009), 'Leveling up and down: The experiences of benign and malicious envy', *Emotion, 9*(3), 419–29.
31 Lefkowitz, M., Blake, R. R. & Mouton, J. S. (1955), 'Status factors in pedestrian violation of traffic signals', *Journal of Abnormal and Social Psychology, 51*(3), 704–6.
32 Maner, J. K., DeWall, C. N. & Gailliot, M. T. (2008), 'Selective attention to signs of success: Social dominance and early stage interpersonal perception', *Personality and Social Psychology Bulletin, 34*(4), 488–501.
33 https://www.scmp.com/news/hong-kong/health-environment/article/2132545/experts-denounce-canto-pop-stars-claim-harmful-flu
34 Knoll, J. & Matthes, J. (2017), 'The effectiveness of celebrity endorsements: A meta-analysis', *Journal of the Academy of Marketing Science, 45*(1), 55–75.
35 http://fashion.telegraph.co.uk/news-features/TMG8749219/Lacoste-asks-Norway-police-to-ban-Anders-Behring-Breivik-wearing-their-clothes.html
36 https://www.cbsnews.com/news/kanye-im-the-voice-of-this-generation/
37 https://www.wmagazine.com/story/kanye-west-on-kim-kardashian-and-his-new-album-yeezus
38 https://www.nytimes.com/2013/06/16/arts/music/kanye-west-talks-about-

14 Ward, M. K. & Dahl, D. W. (2014), 'Should the devil sell Prada? Retail rejection increases aspiring consumers' desire for the brand', *Journal of Consumer Research, 41*(3), 590–609.

15 Scott, M. L., Mende, M. & Bolton, L. E. (2013), 'Judging the book by its cover? How consumers decode conspicuous consumption cues in buyer–seller relationships', *Journal of Marketing Research, 50*(3), 334–47.

16 Solnick, S. J. & Hemenway, D. (2005), 'Are positional concerns stronger in some domains than in others?', *The American Economic Review, 95*(2), 147–51.

17 Lafargue, P. (1883). *The Right to be Lazy.* Translated by Charles Kerr. 可參見：https://www.marxists.org/archive/lafargue/1883/lazy/

18 Kraus, M. W., Park, J. W. & Tan, J. J. (2017), 'Signs of social class: The experience of economic inequality in everyday life', *Perspectives on Psychological Science, 12*(3), 422–35.

19 Becker, J. C., Kraus, M. W. & Rheinschmidt-Same, M. (2017), 'Cultural expressions of social class and their implications for group-related beliefs and behaviors', *Journal of Social Issues, 73*, 158–74.

20 Bjornsdottir, R. T. & Rule, N. O. (2017), 'The visibility of social class from facial cues', *Journal of Personality and Social Psychology, 113*(4), 530–46.

21 Blease, C. R. (2015), 'Too many "friends," too few "likes" ? Evolutionary psychology and "Facebook depression"', *Review of General Psychology, 19*(1), 1–13; Kross, E., Verduyn, P., Demiralp, E., Park, J., Lee, D. S., Lin, N., Shablack, H., Jonides, J. & Ybarra, O. (2013), 'Facebook use predicts declines in subjective well-being in young adults', *PLoS one, 8*(8), e69841.

22 Kraus, M. W. & Keltner, D. (2009), 'Signs of socioeconomic status: A thin-slicing approach', *Psychological Science, 20*(1), 99–106.

23 Berger, J., Rosenholtz, S. J. & Zelditch, M. (1980), 'Status organizing processes', *Annual Review of Sociology, 6*, 479–508.

24 Anderson, C., Hildreth, J. A. D. & Howland, L. (2015), 'Is the desire for status a fundamental human motive? A review of the empirical literature', *Psychological Bulletin, 141*(3), 574–601; Sidanius, J. & Pratto, F. (2001), *Social Dominance: An intergroup theory of social hierarchy and oppression*,

flatter', *International Journal of Human-Computer Studies, 46*(5), 551–61.

3 Gordon, R. A. (1996), 'Impact of ingratiation on judgments and evaluations: A meta-analytic investigation', *Journal of Personality and Social Psychology, 71*, 54–70.

4 https://eu.desertsun.com/story/life/entertainment/movies/film-festival/2016/12/30/want-red-carpet-autograph-try-these-tricks/95963304/； 還有些網站提供親筆簽名信的格式，在要求前先拍馬屁的原則昭然若揭：https://www.wikihow.com/Write-an-Autograph-Request-Letter

5 針對十歲兒童職業志向的英國調查： http://www.telegraph.co.uk/news/newstopics/howaboutthat/110 14591/One-in-five-children-just-want-to-be-rich-when-they-grow-up.html

6 Berger, J., Cohen, B. P. & Zelditch, M. (1972), 'Status characteristics and social interaction', *American Sociological Review, 37*(3), 241–55.

7 Doob, A. N. & Gross, A. E. (1968), 'Status of frustrator as an inhibitor of horn-honking responses', *The Journal of Social Psychology, 76*(2), 213–18.

8 Guéguen, N., Meineri, S., Martin, A. & Charron, C. (2014), 'Car status as an inhibitor of passing responses to a low-speed frustrator', *Transportation Research Part F: Traffic Psychology and Behaviour, 22*, 245–8.

9 Veblen, T. (2007), *The Theory of the Leisure Class: An economic study of institutions*, New York, NY: Oxford University Press (original work published 1899).

10 Nelissen, R. M. & Meijers, M. H. (2011), 'Social benefits of luxury brands as costly signals of wealth and status', *Evolution and Human Behavior, 32*(5), 343–55.

11 Zahavi, A. (1975), 'Mate selection – a selection for a handicap', *Journal of Theoretical Biology, 53*(1), 205–14.

12 Van Kempen, L. (2004), 'Are the poor willing to pay a premium for designer labels? A field experiment in Bolivia', *Oxford Developmental Studies, 32*(2), 205–24.

13 Bushman, B. J. (1993), 'What's in a name? The moderating role of public self-consciousness on the relation between brand label and brand preference', *Journal of Applied Psychology, 78*(5), 857–61.

Review, 17(1), 72–86.

9 Ambady, N. & Rosenthal, R. (1993), 'Half a minute: Predicting teacher evaluations from thin slices of nonverbal behavior and physical attractiveness', *Journal of Personality and Social Psychology, 64*(3), 431–41.

10 Todorov, A., Pakrashi, M. & Oosterhof, N. N. (2009), 'Evaluating faces on trustworthiness after minimal time exposure', *Social Cognition, 27*(6), 813–33; Willis, J. & Todorov, A. (2006), 'First impressions: Making up your mind after 100ms exposure to a face', *Psychological Science, 17*(7), 592–8.

11 Jones, E. E. & Pittman, T. S. (1982), 'Toward a general theory of strategic self- presentation', in J. Suls (ed.), *Psychological Perspectives on the Self*, Hillsdale, NJ: Erlbaum, Vol. 1, pp.231–62.

▶ 第一部　硬性傳訊者

1 Gangadharbatla, H. & Valafar, M. (2017), 'Propagation of user-generated content online', *International Journal of Internet Marketing and Advertising, 11*(3), 218–32.

2 https://www.washingtonpost.com/news/the-fix/wp/2017/08/15/obamas-response-to-charlottesville-violence-is-one-of-the-most-popular-in-twitters-history/?utm_term=.4d300c2e83aa

3 Kraus, M. W., Park, J. W. & Tan, J. J. (2017), 'Signs of social class: The experience of economic inequality in everyday life', *Perspectives on Psychological Science, 12*(3), 422–35.

▶ 第一章　社經地位

1 Dubner, S. J. (22 July 2015), *Aziz Ansari Needs Another Toothbrush* [Audio podcast]. 取自：http://freakonomics.com/podcast/aziz-ansari-needs-another-toothbrush-a-new-freakonomics-radio-episode/

2 Chan, E. & Sengupta, J. (2010), 'Insincere flattery actually works: A dual attitudes perspective', *Journal of Marketing Research, 47*(1), 122–33; Fogg, B. J. & Nass, C. (1997), 'Silicon sycophants: The effects of computers that

注釋

▶ 前言

1 卡珊卓的故事，出自艾斯奇勒斯（Aeschylus）著的《阿加曼農》（*Agamemnon*）。

2 Buffett, W. (2000), 'Letter to the Shareholders of Berkshire Hathaway Inc.', p.14. 可參見：http://www.berkshirehathaway.com/letters/2000pdf.pdf; Dukcevich, D. (2002), 'Buffett's Doomsday Scenario'. 可參見：https://www.forbes.com/2002/05/06/0506buffett.html#3b3635e046a5

3 Lewis, M. (2011), *The Big Short: Inside the doomsday machine*, New York, NY: W.W. Norton.

4 Schkade, D. A. & Kahneman, D. (1998), 'Does living in California make people happy? A focusing illusion in judgments of life satisfaction', *Psychological Science, 9*(5), 340–6.

5 Meindl, J. R., Ehrlich, S. B. & Dukerich, J. M. (1985), 'The romance of leadership', *Administrative Science Quarterly, 30*(1), 78–102.

6 John, L. K., Blunden, H., & Liu, H. (2019), 'Shooting the messenger', *Journal of Experimental Psychology: General, 148*(4), 644.

7 http://news.bbc.co.uk/local/bradford/hi/people_and_places/arts_and_culture/newsid_8931000/8931369.stm

8 Ambady, N. & Rosenthal, R. (1992), 'Thin slices of expressive behavior as predictors of interpersonal consequences: A meta-analysis', *Psychological Bulletin, 111*(2), 256–74. 也可參見 Rule, N. O. & Sutherland, S. L. (2017), 'Social categorization from faces: Evidence from obvious and ambiguous groups', *Current Directions in Psychological Science, 26*, 231–6; Tskhay, K. O. & Rule, N. O. (2013), 'Accuracy in categorizing perceptually ambiguous groups: A review and meta-analysis', *Personality and Social Psychology*

BIG 347

憑什麼相信你？掌握8大影響力特質，增強自身可信度，洞悉他人話語背後的真相

作　者—史帝芬·馬汀（Stephen Martin）、約瑟夫·馬克斯（Joseph Marks）
譯　者—陳正芬
主　編—陳家仁
編　輯—黃凱怡
協力編輯—聞若婷
企　劃—藍秋惠
封面設計—江孟達
內頁設計—李宜芝

總 編 輯—胡金倫
董 事 長—趙政岷
出 版 者—時報文化出版企業股份有限公司
108019 台北市和平西路三段 240 號 4 樓
發行專線—(02)2306-6842
讀者服務專線—0800-231-705・(02)2304-7103
讀者服務傳眞—(02)2304-6858
郵撥—19344724 時報文化出版公司
信箱—10899 臺北華江橋郵局第 99 信箱
時報悅讀網—http://www.readingtimes.com.tw
法律顧問—理律法律事務所 陳長文律師、李念祖律師
印　刷—勁達印刷有限公司
初版一刷—二〇二〇年十二月十八日
初版二刷—二〇二二年十一月二十一日
定　價—新台幣四五〇元
（缺頁或破損的書，請寄回更換）

時報文化出版公司成立於一九七五年，
並於一九九九年股票上櫃公開發行，於二〇〇八年脫離中時集團非屬旺中，
以「尊重智慧與創意的文化事業」爲信念。

憑什麼相信你？: 掌握 8 大影響力特質 , 增強自身可信度 , 洞悉他人話語背後的眞相 / 史帝芬 . 馬汀 (Stephen Martin), 約瑟夫 . 馬克斯 (Joseph Marks) 作 ; 陳正芬譯 . -- 初版 . -- 臺北市 : 時報文化 , 2020.12
368 面 ; 14.8 x 21 公分 . -- (Big ; 347)

譯自 : Messengers : who we listen to, who we don't, and why

ISBN 978-957-13-8420-7(平裝)

1. 人際關係 2. 人際傳播 3. 人格特質

177.3　　　　109016064

ISBN 978-957-13-8420-7
Printed in Taiwan